amazon

Natalie Berg & Miya Knights

amazon

Como a mais implacável
loja online continua
revolucionando o
comércio

TRADUÇÃO
UBK Publishing House

© 2019, Natalie Berg e Miya Knights
Copyright da tradução © 2020, Ubook Editora S.A.

Publicado mediante acordo com Kogan Page. Edição original do livro, *Amazon*, publicada por Kogan Page.

Todos os direitos reservados. Nenhuma parte deste livro pode ser utilizada ou reproduzida sob quaisquer meios existentes sem autorização por escrito dos editores.

COPIDESQUE	Sol Coelho
REVISÃO	Juliana Bianco e Jaciara Lima
CAPA E PROJETO GRÁFICO	Bruno Santos
DIAGRAMAÇÃO	Abreu's System

Dados Internacionais de Catalogação na Publicação (CIP)
(Câmara Brasileira do Livro, SP, Brasil)

Berg, Natalie
  Amazon: como a mais implacável loja online continua revolucionando o comércio / Natalie Berg e Miya Knights; tradução UBK Publishing House. – Rio de Janeiro: Ubook Editora, 2020.

  Título original: Amazon : how the world's most relentless retailer will continue to revolutionize commerce
  ISBN 978-65-86032-33-8

  1. Amazon.com (Empresa) – História 2. Comércio eletrônico – Administração 3. Comércio varejista – Administração 4. Estratégia empresarial 5. Serviços ao cliente 6. Sucesso nos negócios 7. Varejo – Empresas – Administração I. Knights, Miya. II. Título.

20-35324   CDD-381.1069

Ubook Editora S.A
Av. das Américas, 500, Bloco 12, Salas 303/304,
Barra da Tijuca, Rio de Janeiro/RJ.
Cep.: 22.640-100
Tel.: (21) 3570-8150

Sumário

1 O mundo é Amazon 7
2 Por que a Amazon não é um varejista médio: introdução à estratégia de varejo 11
3 O ecossistema Prime: redefinindo lealdade para o consumidor moderno 37
4 O apocalipse do varejo: verdade ou mito? 55
5 O fim do e-commerce *pure-play*: a transição da Amazon para o mercado offline 73
6 As ambições da Amazon: uma plataforma para vender tudo 101
7 Whole Foods Market: uma corajosa nova era 123
8 Uma gigante com marca própria: lá vem a pressão 140
9 Tecnologia e varejo sem atrito 154
10 IA e voz: a nova fronteira do varejo 170
11 A loja do futuro: como a automação digital vai enriquecer a experiência do consumidor 192
12 A loja do futuro: do transacional para o empírico 218
13 O atendimento no varejo: conquistando o cliente na última milha 243
14 A infraestrutura da última milha 261
15 Conclusão: o pico da Amazon? 285

Notas 290

1
O mundo é Amazon

Relevante: *apropriado para o momento, período ou circunstâncias atuais; de interesse contemporâneo.*

O varejo está passando por uma transição. Alguns chamarão isso de apocalipse; para outros, é a transformação digital. Mas uma coisa com que todos concordamos é que este é um período de profundas mudanças estruturais.

A ascensão das compras online, combinada às mudanças mais amplas nos valores e hábitos de consumo da população, expôs um cenário em que o varejo está sobrecarregado. As lojas estão fechando em taxas recordes e as falências no varejo chegaram a níveis de recessão. Os modelos de negócio tradicionais estão sendo substituídos e todos estão lutando pela sobrevivência. O maior varejista do mundo mudou, inclusive, seu nome: depois de quase meio século como Walmart Stores, em 2018 deixou de lado o *Stores* para refletir a nova era digital. Isto é o darwinismo do varejo — evoluir ou morrer.

Contudo, há uma palavra que muitas vezes esquecemos em toda esta conversa de apocalipse iminente: relevância. A regra mais importante no varejo é ser relevante para os clientes. Se você não consegue cumprir os princípios básicos de dar a eles o que buscam ou se destacar da concorrência, então você não tem chance. Para estes tipos de varejistas, sim, o relógio do Juízo Final está correndo. Para aqueles que estão dispostos a abraçar a mudança, no entanto, este é um momento emocionante para se estar no varejo. O futuro está em ter menos lojas, e que elas sejam mais impactantes. O futuro é oferecer aos consumidores uma experiência mista entre online e offline. E o futuro está se distinguindo com base no WACD: What Amazon can't do, ou O que a Amazon não faz.

Um titã do comércio no século XXI, a Amazon cresceu de livraria online para se tornar uma das empresas de capital aberto mais valiosas do mundo. No momento em que este livro foi escrito, a Amazon representava quase metade das vendas de comércio eletrônico dos EUA.[1] Em 2010, a varejista empregava 30 mil pessoas. Até 2018, esse número subiu para 560 mil.[2] A Amazon tornou-se, indiscutivelmente, uma líder de mercado em tudo, desde a computação em nuvem até a tecnologia de voz. É o principal destino das pesquisas de produtos feitas no Google[3] e, enquanto você lê isso, a Amazon provavelmente terá o título de maior fabricante de roupas dos EUA.[4] Em 2018, quando este texto foi escrito, a Amazon valia o equivalente ao Walmart, Home Depot, Costco, CVS, Walgreens, Target, Kroger, Best Buy, Kohl's, Macy's, Nordstrom, JC Penney e Sears juntos.[5] Essa empresa certamente está mudando o varejo.

Como se isso não bastasse, a Amazon está ocupada aumentando suas operações globais. Em 2008, a presença internacional da Amazon era limitada a seis mercados: Canadá, Reino Unido, Alemanha, França, Japão e China. Uma década depois, as operações fora dos EUA representavam um terço das vendas em varejo, abrangendo dezoito mercados estrangeiros, desde as luzes brilhantes da Cidade do México até as colinas remotas dos Himalaias.[6]

A Amazon mais que dobrou seu tamanho em apenas três anos; em 2018, comprou ou alugou mais de 23 milhões de metros quadrados de espaço em todo o mundo.[7] Também adicionou mais de trinta novas categorias de produtos desde que seu site foi lançado,[8] e agora possui mais de 100 milhões de membros Prime em todo o mundo dispostos a pagar cerca de cem dólares por ano para fazer compras em seu site.[9]

Tal como a maioria das empresas disruptivas, a Amazon é uma forasteira. Uma empresa de tecnologia, em seu âmago, mas obcecada por clientes. Construiu incansavelmente a sua oferta no varejo, não apenas expandindo a categoria — e aumentando setores inteiros no processo — mas aprimorando o entretenimento, a satisfação e os recursos tecnológicos para criar uma experiência única, sem atritos e totalmente integrada para o cliente.

Uma das razões fundamentais para o sucesso da Amazon é o seu compromisso inabalável com uma visão estabelecida há mais de duas décadas: inovar incansavelmente na tentativa de criar valor em longo prazo para os clientes. Seu sucesso decorre da sua constante insatisfação com o *status quo*, do seu apetite por disruptura, do seu desejo de fidelizar clientes ao longo da vida. A Amazon é cheia de surpresas, mas cada ação é guiada por uma visão que não mudou desde a sua criação.

Para os concorrentes, a Amazon é impiedosa e temível. Para os clientes, é acessível e, cada vez mais, indispensável. Ela atingiu o ponto ideal para o consumidor final, combinando o acesso a milhões de produtos com uma entrega cada vez mais rápida. E isso é apenas o começo. Capitalizando a força e a confiança de sua marca, a Amazon está agora espalhando seus tentáculos para setores inteiramente novos. O mero boato de que a Amazon pode entrar em um setor é suficiente para fazer com que as ações caiam. E está ficando cada vez mais claro que ela não está satisfeita em ser apenas uma varejista; também quer ser a infraestrutura. Acreditamos que até 2021 a maioria das suas vendas será derivada de serviços e não de produtos, já que a computação em nuvem, assinaturas, publicidade e serviços financeiros crescem em importância.

Mas a Amazon está num ponto de inflexão. A rainha do comércio eletrônico reconheceu que, apesar de todas as suas conveniências, estar somente online não é mais suficiente. A convergência entre varejo físico e digital está acelerando. Se quiser quebrar os setores do supermercado e da moda, precisa de lojas. Se quiser compensar os custos crescentes de remessa e aquisição de clientes, precisa de lojas. E se quiser aumentar ainda mais o número de membros Prime, a adoção da tecnologia de voz e as entregas feitas em uma hora, adivinhem, precisa de lojas.

Ao adquirir a Whole Foods Market, a Amazon enviou um sinal muito claro de que o futuro do varejo é online e offline. A Amazon redefinirá o conceito de supermercado para o consumidor do século XXI: retirando check-outs, ou seja, eliminando todas as ações de pagamento na loja, sem caixas de autoatendimento ou aplicativos que escaneiem o código de barras; tornando o celular um recurso definidor; utilizando lojas para entrega rápida e, crucialmente, interagindo com os consumidores de uma maneira que eles nunca poderiam fazer online. A loja do futuro será mais experiencial e orientada para o serviço.

O gênero alimentício irá desbloquear uma peça muito importante do quebra-cabeça da Amazon: frequência. Como diz um ex-chefe da Whole Foods, "comida é a plataforma para vender todo o resto".[10] É por isso que a migração da Amazon para esse setor deve preocupar todos os varejistas, não apenas os supermercados. É mais um passo para alcançar o domínio total do varejo.

Como vamos retratar ao longo deste livro, a Amazon é, em muitos aspectos, incapturável. Ela joga segundo um conjunto de regras totalmente diferentes, com acesso a capital barato e um ecossistema entrincheirado que é quase impossível de replicar. Mas ela será uma força positiva, pois o varejo vai melhorar seus negócios. Veremos uma bifurcação entre vencedores e perdedores. Os varejistas comuns e pouco eficientes serão eliminados, e aqueles que ficarem de pé serão muito mais fortes por terem se reinventado — assegurando sua relevância e, em última análise, sua sobrevivência.

2

Por que a Amazon não é um varejista médio: introdução à estratégia de varejo

Volante de inércia: *Uma pesada roda giratória em uma máquina que é usada para aumentar seu momento e, assim, proporcionar maior estabilidade ou uma reserva de energia disponível.*

A Amazon é cheia de contradições. A varejista cuja estratégia era "não ser lucrativa durante muito tempo" é agora a segunda empresa mais valiosa do mundo. Ela não possui a maioria das coisas que vende. É uma concorrente temida e, cada vez mais, uma parceira de varejo. Dependendo de para quem você perguntar, o "Efeito Amazon" pode significar o fim dos negócios para uma empresa ou a melhoria drástica na experiência do cliente.

A Amazon vende tudo, de fraldas a esteiras, mas também produz programas de televisão de sucesso e fornece serviços de computação em nuvem para o governo dos EUA. É uma fabricante de *hardware*, processa pagamentos, uma plataforma de publicidade, um negócio de frete marítimo, uma editora, uma rede de entregas, uma designer de moda, uma terceirizadora, uma provedora de segurança doméstica e uma companhia aérea. Não para por aí. A Amazon quer ser um supermercado, um banco, um provedor de saúde e, enquanto você estiver lendo isso, provavelmente estará prestes a entrar em pelo menos mais uma indústria.

Ela está consciente de que, para o mundo exterior, tal diversificação parece dispersa e ilógica. Seria a Amazon o valete de todos os ofícios, mas mestre de nenhum? "Quando fazemos coisas novas, aceitamos que podemos ser incompreendidos por muito tempo", a varejista declarou em seu site, em 2018.[1] Para entender a Amazon, você primeiro precisa entender a sua estrutura estratégica: o efeito *volante*.

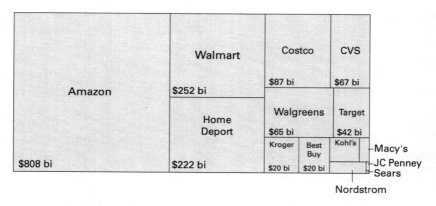

Figura 2.1 *Capitalização de mercado: varejistas selecionados dos EUA (7 de junho de 2018)*
Fonte: Pesquisa do autor /NBK Retail; Google Finanças

PERDER DINHEIRO PARA GANHAR DINHEIRO

Criado pelo especialista em gestão Jim Collins, o efeito *volante* descreve um ciclo virtuoso que torna as empresas cada vez mais bem-sucedidas. Em seu site, Collins afirma: "Não há nenhuma ação definidora, nenhum grande programa, nenhuma inovação incrível, nenhuma sorte grande, nenhum milagre. Em vez disso, o processo assemelha-se a empurrar um volante gigante e pesado, girando e girando, construindo o momento até um ponto de ruptura, e além."[2]

Então, como isto se aplica à Amazon? Em seu livro *A loja de tudo: Jeff Bezos e a era da Amazon*, publicado em 2013, Brad Stone explica o pensamento inicial:

> Bezos e seus sócios criaram seu próprio ciclo virtuoso, que acreditavam impulsionar seus negócios. Foi mais ou menos assim: preços mais baixos levaram a mais visitas de clientes. Mais clientes aumentaram o volume de vendas e atraíram mais vendedores terceirizados, que pagam comissões para o site. Isso permitiu à Amazon tirar mais partido dos custos fixos, como os centros de abastecimento e os servidores necessários para gerir o site. Esta maior eficiência permitiu-lhe, então, baixar ainda mais os preços. Alimente qualquer parte deste ciclo, eles concluíram, e isso deve acelerar o volante.[3]

Após duas décadas de investimento, o volante está girando. A Amazon continua diversificando seus negócios, olhando muito além das fronteiras do varejo, para alimentar o volante. A Amazon não está satisfeita em ser a A Loja de Tudo, também quer ser A Loja de Todos os Lugares. Suas intenções disruptivas, quanto a setores como o bancário e o de saúde, podem parecer incongruentes com seu foco principal no varejo, mas temos que lembrar de duas coisas:

1. Cada novo serviço é outro raio na roda. O sucesso da Amazon não pode ser medido olhando para uma unidade de negócios isoladamente.
2. A única coisa que liga todos os movimentos aparentemente irracionais da Amazon é a oportunidade de melhorar a experiência do cliente, incorporando-se ainda mais aos consumidores no processo.

Figura 2.2 *O efeito volante: a chave para o sucesso da Amazon*

Em 2018, a Bain & Company previu que um serviço bancário da Amazon poderia atrair mais de 70 milhões de contas de clientes em cinco anos — deixando-a com o mesmo tamanho que o terceiro maior banco norte-americano, o Wells Fargo.[4] A confiança e a lealdade à marca Amazon já estão bem estabelecidas e podem ser traduzidas para outros setores, porém isso não acontecerá sem um maior escrutínio.

Agora vamos dar uma olhada mais de perto em como os valores da Amazon moldaram sua estratégia para se tornar uma das empresas de varejo mais disruptivas e influentes do século XXI.

PRINCÍPIOS FUNDAMENTAIS DA AMAZON

> "Somos uma empresa de pioneiros. Nosso trabalho é fazer apostas ousadas e nossa energia para inventar existe em nome dos clientes. O sucesso é medido em relação ao possível, não ao provável."
>
> **Amazon, 2018**[5]

COMBINAÇÃO VENCEDORA: OBSESSÃO PELO CLIENTE E PAIXÃO PELA INVENÇÃO

A maioria dos varejistas se consideraria inovadora, centrada no cliente e orientada para resultados. A diferença com a Amazon é que ela realmente é isso.

A companhia começou com os livros, mas há mais de uma década a missão ousada da Amazon tem sido tornar-se a "empresa mais centrada no cliente da Terra" — ponto final. Ela permaneceu inabalavelmente comprometida com esse objetivo, garantindo que cada decisão tomada irá, em última análise, agregar valor ao cliente. O objetivo da venda em varejo, afinal de contas, é servir ao consumidor.

> "Se quer saber o que nos torna diferentes, entenda: somos genuinamente centrados no cliente, genuinamente orientados para o longo prazo e gostamos de inventar. A maioria das empresas não é nada disso."
>
> **Jeff Bezos, 2013**[6]

A Amazon, claramente, não é a primeira varejista do mundo a ser obcecada por seus clientes. De fato, pode argumentar-se que a empresa se inspirou no falecido Sam Walton, fundador do Walmart, que abraçou o mantra "o cliente é rei" e que uma vez disse: "Há apenas um chefe. O cliente. E ele pode despedir todos da empresa, do presidente para baixo, simplesmente gastando o seu dinheiro em outro lugar."[7]

O que distingue a Amazon, no entanto, é a sua implacável insatisfação com o *status quo*. Eles estão continuamente à procura das melhores formas de servir aos seus clientes e de tornar a experiência de compra ainda mais conveniente. Quando os varejistas falam de inovação, eles tendem a pensar em coisas como lojas pop-up e displays digitais. Com a Amazon, são armazéns subaquáticos e carteiros robóticos.

Em sua carta de 2016 aos acionistas, Jeff Bezos escreveu:

Há muitas vantagens em uma abordagem centrada no cliente, mas aqui está a maior delas: os clientes estão sempre linda e maravilhosamente insatisfeitos, mesmo quando relatam estar felizes e os negócios vão bem. Mesmo quando ainda não sabem, os clientes querem algo melhor, e o seu desejo de encantar os clientes irá levá-lo a criar algo por eles.

Bezos diz que ninguém nunca pediu à Amazon para criar o programa de associação Prime, mas é certo que os clientes queriam isso.[8] A Amazon tem a solução antes mesmo que a necessidade do cliente exista.

Em 2017, a varejista gastou mais de 20 bilhões de dólares em pesquisa e desenvolvimento — mais do que qualquer outra empresa dos EUA.[9] No entanto, apesar dos grandes investimentos da Amazon em P&D, a empresa considera que a frugalidade é um princípio-chave de liderança, pois ajuda a gerar criatividade, autossuficiência e inovação.

A frugalidade é uma característica comum entre os varejistas mais bem-sucedidos do mundo. Logo no começo, a Amazon era famosa por usar portas como escrivaninhas. Walmart usou seu próprio nome porque tinha apenas sete letras, que era mais curto do que as alternativas e, portanto, mais barato na hora de instalar e iluminar a placa de neon externa. Enquanto isso, os executivos seniores da Mercadona, a maior varejista da Espanha, mantêm uma moeda de um centavo de euro em seus bolsos para lembrá-los de que estão trabalhando para cortar custos para o consumidor.[10]

Da mesma forma, a Amazon só gastará dinheiro quando houver um benefício claro para o cliente. "Jeff nunca sonharia em mudar um pixel, um botão, um espaço no carrinho de compras ou qualquer coisa no site, a menos que deixasse claro para ele qual o impacto para o cliente", disse Brian McBride, presidente da ASOS e ex-chefe da Amazon do Reino Unido, durante uma conferência de tecnologia de varejo em 2018. "A menos que houvesse algum benefício para o cliente, por que fazê-lo?"[11]

Princípios de liderança da Amazon

1. Obsessão pelo cliente.
2. Mentalidade de dono.
3. Inventar e simplificar.
4. Estar certo, e muito.
5. Aprender e ser curioso.
6. Contratar e desenvolver os melhores.
7. Insistir nos mais altos padrões.
8. Pensar grande.
9. Ter iniciativa.
10. Frugalidade.
11. Ganhar confiança.
12. Mergulhar fundo.
13. Ser firme, discordar e se comprometer.
14. Entregar resultados.

INOVAÇÃO EM ESCALA

Então, como a Amazon cria uma cultura que prospera com agilidade? Como eles inovam em escala?

Um exemplo é a abordagem *working backwards*, em que o foco é o cliente e não o produto. A Amazon sempre foi uma grande crítica dos slides de PowerPoint (fácil para o apresentador, difícil para o público). Em vez disso, as reuniões são estruturadas em torno de narrativas de seis páginas que são lidas silenciosamente no início de cada reunião. Os memorandos, de acordo com Bezos, são mais claros, especialmente quando se trata do desenvolvimento de novos produtos. Foram concebidos para serem lidos como um comunicado de imprensa simulado, anunciando o produto final e transmitindo os benefícios ao cliente em termos leigos — ou como diz Ian McAllister, atualmente diretor da Alexa International: "como se fosse a Oprah" e não "um Geek".

> "A ideia do *working backwards* torna-o responsável pela forma como as coisas funcionarão para o cliente."
> **Paul Misener, vice-presidente de Política Global de Inovação e Comunicações da Amazon, 2017**[12]

Os memorandos estão centrados em torno do problema do cliente, em como as soluções atuais (internas ou externas) falham e em como o novo produto vai acabar com as soluções existentes. Se os benefícios não soarem atraentes, então o gerente de produto continua a ajustar o documento interno. "Alterar um comunicado de imprensa é muito menos dispendioso do que alterar o próprio produto (e mais rápido!)", escreveu McAllister num blog, em 2012.[13]

O resultado? Inovação rápida. Um grande exemplo disso é o Prime Now, o serviço de entrega de uma a duas horas da Amazon, que passou da ideia do produto para o lançamento em apenas 111 dias.[14] É assim que a Amazon se diferencia: sua abordagem única para o desenvolvimento de produtos permite que eles casem uma mentalidade de uma startup com a escala e os recursos de uma grande empresa.

O MELHOR LUGAR DO MUNDO PARA FALHAR

A Amazon valoriza a curiosidade e a tomada de riscos, mas nem tudo que toca vira ouro. Seu maior *flop* foi, sem sombra de dúvidas, o telefone Fire, que não era compatível com iPhones e Androids e, eventualmente, levou à baixa contábil de 170 milhões de dólares. Outros experimentos de curta duração incluíram: o site de viagens Amazon Destinations, o site de ofertas do tipo Groupon, Amazon Local e a Amazon Wallet, um aplicativo que permitia que os clientes armazenassem cartões-presente e cartões-fidelidade em seus telefones.

> "Muitos dos fracassos da vida vêm de pessoas que não perceberam quão próximas estavam do sucesso quando desistiram."
>
> **Thomas Edison**[15]

A inovação e o fracasso, segundo Bezos, são "gêmeos inseparáveis". É a aceitação do fracasso por parte da Amazon, como uma experiência de aprendizagem, que a diferencia de outras empresas. "Cada coisa importante que fizemos foi feita assumindo muitos riscos, com perseverança e coragem, e algumas delas funcionaram — a maioria, não", diz Bezos. Sejamos claros, as que funcionaram — por exemplo, Prime, Amazon Web Services (AWS) e Amazon Echo — foram sucessos colossais para a empresa.

A APOSTA DE 20 ANOS E A IMPORTÂNCIA DA CONSISTÊNCIA

> "Não teremos lucro durante muito tempo. E essa é a nossa estratégia."
>
> **Jeff Bezos, 1997**[16]

Wall Street é inerentemente baseada em curto prazo, deixando a maioria das empresas de capital aberto focadas em maximizar a lucratividade e o desempenho das ações de um trimestre para o outro. A Amazon faz exatamente o oposto.

Desde o primeiro dia, ela priorizou o crescimento em detrimento da rentabilidade, medindo seu próprio sucesso pelo crescimento no número de clientes e da receita, o grau de retorno dos clientes e o valor da marca. O plano sempre foi estabelecer liderança de mercado, o que, por sua vez, fortaleceria o modelo econômico da Amazon. O conceito de *volante* não foi concebido para o sucesso imediato, mas para construir relações duradouras com os clientes.

A importância da consistência na estratégia da Amazon não pode ser ignorada aqui: sua primeira carta aos acionistas, de 1997, parece ter sido escrita ontem. Bezos não previu o futuro, criou-o. Há duas décadas, ele expôs sua visão de se concentrar incansavelmente nos clientes, numa tentativa de criar valor em longo prazo para os consumidores e acionistas. Não se esqueça que, em 1997, a Amazon era uma livraria online, não o Golias do varejo que é hoje; mesmo assim sua estratégia foi cristalizada.

Para que o plano da Amazon funcionasse, Bezos tinha de estar nele em longo prazo. Ele é agora a pessoa mais rica do planeta, embora muito do valor líquido do que possui esteja vinculado a ações da Amazon. Tê-lo ao leme por mais de duas décadas ajudou a evitar que a Amazon se esquecesse de sua visão original. Uma couraça rígida e um foco extraordinário foram necessários para afastar os críticos e sufocar os medos dos acionistas. No momento em que escrevemos este artigo, em 2018, a Amazon reportou lucros anuais em apenas treze dos seus 21 anos de existência, e ainda hoje as margens de lucro continuam sem brilho e erráticas, longe do movimento linear ascendente que os mercados financeiros esperam ver. A maioria dos CEOs de varejo já teria sido demitida, mas Bezos treinou seus acionistas para serem pacientes.

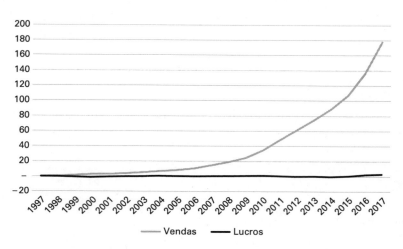

Figura 2.3 *Jogando jogos longos: Vendas da Amazon* versus *lucros*
Fonte: Pesquisa do autor; Amazon 10-Ks

> "A Amazon, tanto quanto posso dizer, é uma organização de caridade gerida por elementos da comunidade de investidores em benefício dos consumidores."
>
> **Matthew Yglesias, Editor Executivo da Vox, 2013**[17]

Nos primeiros anos, porém, muita gente estava apostando contra a Amazon. Em 2000, ano em que a bolha da internet estourou e era o sexto ano de operação da Amazon, a varejista ainda não tinha registrado lucro e estava perdendo milhões de dólares. Os analistas de Wall Street estavam convencidos de que Bezos estava construindo um castelo de cartas,[18] com o analista do Lehman Bros, Ravi Suria, prevendo que a empresa ficaria sem dinheiro em questão de meses, a menos que pudesse "tirar outro coelho financiador de sua cartola mágica".[19] Suria não estava sozinho aqui. No mesmo ano, a revista financeira *Barron's* divulgou uma lista de 51 empresas online em risco de falência até ao final de 2000. O *Burn Rate 51* incluía nomes agora esquecidos como CDNow e Infonautics — e a Amazon.

Manchetes como "A Amazon pode sobreviver?"[20] e "Amazon: um esquema ponzi ou a Walmart da web?" ilustraram dúvidas sobre o futuro da companhia.[21] Esperava-se que ela fosse mais uma vítima da bolha da internet.

Apesar do amplo ceticismo e da confusão genuína em relação ao seu modelo de negócio não convencional, a Amazon conseguiu persuadir um número suficiente de acionistas ao contar uma história convincente. A empresa pediu paciência e, surpreendentemente, os acionistas concordaram. Acho que se trata de uma mensagem e estratégia consistentes, que não se desviam quando as ações caem ou sobem", disse Bill Miller, diretor de Investimentos da Miller Value Partners.[22] Hoje em dia, os investidores chegam a ficar confusos quando a Amazon reporta lucros ocasionais — eles esperam que a empresa recicle qualquer dinheiro de volta para o negócio.

O ex-executivo da Amazon, Brittain Ladd, acredita que as empresas jogam um jogo finito ou infinito. Com um jogo finito, a empresa acredita que pode vencer os seus concorrentes. Caracteriza-se por um conjunto de regras acordadas e mecanismos de pontuação claramente definidos. Falando com as autoras, Ladd comentou:

> A Amazon, no entanto, joga um jogo infinito cujo objetivo é superar os concorrentes. Ela entende que os concorrentes vão e vêm. Entende que não pode ser a melhor em todas as coisas. Portanto, tomou a decisão estratégica de superar seus concorrentes, criando um ecossistema que atende perfeitamente as necessidades dos consumidores através de uma gama cada vez maior de produtos, serviços e tecnologia.

CAPITAL BARATO E VANTAGENS SUSTENTÁVEIS

A Amazon joga segundo o seu próprio conjunto de regras. Sem a visão de Bezos, eles não ganhariam a confiança da comunidade de investidores. Sem a confiança de seus acionistas, eles não seriam capazes de investir na infraestrutura necessária ao negócio principal de comércio eletrônico ou inovar muito além das fronteiras do varejo, adicionando importantes raios ao *volante*. Não haveria a AWS, nem Prime, nem Alexa. A Amazon não seria a Amazon.

Falando numa conferência de logística em 2018, sir Ian Cheshire, presidente da Debenhams, observou que o varejista médio reinveste 1-2% da sua receita em sistemas. A Amazon reinveste 6%. "Esse é um fator de 5:1 cujo retorno é um kit de ferramentas, testes e infraestruturas melhores", disse ele.[23]

O professor da NYU, Scott Galloway, leva esse passo adiante com a afirmação de que a Amazon está "jogando injustamente e ganhando". Ele explica: "Eles têm acesso a capital mais barato do que qualquer outra empresa da história moderna. A Amazon pode agora pedir dinheiro emprestado a custo menor do que aquele que a China é capaz de pedir. Como resultado, são capazes de inovar mais do que qualquer outra empresa."[24]

Na posição de concorrente, como é possível acompanhar uma empresa que tem zero obrigação de reportar lucros? Uma empresa cuja principal expectativa dos seus investidores é continuar a investir dinheiro em novas áreas de crescimento?

"Você realmente desenvolve vantagens muito sustentáveis em torno de um negócio quando o administra com margens baixas", diz Mark Mahaney, diretor administrativo da RBC Capital, que tem coberto ações da internet desde 1998. "Poucas empresas querem entrar nos negócios principais da Amazon e tentar competir com eles em margens de 1 ou 2%."[25]

E estamos falando apenas do varejo. Muitos dos negócios "não essenciais" da Amazon são, de fato, líderes em perdas. As taxas de inscrição no Prime podem agora trazer contribuições saudáveis, mas a maioria dos analistas concorda que a Amazon provavelmente ainda está perdendo dinheiro com a entrega numa tentativa de incentivar compras mais frequentes.[26] Enquanto isso, seus aparelhos como Kindles e Echos[27] são vendidos a preço de custo ou com prejuízo. Assim como o Google, a Amazon pretende atrair o maior número possível de consumidores e depois ganhar dinheiro com o conteúdo adquirido através do dispositivo (além de obter dados valiosos sobre os hábitos de compra).[28] Levando em conta que os proprietários do Echo gastam 66% a mais do que o consumidor médio da Amazon, a varejista é claramente incentivada a subsidiar as vendas de seus dispositivos.[29]

CONDIÇÕES DE CONCORRÊNCIA DESIGUAIS: IMPOSTOS

Não podemos falar das vantagens competitivas da Amazon sem mencionar impostos. Nos últimos 15 anos (2002-17), o Walmart pagou 103 bilhões de dólares em imposto de renda corporativa, ou seja, 44 vezes o valor pago pela Amazon no mesmo período.[30]

A Amazon é hoje a terceira maior varejista do mundo em termos de receita, e, em 2018, tornou-se a segunda empresa nos EUA (depois da Apple) a atingir 1 trilhão de dólares em valor de mercado.[31]

Mas as empresas não pagam impostos sobre as receitas — pagam impostos sobre os lucros. A estratégia não convencional de abstinência de lucros da Amazon permitiu que minimizasse, e até mesmo eliminasse, sua carga tributária. Em 2017, relatou 5,6 bilhões de dólares em lucros, mas não precisou pagar os impostos federais, resultado de vários créditos e incentivos fiscais de compra de ações executivas.[32]

Como varejista online, a Amazon tem se beneficiado historicamente — e de forma controversa — de uma decisão da Suprema Corte, dada em 1992: *Quill Corp. vs Dakota do Norte* — que impediu os estados de cobrar impostos sobre vendas de empresas de comércio eletrônico a menos que essas varejistas estivessem fisicamente presentes no estado (com um escritório ou armazém, por exemplo). Esta é uma das razões pelas quais Bezos inicialmente escolheu Washington como sede da Amazon: o estado tinha uma população pequena e sua capital, Seattle, estava se tornando um centro tecnológico. Vale ressaltar aqui que a primeira escolha de Bezos teria sido uma reserva indígena americana perto de São Francisco, que teria apresentado generosos incentivos fiscais se o estado não tivesse interferido.

A Amazon passou seus primeiros dias construindo armazéns em pequenos estados como Nevada e Kansas, permitindo que eles entregassem para estados populosos próximos como Califórnia e Texas, sem cobrar impostos sobre vendas.[33] Durante anos, a capacidade de realizar vendas isentas de impostos deu à Amazon e a outras varejistas online uma vantagem gigantesca sobre seus rivais corporativos. No entanto, como a Amazon continuou a se expandir e seu foco mudou para uma entrega cada vez mais rápida, ela não teve outra escolha a não ser abrir novos centros de atendimento mais próximos de seus clientes. "Quando essa estratégia deixou de ser sustentável, e como a Amazon queria adicionar mais armazéns em mais estados para apoiar seu crescente programa de entrega em dois dias do Prime, a empresa muitas vezes negociou para que os impostos pudessem ser atrasados, adiados ou reduzidos como condição para pagá-los", escreveu Jeremy Bowman, do Motley Fool, em 2018.[34]

Muitos estados assinaram subsequentemente um acordo que permitia às varejistas cobrar voluntariamente o imposto sobre as vendas. Em 2017, a Amazon estava cobrando imposto sobre vendas de todos os 45 estados onde era possível cobrá-lo, o que significava que, no ano seguinte, quando a Suprema Corte finalmente anulou a decisão de 1992, o impacto sobre a Amazon foi mínimo.[35] No entanto, significou também que os comerciantes terceirizados da companhia tiveram que começar a cobrar impostos sobre as vendas de seus produtos (a Amazon anteriormente só cobrava imposto sobre os itens que possuía).[36]

> "A decisão cria distorções de mercado, em vez de resolvê-las. Com efeito, trata-se de um abrigo fiscal criado judicialmente para as empresas que limitam a sua presença física num estado, mas vendem os seus bens e serviços aos consumidores desse estado, algo que se tornou mais fácil e mais comum à medida que a tecnologia avançou."
> **Suprema Corte dos Estados Unidos, 2018**[37]

Enquanto isso, em sua busca por uma segunda sede em 2018, a Amazon solicitou licitações de cidades e regiões da América do Norte, prometendo 5 bilhões de dólares em investimentos e 50 mil novos empregos na próxima década. A competição ao estilo *Jogos Vorazes* resultou em mais de duzentas licitações, com ofertas extraordinárias que vão desde os 7 bilhões de dólares em incentivos fiscais de Nova Jersey até a promessa de Chicago de que os funcionários devolveriam parte de seu salário à Amazon como "imposto de renda".

Na Europa, a estrutura tributária da companhia tem sido igualmente controversa. Após mais de uma década canalizando vendas através de entidades em Luxemburgo, em 2015, a Amazon começou a contabilizar as vendas e a pagar impostos na Grã-Bretanha, Alemanha, Espanha e Itália. Desde então, a UE condenou a empresa a reembolsar 250 milhões de euros em impostos, resultado de uma redução fiscal injusta que lhe foi concedida por Luxemburgo em 2003, e propôs um novo imposto digital de 3% sobre as receitas — e não sobre os lucros — das grandes empresas de tecnologia.

Enquanto isso, no Reino Unido, uma reavaliação das taxas de negócios em 2017 beneficiou desproporcionalmente a Amazon e outras varejistas online. As taxas, consideradas por muitos como arcaicas, foram calculadas para levar em conta o aumento dos preços dos imóveis desde 2008; como a maioria dos armazéns da Amazon estão localizados fora das cidades, ela viu o valor das taxas (e, portanto, dos impostos cobrados) diminuir, enquanto muitos comerciantes de rua sofreram com aumento nas contas — alguns de até 400%. Outra grande vantagem competitiva para a Amazon.

A luta fiscal da Amazon está longe de acabar. O presidente Trump, que afirmou durante os debates presidenciais de 2016 que não pagar seus próprios impostos o torna "inteligente", agora não consegue parar de pensar sobre o planejamento tributário da Amazon. Ironicamente, o *Trump Administration's 2017 Tax Act* — que reduziu as taxas de 35% para 21% — está beneficiando diretamente a Amazon. Em 2018, a varejista reportou um benefício fiscal provisório de quase 800 milhões de dólares.[38] Ainda assim, a ameaça de um maior escrutínio se aproxima, mas falaremos sobre isso mais tarde.

Tweet

Manifestei as minhas preocupações sobre a Amazon muito antes das eleições. Ao contrário de outras empresas, ela paga pouco ou nenhum imposto aos governos estaduais e locais, usam nosso Sistema Postal como seu Menino de Recados (causando uma tremenda perda para os EUA), e estão colocando milhares de varejistas para fora do negócio! @realDonaldTrump 4:57, 29 Mar 2018.

TRÊS PILARES: MARKETPLACE, PRIME, AWS

As brechas fiscais e o acesso único a capital barato deram à Amazon uma vantagem competitiva sobre seus principais concorrentes. Como já mencionamos anteriormente, isso permitiu que ela investisse mais rapidamente em novas áreas de crescimento, resultando no que descreve como os três pilares do negócio: Marketplace, Prime e AWS.

Esses negócios têm desempenhado um papel fundamental no crescimento da receita da Amazon e na aceleração do *volante*. Com exceção da AWS (que talvez possa ser dispensada por ser o principal mecanismo de lucro da Amazon), esses negócios agregaram valor diretamente aos clientes. Além disso, são, em grande parte, exclusivos da Amazon.

MARKETPLACE

Como uma das primeiras varejistas a abrir seu site para vendedores terceirizados, a Amazon conseguiu realizar seu sonho de oferecer a "maior seleção de produtos da Terra". Os clientes se beneficiam ao ter milhões de produtos em dezenas de categorias na ponta dos dedos, enquanto a Amazon reduz o custo e o risco do inventário. Seu marketplace permitiu que a companhia fosse a primeira a oferecer em escala até mesmo os produtos mais específicos — de copos de vinho de silicone a brinquedos para gatos — que, quando combinados com a entrega Prime, tornam-se uma proposta muito convincente.

O marketplace também provou ser um fluxo de receitas frutífero, uma vez que a Amazon conta com uma comissão de cerca de 15% do preço da mercadoria.[39] De 2015 a 2017, as receitas geradas pelos serviços de vendas de terceiros quase dobraram para 32 bilhões de dólares, tornando-o a maior fonte de receita da companhia, depois das vendas de produtos de varejo, e superiores às da AWS.[40]

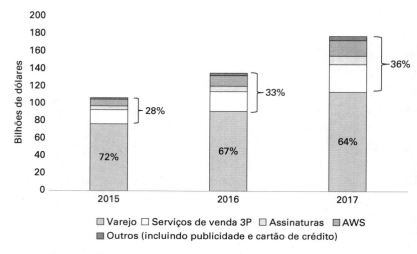

Figura 2.4 *Aumento da importância dos serviços: vendas líquidas da Amazon por segmento de negócio*

Um número crescente de vendedores do marketplace não só opta por vender através da Amazon, mas também procura a varejista para armazenar os seus produtos e, ao receberem uma encomenda, para processar pagamentos e recolher, embalar e entregar o artigo aos consumidores. O programa, chamado Fulfilment by Amazon (FBA), implica que tais produtos se tornam elegíveis para o envio rápido Prime e têm maior chance de receber a Buy Box (de modo que o produto aparece primeiro no botão "Adicionar ao Carrinho" na página de detalhes do produto). Para a Amazon, o FBA permite que faça melhor uso do excesso de capacidade e, ao mesmo tempo, aumente e alavanque seu volume de entregas, sob as graças de empresas como a UPS e a FedEx. Mas talvez a maior vantagem do FBA seja que levaria décadas para que outro varejista replicasse o modelo.

PRIME

O esquema de assinatura da Amazon provou ser a cola do seu ecossistema. Com mais de cem milhões de membros em todo o mundo, o Prime tornou-se muito mais do que um programa de fidelização — tornou-se um modo de vida. A Amazon foi inteligente ao tirar o Prime de um esquema que inicialmente se centrava em benefícios de entrega, se concentrando em um conteúdo abrangente: *streaming*, empréstimo de livros, armazenamento de imagens, criando as bases sólidas de um programa de afiliação. O resultado? Maiores gastos, frequência de compra e retenção. Discutiremos isto com mais detalhes no próximo capítulo.

AMAZON WEB SERVICES

O serviço de armazenamento em nuvem da Amazon pode não beneficiar diretamente os clientes, mas certamente provou ser o carro-chefe da companhia. As margens operacionais mantêm-se em dígitos altos e, em 2017, a divisão foi responsável por mais de 100% do lucro operacional da Amazon. Lembra da ideia de Brad Stone de alimentar *qualquer* parte do *volante* para acelerá-lo? Uma divisão única e lucrativa dentro da Amazon significa mais oportunidade de reinvestir no varejo.

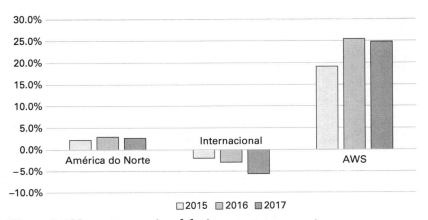

Figura 2.5 *Margem operacional da Amazon por segmento*

> "Muitos definiram a AWS como uma aposta ousada — e incomum — quando começamos. 'O que é que isto tem a ver com a venda de livros?' Poderíamos ter ficado na mesmice. Ainda bem que não o fizemos."
>
> **Jeff Bezos, 2016**[41]

A AWS é agora líder dos negócios em nuvem, impulsionando centenas de milhares de empresas em quase duzentos países em todo o mundo,[42] permitindo que a Amazon, nas palavras do analista Ben Thompson, "corte todas as atividades econômicas".[43] Não é de surpreender que concorrentes importantes como o Walmart e a Kroger estejam se afastando da AWS (em benefício do Google e da Microsoft), mas a Amazon ainda fornece serviços de computação em nuvem para várias marcas de varejo entre as quais estavam, a partir de 2018, Brooks Brothers, Eataly e Ocado.

A AWS pode ser o ponto único de uma mistura já eclética e abrangente de unidades de negócios na Amazon, mas ainda conta com todas as tradicionais características da empresa: obcecada pelo cliente, inventiva, experimental e orientada para o longo prazo.

Não é segredo que a Amazon está em busca de seu quarto (e quinto e sexto...) pilar. Amazon Studios e Alexa foram apresentados como os próximos pilares possíveis, com Alexa em particular tendo sido um fenomenal, e talvez inesperado, sucesso. Acreditamos que Alexa é realmente mais poderosa como uma extensão de hardware do *volante*, que impulsiona o consumo dos três pilares existentes. Isso não quer dizer que não será uma área-chave de crescimento para a Amazon no futuro; afinal, Bezos prometeu "dobrar" a tecnologia de voz.

EMPRESA DE TECNOLOGIA EM PRIMEIRO LUGAR, VAREJISTA EM SEGUNDO

Como estabelecemos no início do capítulo, as raízes tecnológicas da Amazon e a paixão pela invenção são o que a diferenciam da concorrência. Na verdade, muitas das inovações feitas pela Amazon podem ser facilmente esquecidas porque se tornaram normais hoje em dia. Volte para o final dos anos 1990: compras online costumavam ser um processo bastante trabalhoso. A Amazon eliminou esse problema criando compras com um clique, recomendações personalizadas de produtos e avaliações e revisões feitas pelos usuários.

A entrega, entretanto, nem sempre foi rápida e gratuita. O Prime aumentou significativamente as expectativas dos clientes, deixando os concorrentes com pouca escolha a não ser investir em seu próprio desempenho. A Amazon enfrentou uma das maiores barreiras às compras online — entregas perdidas — com o lançamento do Amazon Lockers em 2011. Hoje em dia, praticamente todos os grandes varejistas ocidentais oferecem o serviço de clique & retire.

Os e-readers pareciam ficção científica antes da Amazon apresentar o Kindle. Embora a categoria tenha visto uma desaceleração nas vendas (podemos culpar a fadiga da tela), a conveniência de armazenar centenas de livros em um único dispositivo foi um divisor de águas no lançamento.

> "Podemos trabalhar no varejo, mas somos uma empresa de tecnologia em nossa essência. Quando Jeff começou a Amazon, ele não tinha a intenção de abrir uma livraria."
> **Werner Vogels, CTO da Amazon, 2016**[44]

A Amazon é a derradeira disruptora. Estas são apenas algumas das iniciativas que revolucionaram os hábitos de compra e consumo. A maioria das inovações da Amazon pega os concorrentes desprevenidos, deixando-os na indesejável posição de reagir a mudanças em vez de liderá-las. Mas há certamente um beneficiário — o cliente. A inovação incessante da Amazon aumenta as expectativas dos clientes, o que, por sua vez, leva os concorrentes a melhorar sua performance, criando, por fim, uma experiência melhor para o consumidor. No mundo do varejo atual, certamente não há espaço para complacência.

> "A transformação digital é como a chegada das linhas férreas a era vitoriana, porém muito mais rápida."
> **Doug Gurr, Gerente da Amazon UK, 2018**[45]

A grande questão é: das experiências que estão sendo feitas atualmente, quais se manterão e transformarão a indústria novamente? A Amazon já foi um catalisador fenomenal para a mudança em áreas como logística, check-out e tecnologia de voz, e está moldando o futuro do varejo no mundo ocidental quase sozinha. Aqui estão as nossas previsões:

- **A mudança da Amazon para o ambiente offline será o último prego no caixão do comércio eletrônico puro.** À medida que a tecnologia for derrubando as barreiras entre o físico e o digital, os varejistas que não dispõem de presença física — já sob pressão para compensar os custos de transporte e de aquisição de clientes — serão gravemente prejudicados. Marcas de e-commerce nativas digitais darão o salto para o reino físico, principalmente através de lojas inovadoras, pop-ups, concessões e como aquisições-alvo por varejistas veteranos.
- **Haverá maior divergência entre compras funcionais e por lazer.** No futuro, os consumidores passarão significativa-

mente menos tempo comprando o essencial. Nossas casas, movidas pela Amazon, farão todo o trabalhado cotidiano para que os consumidores nunca mais tenham que entrar em um supermercado para comprar alvejante ou papel higiênico novamente. Em vez disso, estes produtos serão automaticamente reabastecidos — o derradeiro teste de fidelidade à marca. A busca da Amazon em eliminar a tarefa de compras de alimentos e facilitar uma experiência sem atrito cria uma oportunidade para que os concorrentes se concentrem no WACD: O Que a Amazon Não Faz.

- **Vencer no varejo hoje significa fazer o que a Amazon não é capaz, portanto, focar menos no produto e mais na experiência, nos serviços, na comunidade e na especialização.** A loja do futuro passará de transacional à experiencial, à medida que os concorrentes procuram se distanciar do aspecto utilitário da compra online. A Amazon é ótima para fazer compras, mas não tão atraente quanto à experiência de comprar. Acreditamos que o design, o layout e o propósito mais amplos da loja física evoluirão para refletir a mudança de prioridades do consumidor. Não será apenas um lugar para comprar, mas também um lugar para comer, trabalhar, brincar, descobrir, aprender e até mesmo fazer empréstimos.
- **A Amazon vai democratizar o supermercado online, uma vez que a tecnologia destrói as barreiras tradicionalmente associadas ao comércio eletrônico de supermercados nos EUA.** Mais alianças contrárias a Amazon se formarão, com o Google e a Ocado se beneficiando particularmente das ambições da companhia quanto aos gêneros alimentícios. Assim que a Amazon convencer os consumidores de que é uma alternativa confiável aos supermercados, então superará o obstáculo final para se tornar a Loja de Tudo. A captura dessa compra de alta frequência facilita tanto a venda cruzada quanto a pesca de consumidores em seu ecossistema mais amplo, tornando-a a opção de compra padrão. E é aí que as

coisas ficam feias, não só para os supermercados, mas para todo o varejo: os consumidores da Amazon tendem a ser leais, clientes para toda a vida.

- **À medida que o Prime transita para um cenário offline, os varejistas terão de repensar drasticamente os seus próprios programas de fidelização.** A noção de apresentar um cartão plástico no caixa em troca de pontos é datada. O próximo passo da fidelização fará com que os varejistas abandonem o conceito de "mais compras, mais ganhos". Os esquemas baseados em pontos se tornarão coisa do passado conforme o campo de batalha de fidelização passa de poupar dinheiro dos clientes para poupar tempo, energia e esforço. A hiperpersonalização por meio de recompensas via celular em tempo real se tornará a norma. Há uma urgência em ir além da transação, desenvolvendo um vínculo profundo e emocional com os clientes.
- **A entrega de até uma hora se tornará padrão nas áreas urbanas, pois os varejistas experientes reconfigurarão seus melhores ativos — suas lojas — para atuar como miniarmazéns.** Os varejistas também devem utilizar suas localizações físicas para sossegar o atual consumidor do tipo "nos meus termos" com uma série de lojas, além de tratar o calcanhar de Aquiles do varejo online — as devoluções de produtos. Espere ver mais colaboração, mesmo com a própria Amazon, nessa área, pois os varejistas unem forças para atender melhor o cliente. A loja do futuro não se tornará apenas um centro de experiência, mas de realização.
- **A Amazon continuará a inovar incansavelmente em nome do cliente, impressionando os consumidores e perturbando mais setores no processo.** No futuro, a noção de não pagar na loja parecerá natural (e não como se estivéssemos roubando); a entrega em casa ou em veículos será uma alternativa aceitável à entrega tradicional sem acompanhamento; e as barreiras à compra de roupas online — tamanho e devolu-

ções — serão em grande parte eliminadas. Enquanto isso, a combinação de IA mais sofisticada e o uso do Alexa em nossas casas e telefones poderão levar à era do assistente de compras verdadeiramente personalizado.

- **Até 2021, a Amazon terá se tornado uma empresa predominantemente baseada em serviços.** O varejo, em porcentagem de vendas totais, continua a diminuir (de 72% em 2015 para 64% em 2017). Acreditamos que o ponto de inflexão, quando a maioria das vendas da Amazon virão de serviços e não de bens de primeira necessidade, acontecerá em 2021. Embora ainda haja muitas oportunidades para aumentar sua principal oferta de varejo internacional, a companhia está criando um portfólio de serviços abrangentes para fornecedores e outras empresas (publicidade, marketplace, AWS); para consumidores (assinaturas Prime, *streaming* de música/vídeo, instalação de segurança doméstica, assinaturas de supermercados, a lista continua); e até mesmo para outros varejistas. Além disso, como as vendas de terceiros continuam a crescer, como porcentagem do total de unidades pagas, as vendas declaradas da Amazon refletem menos o volume bruto da mercadoria que passa por ela (porque isso considera apenas o que ela absorve dos vendedores terceirizados, não o valor total do pedido). A Amazon está mudando do comércio varejista para uma infraestrutura indispensável.

- **No futuro, mais varejistas circularão nos trilhos da Amazon.** As varejistas se contentam cada vez mais em ignorar a enorme ameaça competitiva representada pela Amazon para aproveitar sua infraestrutura física e digital. Alguns considerariam isso como brincar com fogo — certamente varejistas como Toys R Us, Borders e Circuit City consideram. Eles estavam entre os primeiros "falsos amigos" da companhia no início dos anos 1990, quando terceirizaram seus negócios de comércio eletrônico para a gigante — todos, desde então, foram à falência. Mas acreditamos que mais varejistas se aproximarão da Amazon se isso ajudá-los a obter um maior alcance (Marketplace), direcionar o tráfego para as lojas (pop-ups da Amazon, clique & retire, devoluções da loja) ou melhorar a experiência do cliente (entrega no mesmo dia, compras ativadas por voz). O duplo papel de concorrente e prestador de serviços torna-se cada vez mais evidente a cada dia que passa. A "coopetição" é um tema-chave para o futuro.

Em resumo, a Amazon não é uma varejista comum porque não é realmente uma varejista. É uma empresa de tecnologia cujo único objetivo é a inovação perpétua em nome dos seus clientes. E que acaba vendendo muitas coisas no processo.

3
O ECOSSISTEMA PRIME: REDEFININDO LEALDADE PARA O CONSUMIDOR MODERNO

"Um 'buffet liberado' de entrega expressa." Foi assim que Jeff Bezos descreveu o Amazon Prime quando foi lançado em 2005. A ideia era simples — os consumidores pagam uma taxa anual em troca de envios ilimitados em até dois dias. Os clientes não precisariam mais se preocupar com consolidação de pedidos ou requisitos mínimos de compra. Bezos queria que o transporte rápido se tornasse uma experiência comum e não um "benefício ocasional".[2]

A empresa já estava oferecendo o *Super Saver Shipping*, que atendia a clientes que não se importavam de esperar um pouco mais para que seus pedidos chegassem (que ainda existe hoje, apenas é chamado de entrega grátis). Isso preparou o terreno para novos serviços de entrega, como o Prime, uma ideia proposta inicialmente pelo engenheiro da Amazon, Charlie Ward. No seu livro, *A loja de tudo: Jeff Bezos e a era da Amazon*, Brad Stone escreve:

Por que não criar um serviço para o tipo oposto de cliente, sugeriu Ward, um clube de remessa rápida para consumidores cujas necessidades eram sensíveis ao tempo e que tinham problemas com preço? Ele sugeriu que poderia funcionar como um clube de música, com uma taxa mensal.[3]

A Amazon não evita correr riscos, e essa foi uma grande aposta. Não só a promessa de entrega ilimitada em dois dias aumentaria significativamente as expectativas dos clientes e a pressão sobre os custos, em particular no curto prazo, mas também os clientes estariam dispostos a pagar pelo privilégio de fazer compras com a Amazon? É claro, clubes de compras como a Costco cobravam uma taxa de associação — mas isso se refletia em preços mais baixos dentro do mercado. Poderia a Amazon convencer os consumidores de que o transporte rápido por si só valia a taxa inicial de 79 dólares?

> "Nunca foi pelos 79 dólares. Tratava-se realmente de mudar a mentalidade das pessoas para que não fizessem compras em nenhum outro lugar."
>
> **Vijay Ravindran, ex-Diretor da Amazon, 2013**[4]

Parece que sim. Em 2018, a Amazon estava enviando mais de 5 bilhões de itens por todo o mundo e tinha mais de 100 milhões de assinantes globais Prime, tornando-a um dos maiores esquemas de assinatura online do mundo.[5]

ENTREGA, COMPRAS, *STREAMING* E MUITO MAIS

O modelo Prime é a Amazon clássica — obcecada pelo cliente com uma visão de longo prazo para o sucesso. Hoje em dia, Prime é muito mais do que apenas um benefício na entrega. A Amazon passou a última década construindo incansavelmente o *volante* Prime, a ponto de ser agora descrito como "a porta de entrada para o melhor da Amazon", de acordo com Lise Leung, diretora do Prime.[6] A varejista expandiu significativamente uma gama já impressionante de produtos elegíveis Prime (de vinte milhões em 2014 para 100 milhões em 2018)[7] e, ao mesmo tempo, criou uma série de novos serviços para oferecer aos clientes um valor cada vez maior. Hoje, há mais razões do que nunca para se juntar ao Prime.

> "Eles vêm pela logística. Ficam pelo digital."
> **Aaron Perrine, Gerente Geral da Amazon, 2018**[8]

Como parte de uma estratégia mais ampla para espalhar seus tentáculos por novos setores, a Amazon reforçou muito o aspecto de entretenimento do Prime. Não vamos esquecer que a principal razão de ser da Amazon, de acordo com Doug Gurr, *country manager* da Amazon no Reino Unido,[9] é "melhorar a experiência de compras e entretenimento para o consumidor". A Amazon abordou este último ponto em 2011, adicionando à sua oferta Prime a transmissão ilimitada e sem fins comerciais de milhares de programas de TV e filmes. Desde então, assumiu maior controle da produção através de sua subsidiária, a Amazon Studios, oferecendo aos sócios Prime conteúdo exclusivo como os programas de TV *Bosch*, *Transparent* e *The Marvellous Mrs Maisel*. Hoje, a Prime Video é um concorrente viável da Netflix. O serviço tem ajudado a fidelizar o cliente, tornando o pacote Prime ainda mais atrativo e simultaneamente alimentando o *volante* de inércia. "Quando ganhamos um Globo de Ouro, isso nos ajuda a vender mais sapatos", disse Bezos.[10]

Tabela 3.1 Benefícios dos membros Amazon

Categoria	Benefícios do Amazon Prime
Entrega	Entrega "grátis" em mais de 100 milhões de itens em dois dias ou menos
	Entrega "grátis" no mesmo dia ou um dia em mais de um milhão de itens em 8 mil cidades e vilas dos EUA
	Entrega no dia de lançamento até as 19h em novos vídeos, livros, jogos, música, filmes e muito mais
	Prime Now com entrega de uma a duas horas
Stream	Prime Video: transmissão ou download de milhares de programas de TV e filmes
	Twitch Prime: vantagens para *gamers*, tais como itens grátis dentro dos jogos todos os meses
	Prime Music: transmissão de mais de 2 milhões de músicas sem anúncios
	Prime Originals: Programas de TV e filmes exclusivos da Amazon, como *The Marvellous Mrs Maisel*
Compras	Benefícios Whole Foods: descontos exclusivos, 5% de *cashback* com cartão Visa e entrega em duas horas
	Alexa: compra ativada por voz e reabastecimento de pedidos
	Just for Prime: acesso antecipado a ofertas e acesso exclusivo a produtos de marcas da Amazon
	Amazon Family: desconto de 20% em fraldas e alimentos para bebês com cinco ou mais assinaturas
Leitura	Escolha entre mais de mil livros, revistas, histórias em quadrinhos, livros infantis e muito mais.
	Primeira leitura: a cada mês, baixe uma das seis escolhas dos editores gratuitamente antes da publicação.
Outros	Ganhe 5% de *cashback* com cartões de crédito selecionados; ganhe 2% de recompensas com Amazon Prime Reload
	Prime Fotos: armazenamento ilimitado de fotos

Fonte: Pesquisa do autor; Amazon, em junho de 2018

E esse não é apenas um fenômeno dos EUA. No Japão, por exemplo, o número de membros aumentou 16% apenas três meses após o lançamento do Prime Video. Na Índia, onde a Amazon está investindo forte na categoria, a empresa conquistou mais membros Prime em seu primeiro ano do que qualquer outro mercado na história da empresa. Em 2018, a companhia adicionou seu primeiro benefício de entretenimento, o Prime Reading, na China.[11] A força dessa proposta de pacote hoje em dia facilita a adoção e retenção de associados em mercados internacionais.

A conveniência sempre foi a premissa, mas atualmente a Amazon está levando isso a um novo patamar ao permitir o acesso a todo um *estilo de vida de conveniência*. Quer entrega em uma hora? Precisa usar um Botão Dash para reabastecer seu estoque de sabão em pó? Quer comprar via Alexa? Quer entregas em casa ou no carro? Adivinhe, você precisa ser membro Prime.

> "O nosso objetivo com o Amazon Prime, não se enganem, é garantir que, se não forem membros Prime, estão sendo irresponsáveis."
> **Jeff Bezos, 2016**[12]

Prime também é cada vez mais sobre o acesso a *produtos* e *serviços*. Como parte dos esforços da Amazon para explorar os setores de alimentos e moda, a varejista vem construindo silenciosamente um amplo portfólio de produtos de marca própria, muitos dos quais são reservados para associados. Isto cria uma grande sensação de exclusividade, que é impossível de replicar num ambiente físico. Você consegue imaginar o Walmart proibindo certos clientes de retirar os produtos da marca própria *Great Value* de suas prateleiras? A Amazon se safa com inteligência em um ambiente digital e está claramente motivada a aumentar seu portfólio de produtos próprios como forma de oferecer mais valor aos clientes e, ao mesmo tempo, diferenciar-se de seus pares de maneira criativa.

É importante ressaltar que a afiliação Prime também atua como porta de entrada para serviços que vêm com taxas adicionais como

AmazonFresh, Prime Pantry ou Prime Now. Os consumidores da Amazon devem, em primeiro lugar, ser um membro Prime para conseguir pagar a taxa adicional mensal de 15 dólares pela entrega de alimentos, um reflexo dos custos mais altos associados à categoria de perecíveis, o que geralmente é aceito pelos consumidores dos EUA. Mas isso significa que cada cliente que compra alimentos frescos pela Amazon é membro de seu programa de fidelidade — e, portanto, a empresa sabe muito sobre eles. Imagine se a Tesco tivesse lojas dedicadas exclusivamente aos membros do Clubcard — as oportunidades de personalização seriam infinitas. Não é surpresa que a Amazon esteja com pressa para absorver o programa de fidelidade da Whole Foods no Prime.

O Prime oferece um valor excepcional aos seus membros, mas sem prometer preços mínimos. De fato, nos primeiros dias, os funcionários da Amazon queriam chamar o programa de *Super Saver Platinum*, que Bezos rejeitou por não ter sido projetado para ser um programa de economia de dinheiro[13] (acredita-se que o nome Prime acabou sendo escolhido devido à posição privilegiada, a *prime position*, dos pallets *fast-track* nos centros de abastecimento).[14] Hoje, porém, existe um número crescente de incentivos financeiros para se tornar um membro Prime. Além do principal benefício, a entrega, os membros têm acesso a acordos exclusivos, podem obter *cashback* nas compras da Amazon e da Whole Foods usando um cartão Visa Prime e, conforme a Amazon avança para lojas físicas, os membros encontrarão preços mais baixos nesses locais.

Além disso, a Amazon criou um evento de compras — o Prime Day — exclusivamente para seus associados. O evento, no esquema Black Friday, apresentado como uma celebração do 20º aniversário da Amazon em 2015, foi criado para estimular artificialmente a demanda em um período que, de outra forma, seria baixa e, ao mesmo tempo, recompensar os membros do clube Prime com mais de 24 horas de descontos. À época do lançamento, foi também uma maneira inteligente de amenizar o golpe de um recente aumento de preços — pela primeira vez na história, a Amazon aumentou o preço do Prime de 79 para 99 dólares (desde então houve um novo aumento para 119 dólares, certamente não o último). Em todo caso, o Prime Day é tanto sobre uma descarada aquisição de clientes quanto sobre lembrar aos membros existentes do valor do serviço.

Em suma, o objetivo é tornar o Prime tão atraente que, como nas palavras de Bezos, os clientes seriam "irresponsáveis" por não aderirem. Ao agrupar seus serviços sob um mesmo guarda-chuva, cada um com a intenção de tornar a vida do cliente mais fácil ou mais agradável, a Amazon pode atender a necessidades dos consumidores que, de longe, superam o preço. Ela não quer apenas uma cota da sua carteira, quer uma cota da sua vida.

MAS O PRIME É REALMENTE UM PROGRAMA DE FIDELIDADE?

É uma questão muito debatida no varejo — podemos mesmo dizer que o Prime é um programa de fidelização? Em sua essência, esses esquemas são projetados para impulsionar compras recorrentes, recompensando os clientes mais importantes de um varejista. Neste sentido, o Amazon Prime é a epítome de um esquema de fidelidade. Afinal, poucos outros varejistas têm cem milhões de clientes pagando pelo privilégio de fazer compras com eles.

No entanto, o termo "programa de fidelização" é frequentemente associado a cartões que carregamos nas nossas carteiras, habitualmente trocando-os por pontos (muitas vezes não quantificáveis) no caixa. Sejamos muito claros — este tipo de programa de fidelização está perto do fim.

O termo "cartão de fidelidade" é um termo errado. Eles não conduzem à lealdade. Se o fizessem, só teríamos um cartão em nossas carteiras. Em vez disso, o consumidor médio, em mercados como os EUA, Canadá ou Reino Unido, possui cerca de três a quatro cartões.[15] Ao concentrarem-se em descontos e *vouchers*, estes cartões acabam muitas vezes por encorajar o comportamento oposto, uma vez que os consumidores escolhem as melhores ofertas. Isto é também um reflexo da mudança de hábitos de compra e da proliferação do poder de escolha, particularmente em mercados como o do Reino Unido, onde os consumidores abandonaram as compras semanais. Em vez disso, compram mais frequentemente, em quantidades menores e em uma maior quantidade de varejistas. A ideia de ser leal a um e só a um supermercado é coisa do passado.

Por isso, quando se trata de conduzir a fidelidade hoje em dia, os varejistas têm de abandonar o conceito "mais compras, mais ganhos" a favor da conveniência, do serviço e da experiência. Com o Prime, a Amazon está liderando essa próxima evolução de lealdade — o campo de batalha está mudando rapidamente da economia de dinheiro dos clientes para a economia de tempo, energia e esforço. Os varejistas promoverão a fidelidade por meio de mais personalização e do aumento de privilégios na loja. A Waitrose, por exemplo, tem sido extremamente bem-sucedida oferecendo café e jornais gratuitos aos titulares de seu cartão-fidelidade, dando as boas-vindas aos clientes em suas lojas, tal como daria as boas-vindas a um hóspede na sua casa.

Os cartões-fidelidade evoluirão para se tornarem mais digitais — afinal, se as lojas sem check-out estiverem prestes a decolar, não haverá onde trocá-los! Os esquemas de fidelidade se transformarão em parte de um pacote mais amplo que não apenas recompensa os clientes por suas compras, mas também envia ofertas personalizadas e em tempo real, reduzindo o atrito, permitindo que o cliente encontre e pague por produtos — tudo em um único aplicativo.

Os varejistas orientados para o preço, evidentemente, são a exceção aqui e continuarão a fidelizar os seus clientes, oferecendo-lhes uma excelente relação qualidade/preço. Argumentamos que há mérito em abandonar completamente os dispendiosos programas de fidelização, neste caso, para investir em preços baixos diários. Afinal de contas, Aldi e Lidl não operam programas de fidelidade e têm alguns dos clientes mais dedicados. Ou seja, a chave para a fidelização é compreender o que os seus clientes valorizam.

Para a Amazon, são a facilidade, a conveniência e a gratificação instantânea. E cada vez mais se trata de entreter os clientes no processo. Se conseguir isso, então os benefícios para a sua cadeia de negócios serão abundantes.

O QUE A AMAZON GANHA COM O PRIME?

Lealdade extrema. Consumidores fiéis ao longo da vida. Clientes que usam antolhos Prime e não se preocupam em verificar outros sites de varejo. Eles fazem da Amazon seu primeiro porto de escala, sua opção de compra padrão, mesmo que nem sempre seja a mais barata. Viciados na conveniência oferecida pelo Prime, os consumidores se tornam menos sensíveis ao preço — tudo isso em benefício dos algoritmos da Amazon. Essa é uma modificação comportamental em seu melhor sentido.
Então, como isso se reflete em números?

- **Gastos**: o membro Prime médio gasta 2.486 dólares — quase cinco vezes mais do que os não membros, de acordo com Morgan Stanley.[16] Como acontece com a maioria das assinaturas, os membros normalmente sentem a necessidade de obter vantagens com esse tipo de gasto, o que pode levar à tomada de decisões irracionais: neste caso, justificam a taxa Prime anual gastando mais com a Amazon. A falácia dos custos irrecuperáveis é vantajosa para a Amazon.
- **Frequência**: de acordo com a Consumer Intelligence Research Partners, os clientes Prime compram frequentemente com a Amazon quase duas vezes mais (25 vezes por ano) do que os não Prime, tornando realidade a visão inicial de Bezos — usar o Prime como uma ferramenta para eliminar barreiras às compras mais frequentes.[17]
- **Retenção**: estima-se que as taxas de retenção sejam superiores a 90%.[18]

Através do Prime, a Amazon também tem acesso a um tesouro de dados de clientes, o que lhes oferece um entendimento incomparável do comportamento de compra online dos seus consumidores mais importantes. Isso permite mais personalização, desde recomendações de produtos úteis até preços dinâmicos que não são menos do que bem-vindos (de acordo com a Profitero, a Amazon altera seus preços mais de 2,5 milhões de vezes ao dia).

O Prime também permite oportunidades de *upsell*, como discutido em relação ao AmazonFresh, Prime Pantry e Prime Now — mas, mais importante, atrai consumidores para o amplo ecossistema da Amazon. Enquanto os programas de fidelidade de outros varejistas se concentram em clientes de primeira linha, a Amazon habilmente atrai o maior número possível de pessoas para seu ecossistema, maximizando assim o valor do cliente ao longo de sua vida útil. Há uma boa razão pela qual a varejista praticamente concede associações Prime a estudantes universitários e, em seguida, oferece a esses membros 20% de desconto em fraldas e comida para bebês — eles podem capturar os futuros consumidores em estágios críticos da vida, prendendo-os como membros leais do clube.

Mais um bônus para a Amazon? O Prime é quase impossível de replicar. É de longo alcance, muito generoso e certamente único em seu escopo, dando à Amazon um convincente ponto de diferenciação. Poucos outros varejistas têm a escala, a infraestrutura ou o domínio intersetorial para produzir uma versão semelhante.

Apesar de ser um dos varejistas mais poderosos do mundo, o Walmart tentou e não conseguiu se igualar ao ecossistema da Amazon. O "ShippingPass" do Walmart, programa ao estilo Prime, ofereceu entrega ilimitada em dois dias, mas por uma taxa mais baixa de 49 dólares. Eis por que isso não funcionou. Em primeiro lugar, embora fosse mais barato que o Prime, o esquema do Walmart não oferecia benefícios adicionais além da entrega. Este é o testemunho da força e da singularidade da proposta de pacote que a Amazon criou através do Prime. Com mais de metade das famílias norte-americanas sendo membros do Prime, teria sido difícil — particularmente para o consumidor do Walmart, mais consciente dos preços — justificar uma taxa adicional sem todas as regalias do Prime. Certamente, o preço poderia ser mais baixo pelo Walmart, mas a variedade não correspondia à da Amazon; além disso, as expectativas dos clientes em relação à velocidade e ao custo de entrega estavam mudando rapidamente. O varejista não conseguiria se safar cobrando por um serviço que estava se tornando a norma. O Walmart eliminou o programa em 2017, uma breve vida, oferecendo, em vez disso, frete gratuito em dois dias para mais de dois milhões de itens — sem necessidade de associação.

TORNAR-SE GLOBAL

A Amazon exportou seu modelo Prime para quase todos os países onde opera. Os consumidores dos três maiores mercados globais da Amazon — Alemanha, Japão e Reino Unido — foram naturalmente os primeiros a experimentar o Prime quando ele se tornou global, em 2007. No entanto, nos últimos anos, a Amazon tem voltado a preencher outros mercados existentes com o Prime, que é hoje, indiscutivelmente, uma proposta muito mais convincente do que quando foi exportada pela primeira vez há mais de uma década. De 2016 a 2018, a Amazon adicionou o Prime a seis mercados, incluindo dois completamente novos — Cingapura e Austrália. O Prime está agora disponível em todos os mercados Amazon, exceto para as operações da Souq no Oriente Médio (Egito, Emirados Árabes Unidos, Arábia Saudita, Kuwait) e Brasil.

Tabela 3.2 Presença internacional do Amazon Prime

Ano de lançamento	Mercado
2005	EUA
2007	Alemanha
2007	Reino Unido
2007	Japão
2008	França
2011	Itália
2011	Espanha
2013	Canadá
2016	Índia
2016	China
2017	México
2017	Holanda
2017	Cingapura
2018	Austrália

Fonte: Pesquisa do autor; Amazon

Exclui os mercados onde a Amazon não tem um site ativo, ou seja, a Bélgica em junho de 2018

Isso não passou despercebido entre os concorrentes brasileiros. A varejista local, a B2W, aproveitou o lento início da Amazon para lançar seu próprio clube de compras, que cobra uma taxa anual pelo envio rápido, e que apropriadamente nomearam... Prime. Enquanto isso, o Mercado Livre, a resposta da América Latina ao eBay, começou a armazenar e enviar mercadorias de terceiros em uma linha semelhante à do programa Fufilment da Amazon. A Amazon está presente no Brasil desde 2012, principalmente por meio de e-readers, livros e filmes em *streaming*; cinco anos depois, finalmente abriram seu site para outros fornecedores. Acreditamos que a Amazon irá eventualmente trazer seu negócio de varejo completo para o maior mercado de varejo da América Latina, e com ele virá o Prime.[*]

Da mesma forma, podemos esperar que a Amazon introduza o Prime no Oriente Médio assim que integrar totalmente sua divisão Souq, que adquiriu em 2017, e faça sua entrada em 2018 na Turquia. A Amazon mal arranhou a superfície quando se trata da expansão internacional do Prime — este será um foco fundamental na próxima década, à medida que as oportunidades de crescimento secarem em território familiar.

MAS O PRIME PODE EXISTIR NUM AMBIENTE FÍSICO?

Tem sido fascinante para nós, analistas da indústria, ver como o Prime se desdobraria em um ambiente físico. Claro, é fácil classificar os consumidores em ambiente online, onde você pode habilitar ou desabilitar o acesso a determinados produtos e serviços. Num ambiente físico, a questão é ligeiramente mais delicada. No entanto, o Prime forma o próprio DNA de negócio do varejo Amazon. À medida que ela avançava para o mundo físico do varejo, omitir o Prime não seria uma opção. Tivemos o primeiro vislumbre de como a Amazon iria traduzir o Prime em um cenário tradicional com a Amazon Books — seu primeiro conceito de loja tradicional em tamanho real. Discutiremos

---

[*] O serviço Amazon Prime chegou ao Brasil em setembro de 2019.

os detalhes deste conceito único mais adiante neste livro, mas por ora é importante entender que, no seu lançamento, em 2015, não houve benefícios tangíveis para os membros Prime. No entanto, menos de um ano depois, a Amazon corajosamente optou por um modelo de preços escalonados — os preços para clientes Prime agora são equivalentes aos oferecidos no site, e todos os outros devem pagar o preço cheio.

Agora você pode argumentar: isso não é totalmente diferente do que os supermercados americanos fizeram por décadas, escaneando um cartão de fidelidade no check-out? No entanto, os supermercados dão aos consumidores um desconto em itens *selecionados*, enquanto o esquema da Amazon é projetado para que *cada* item tenha dois preços. Se você não é um membro Prime, não há razão para fazer compras lá — além de talvez testar dispositivos da Amazon como o Echo ou o Kindle. Para cobrar a entrada na loja é apenas um passo.

Não deve ser nenhuma surpresa saber que estas lojas não contribuem muito para a lucratividade. Na verdade, nós argumentamos que elas deveriam ser consideradas uma despesa de marketing, pois sua única intenção é aumentar a conscientização dos benefícios e, em última análise, impulsionar a adoção do Prime. Mas como isto funcionaria em um supermercado? A Amazon não poderia se safar com uma política de preços tão visivelmente diferenciada, já que os consumidores simplesmente deixariam de comprar. O desafio seria encontrar o equilíbrio certo entre recompensar os clientes Prime de forma discreta o suficiente para não perder os demais clientes e, ao mesmo tempo, transmitir os benefícios do Prime a esses não membros. Isto passaria, em primeiro lugar e acima de tudo, pelos serviços, que são mais fáceis de justificar como uma vantagem exclusiva para os membros. Por exemplo, o AmazonFresh Pickup, o piloto de supermercado *drive-through* lançado em 2017, só está disponível para membros Prime. Isso faz sentido porque você já deve ser um membro Prime para encomendar mantimentos através do AmazonFresh. Fazer isso funcionar nas lojas da Whole Foods seria um desafio muito maior. Quando a aquisição da Whole Foods foi anunciada em meados de 2017, apresentamos uma série de previsões de como o Prime se desenvolveria no *instore*. Esperávamos que a Amazon introduzisse um desconto geral no check-out; oferecesse ofertas personalizadas e em tempo real; adicionasse o Whole Foods ao serviço Prime Now; oferecesse preços escalonados em produtos não alimentícios (semelhantes aos da Amazon Books); criasse caixas de pagamento exclusivos Prime; e estabelecesse pontos de coleta e devolução VIP para pedidos online.

As nossas previsões tornaram-se realidade? Até o momento em que escrevemos, em meados de 2018, a Amazon fez o seguinte:

- ofereceu promoções exclusivas Prime (por exemplo, perus de Ação de Graças com desconto para associados, quebrando o recorde de todos os tempos da Whole Foods);
- lançou a entrega gratuita de duas horas em pedidos da Whole Foods acima de 35 dólares para membros Prime em cidades selecionadas;
- expandiu os benefícios do Cartão Visa do Amazon Prime Rewards, devolvendo aos membros do Prime 5% de *cashback* ao fazer compras na Whole Foods;
- adicionou à Amazon produtos de marca própria da Whole Foods como o 365 Everyday Value;
- iniciou o trabalho técnico para integrar o Prime no ponto de venda. Prevê-se que, uma vez que esteja completo, os associados receberão um desconto adicional de 10% no check-out.

Então não estávamos muito longe, e ainda é cedo. Integrar o Prime ao ponto de venda será a prioridade e, em seguida, provavelmente veremos vantagens adicionais acontecendo *instore*. Acreditamos que a Amazon se sentirá encorajada com o Prime *instore*, já que aproximadamente 75% dos clientes da Whole Foods já são membros Prime.[19] No entanto, menos de 20% dos associados são consumidores da Whole Foods, por isso há uma oportunidade de impulsionar o tráfego de clientes e, ao mesmo tempo, usar as capacidades de atendimento da Amazon para aumentar o apelo da oferta de comércio eletrônico da Whole Foods.

PRIME 2.0

O futuro certamente está em uma presença física maior, mas a principal proposta digital do Prime também evoluirá para se tornar ainda mais atraente, mais flexível e, por fim, mais cara.

MAIS REGALIAS

A Amazon continuará a enriquecer a oferta Prime, adicionando novos benefícios que aumentam a aderência ao serviço ou tenham relação com o foco estratégico mais amplo da empresa. Por exemplo, a Amazon lançou seu primeiro benefício relacionado à moda — o Prime Wardrobe — em 2017 como parte de seus esforços para construir confiança e credibilidade na categoria. O serviço leva o provador até o consumidor, permitindo que os membros Prime recebam até quinze itens entre roupas, sapatos ou acessórios para experimentar no conforto de suas próprias casas. Os consumidores recebem etiquetas pré-pagas e caixas seláveis para devoluções gratuitas, e só são cobrados quando decidem o que gostariam de comprar. Isso elimina algumas das maiores barreiras à compra de roupas online hoje em dia — tamanho e devoluções (com o primeiro item sendo abordado ainda mais após a aquisição da Body Labs, uma empresa iniciante de digitalização corporal 3D).

Inspirado nos serviços de nicho oferecidos por marcas como Stitch Fix e Trunk Club, o Prime Wardrobe é o primeiro do gênero entre os principais varejistas de vestuário. Poucos meses após o seu lançamento, o varejista de moda online com sede no Reino Unido, ASOS, introduziu seu próprio serviço prove-antes-de-pagar juntamente com entrega no mesmo dia, provavelmente se preparando para quando a Amazon levar o Prime Wardrobe para o outro lado do Atlântico. Este é o "Efeito Amazon" em ação, colocando os concorrentes em movimento e melhorando a experiência para o cliente.

OLHANDO PARA NOVOS DADOS DEMOGRÁFICOS DE CRESCIMENTO

De acordo com uma pesquisa da Piper Jaffray 2016, 82% das famílias norte-americanas que ganham mais de 112 mil dólares por ano possuem um membro Prime.[20] A Amazon encurralou esse mercado afluente e agora deve olhar para além da demografia de seus principais clientes visando ao crescimento futuro. A mesma pesquisa mostra que o alcance da Amazon é menor entre aqueles que ganham menos de 41 mil dólares ao ano.

As principais barreiras para estes clientes de baixa renda têm sido, historicamente, a taxa anual Prime, o acesso limitado à internet e a falta de um cartão de crédito. Mais de um quarto das famílias americanas não possui, ou têm acesso limitado, a contas correntes e contas poupança.[21]

Nos últimos anos, a Amazon intensificou os esforços para atingir consumidores de baixa renda. Por exemplo, em 2016, lançou um sistema de adesão ao Prime com remuneração mensal. Para os consumidores, essa opção, na verdade, é mais cara que a versão anual (156 *versus* 119 dólares), mas oferece uma alternativa para acessar a Amazon caso não queiram ou não possam pagar a taxa anual de uma só vez.

Enquanto isso, a Amazon tem se concentrado no consumidor sem conta bancária/com subconta, lançando uma associação Prime com desconto para aqueles que recebem assistência do governo, bem como o Amazon Cash, um esquema que permite que os clientes depositem dinheiro em sua conta Amazon, escaneando um código de barras nas lojas participantes. Esse esquema foi lançado no Reino Unido também, onde se chama Top Up.

Esta é uma tentativa flagrante de ganhar uma população que tradicionalmente era atendida por varejistas convencionais, principalmente o Walmart. Estima-se que cerca de 20% dos consumidores do Walmart pagam com cupons e, há anos, o varejista permite que os clientes "paguem com dinheiro" online (os pagamentos são feitos nas lojas do Walmart).[22]

Então, qual é o próximo passo da Amazon? No momento em que escrevemos, a Amazon conversava com o JP Morgan e outros bancos sobre a criação de uma conta-corrente com a marca Amazon para seus clientes. Esta seria uma extensão natural dos serviços que a empresa já presta e está sendo oferecida por varejistas globais de comércio eletrônico como Alibaba e Rakuten.

PORÉM O AUMENTO DE PREÇOS É INEVITÁVEL

A Amazon está, portanto, muito motivada para aumentar sua base de membros Prime com o duplo propósito de alimentar o *volante* (ou, em termos simples, aumentar as vendas) e compensar o aumento dos custos logísticos. Conforme discutido no capítulo 2, fluxos de receita alternativos, como a AWS, publicidade e cada vez mais assinaturas (cerca de 90% das quais são receitas Prime) são vitais para que a Amazon continue a investir na divisão de varejo.

Acreditamos que as assinaturas Prime poderiam gerar 20 bilhões de dólares em receitas até 2020.[23] O crescimento da receita Prime será alcançado através da aquisição de clientes internacionais, mas também de bons aumentos de taxas à moda antiga.

Em 2005, a taxa Prime original era de 79 dólares — mas não esqueçamos que à época do lançamento o Prime era puramente baseado em entregas. Após quase uma década mantendo o preço original, a Amazon aumentou a taxa pela primeira vez para 99 dólares em 2014. Este foi um reflexo do aumento dos custos de envio e dos investimentos na oferta Prime com novos serviços como o *streaming*. O Prime ficou mais caro novamente em 2018, saltando 20% para 119 dólares, e é correto afirmar que este não será o último aumento.

A Amazon gasta bilhões de dólares em remessas, algo que vamos explorar em detalhes mais adiante no livro. Em teoria, à medida que os consumidores gastam mais, os volumes aumentam e os custos de envio diminuem, resultando em melhores acordos com fornecedores e, consequentemente, em preços mais baixos para os clientes. No entanto, à medida que a Amazon avança na movimentada categoria de bens de consumo, isso se torna mais difícil de alcançar, dada a natureza de baixo valor/alta frequência da categoria. Estima-se que o Prime representa cerca de 60% dos custos de transporte e que, para atingir o ponto de equilíbrio, a Amazon teria de aumentar a taxa para 200 dólares.[24] Isso não vai acontecer. Sim, podemos esperar ver aumentos adicionais de taxas a cada poucos anos, mas não esqueçamos o efeito de *volante de inércia* que está no coração do esquema Prime. Por mais intangível que seja, o Prime encoraja os consumidores a gastar mais e a Amazon deve encontrar o equilíbrio certo para não comprometer essa relação.

Para muitos, a Amazon está agora tão profundamente enraizada em suas vidas cotidianas que aceitarão futuros aumentos de preços. É imperativo que a Amazon continue a investir em conteúdo digital e na oferta principal de remessas, além de explorar novas vias de fidelização, a fim de manter sua proposta de valor incrivelmente alta para o consumidor. Mas é justo dizer que o Prime continuará sendo o motor da máquina de varejo da Amazon.

4
O APOCALIPSE DO VAREJO: VERDADE OU MITO?

> "Durante muito tempo, previram a morte dos cinemas, mas as pessoas ainda gostam de ir ao cinema."
>
> **Jeff Bezos, 2018**[1]

Você não precisa procurar muito para encontrar um artigo ou pesquisa que profetize o comércio eletrônico como o golpe fatal para as lojas convencionais. A palavra "apocalipse" entrou oficialmente no léxico do varejo e está muito bem documentada na mídia hoje em dia — inclusive tem sua própria página na Wikipédia.

A desgraça e a melancolia fazem boas manchetes, e vamos passar a maior parte deste capítulo desafiando a narrativa apocalíptica, mas primeiro vamos deixar uma coisa bem clara: temos muitas lojas. Hoje, temos uma oferta excessiva de espaço de venda para o varejo; temos um espaço de varejo inadequado.

Então, naturalmente, as lojas estão fechando — e rápido. De acordo com a Cushman & Wakefield, houve cerca de nove mil fechamentos de grandes cadeias de lojas nos EUA em 2017, com mais doze mil previstos para 2018.[2] No mesmo ano, houve mais de vinte falências no varejo — de cadeias de vestuário como The Limited a marcas emblemáticas como Toys R Us.[3] Enquanto isso, os shoppings estão se tornando uma espécie ameaçada de extinção: em 2022, espera-se que até um quarto dos shoppings dos EUA tenha fechado.[4]

Embora isto seja especialmente pronunciado nos subúrbios dos EUA, não é de modo algum um fenômeno norte-americano. No Reino Unido, o Centre for Retail Research previu que o número total de lojas irá cair 22% em 2018,[5] enquanto no Canadá, os consumidores se despediram de grandes cadeias de varejo como a Sears e a Target nos últimos anos.

Entretanto, a demanda global de consumidores e as expectativas para o varejo online estão crescendo. De acordo com McKinsey, a China agora tem mais consumidores online do que qualquer outra nação, e responde por 40% das vendas globais de comércio eletrônico.[6] No Reino Unido, de acordo com o Office for National Statistics, a venda de produtos não alimentícios duplicou nos últimos cinco anos e representa atualmente 25% do mercado global.[7]

> "Todas as revoluções industriais trazem benefícios em longo prazo, mas dor a curto prazo."
> **Doug Gurr, Country Manager da Amazon no Reino Unido, 2018**[8]

Não há como negar que o crescimento do comércio eletrônico está acontecendo parcialmente à custa de cadeias de lojas tradicionais — mas será que tudo isso é culpa da Amazon? Não inteiramente. Em resumo, os atuais varejistas veteranos estão sobrecarregados, houve uma mudança drástica nos hábitos de compra, o celular virou o varejo de cabeça para baixo, as pessoas estão gastando menos em coisas e mais em experiências, e os novos e disruptivos varejistas offline — pense em *fast fashion* e lojas de gêneros alimentícios com super descontos — estão roubando mercado de empresas mais estabelecidas. Estamos na intersecção de grandes mudanças tecnológicas, econômicas e sociais que estão remodelando profundamente o setor de varejo.

Agora vamos dar uma olhada mais de perto nessas mudanças e, especificamente, como estão fazendo com que os varejistas redimensionem seus portfólios de lojas.

NASCE O CONSUMIDOR "NOS MEUS TERMOS"

> "No novo mundo do comércio distribuído que permite aos consumidores comprar qualquer produto, a qualquer hora, em qualquer lugar, não importa se um cliente faz compras na loja de uma empresa, em seu site ou no seu aplicativo. É tudo varejo. Os varejistas de hoje vendem aos consumidores da maneira que quiserem."
>
> **Matthew Shay, Presidente e CEO da National Retail Federation, 2017**[9]

A tecnologia não está apenas aumentando as expectativas dos clientes e criando maneiras de fazer compras — está revolucionando fundamentalmente o varejo. Este será um tema-chave em todo o livro, mas aqui vamos explorar especificamente como a tecnologia está redefinindo as expectativas dos clientes, permitindo uma experiência de compra mais conveniente e sem atritos.

Em primeiro lugar, temos de reconhecer que o mundo está muito mais unido do que há uma década: dois terços da população mundial estão agora ligados por dispositivos móveis e hoje há mais celulares do que pessoas no planeta.[10] É difícil imaginar que o iPhone, um aparelho que se tornou parte integrante da nossa vida cotidiana, só existe desde

2007. O Google acredita que já não "entramos online"; hoje "vivemos online". Como uma pessoa média verifica seu celular 150 vezes por dia, é justo dizer que os nossos celulares se tornaram uma extensão nossa como consumidores.[11]

> "Não há clientes offline ou clientes online — há apenas clientes que estão mais capacitados do que nunca para comprar de acordo com os seus termos."
>
> **Erik Nordstrom, copresidente da Nordstrom, 2017**[12]

Nesta era de conectividade onipresente, o consumidor é rei. Desde a introdução do comércio eletrônico, os varejistas são desafiados a dar resposta a estes consumidores "sempre conectados", acessíveis através de dispositivos cada vez mais portáteis. A possibilidade de fazer compras num celular enquanto se está num metrô ou se espera pelo dentista deu aos consumidores um novo nível de conveniência e acessibilidade, ao mesmo tempo em que superou o fosso entre varejo físico e digital, o que discutiremos mais adiante no próximo capítulo.

Outro desenvolvimento tecnológico que transformou a forma como compramos inclui o pagamento via internet banking e *mobile wallets*. O PayPal, que economiza tempo e aumenta a segurança ao inserir informações de pagamento, introduziu os consumidores aos pagamentos online da mesma forma que os cartões sem contato estão abrindo caminho para outras formas de pagamento móvel no mercado.

E o advento do celular serviu apenas para acelerar o crescimento dos varejistas de comércio eletrônico, incluindo a Amazon. Desenvolvimentos tecnológicos adicionais, alimentados pela demanda por experiências mais imersivas e portáteis, incluíram sites, aplicativos e dispositivos como tablets, com amplas telas sensíveis ao toque, além dos dispositivos *wearables*. A segurança também está evoluindo do uso de uma miríade de senhas esquecíveis para o acesso por assinatura única via Google, Facebook etc., autenticação de dois fatores e reconhecimento biométrico de impressões digitais e facial.

Da mesma forma, o varejo evoluiu seu manuseio desses avanços tecnológicos para tornar a experiência de compra online o mais simples possível. A patente "clique para comprar" da Amazon revolucionou o check-out online, enquanto outras marcas estão trabalhando para fazer com que as compras nas redes sociais sejam pagas com pins compráveis no Pinterest e pagamentos WeChat do tipo *app-within-app*, mostrando-se dominantes na China como notáveis sucessos iniciais. Mas, no futuro, a busca pela facilidade e conveniência, impulsionada pelas expectativas dos clientes definidas online, avançará além da tecnologia móvel e *touchscreen*. Já podemos ver isso acontecer agora, com os sistemas de aquecimento e iluminação Connected Home, bem como a reposição automática e simplificada por comando de voz.

Estas melhorias tecnológicas, que colocaram bilhões de produtos na ponta dos dedos dos consumidores, foram acompanhadas por avanços semelhantes em termos de abastecimento. Os prazos de entrega estão ficando mais curtos à medida que os varejistas online procuram replicar o senso de imediatismo que antes era reservado aos varejistas convencionais. Hoje, os clientes esperam que o transporte seja rápido, confiável e gratuito.

O resultado de tudo isso? As compras online tornaram-se totalmente fáceis. O comércio móvel, em particular, está em plena expansão e pronto para um crescimento futuro impressionante. Até 2021, espera-se que as vendas globais por celular, ou *m-commerce*, mais do que dupliquem para atingir 3,6 trilhões de dólares, representando surpreendentes 73% do mercado global de comércio eletrônico.[13]

Essa mudança também se reflete naturalmente nos rankings de varejo. Em 2012, os cinco principais varejistas globais — Walmart, Carrefour, Kroger, Seven & I e Costco — eram predominantemente varejistas offline. Já em 2017, três dos cinco melhores players atuavam principalmente online — Alibaba, Amazon e JD.com — e em 2022 os autores preveem que, após décadas no topo, o Walmart será finalmente derrubado do seu trono quando Alibaba se tornar o maior varejista do mundo, com a Amazon em segundo lugar.

Os varejistas clássicos devem garantir que podem apaziguar o atual consumidor sobrecarregado que entra em sua loja com expectativas grandes e, às vezes, conflitantes. Por um lado, os clientes exigem ultraconveniência, uma experiência de compra sem ruídos, transparência e gratificação instantânea. Por outro lado, também esperam que o ambiente em que compram seja hiperpersonalizado e, cada vez mais, experiencial.

O futuro certamente terá menos lojas, porém mais impactantes: esperamos que os varejistas continuem com o ajuste de tamanho dos espaços físicos — ao mesmo tempo em que investem na experiência das lojas — à medida que se adaptam a essa nova realidade de mudança nos padrões de gastos. Os varejistas que não têm a agilidade de se reestruturar para o consumidor moderno ficarão sem escolha a não ser fechar as portas.

O EFEITO AMAZON: MATANDO O ASSASSINO DE CATEGORIA

Como a frase "apocalipse do varejo", o "Efeito Amazon" também é uma isca eficaz para muitos artigos sobre varejo atualmente. Lojas fechando? É o "Efeito Amazon". Varejistas investindo online? O "Efeito Amazon". Aquisições, falências, demissões... Hoje em dia, podemos encontrar uma forma de ligar, ainda que de forma tênue, a maioria dos desenvolvimentos de varejo à gigante de Seattle.

No entanto, a noção de ser "amazonizado" é muito real para alguns. Em 2018, Shira Ovide, da Bloomberg, escreveu: "Outras empresas tornam-se verbos devido aos seus produtos: Google ou Xerox. A Amazon tornou-se um verbo por causa dos danos que pode causar a outras empresas. Ser *amazonizado* significa ter o seu negócio esmagado porque a empresa entrou na sua indústria".[14]

Quando o produto real pode ser entregue digitalmente — pense em música, vídeo, jogos, livros — e a penetração do comércio eletrônico se aproxima da marca de 50%, há pouca esperança para o espaço físico que vende esses produtos. Os "assassinos de categoria", varejistas altamente especializados que são tipicamente dominantes numa categoria de produtos, foram naturalmente as primeiras vítimas do comércio eletrônico. Nomes como Blockbuster, Circuit City, CompUSA e, mais recentemente, Toys R Us foram enviados para os livros de História. Muitas dessas empresas passaram de perturbadoras a perturbadas pelo mercado, um lembrete gritante sobre o perigo da complacência.

A Borders, por exemplo, costumava ser a segunda maior cadeia de livrarias da América. Em uma entrevista de 2008, transcrita no site de Todd Sullivan, gerente da divisão de fundo, o CEO George Jones disse: "Eu não acho que a tecnologia e o autoatendimento substituirão o fato de que você pode entrar em nossas lojas e há alguém que te cumprimenta e tem conhecimento especializado sobre livros. Isso é e será sempre uma grande parte do nosso negócio."[15] A Borders faliu três anos depois.

O que já foi uma vantagem competitiva para o assassino de categoria — um grande sortimento de produtos e uma grande rede de lojas — acabou levando ao seu próprio desaparecimento. Não é nenhuma coincidência que a Amazon começou a vender livros quando eram vistos como uma categoria de produto que os primeiros consumidores da internet se sentiriam confortáveis para comprar online. Também é importante entender que quando a Amazon estava entrando no negócio dos livros, havia três milhões de livros impressos em todo o mundo, muito mais do que qualquer livraria poderia estocar.[16] Isso sugere o início do fim para os assassinos da categoria.

A própria existência da Amazon afeta todos os negócios de varejo. Ela é o varejista mais perturbador do mundo ocidental. Nenhum outro tem sido tão eficaz em eliminar a complacência e a irrelevância no setor, acabando por impulsionar mudanças em benefício do cliente. Naturalmente, isso significa um futuro com menos lojas convencionais: 28% dos consumidores em todo o mundo citam a Amazon como a principal razão para visitar lojas físicas com menos frequência.[17]

EXCESSO DE ESPAÇO, COM RELEVÂNCIA QUESTIONÁVEL

De acordo com o International Council of Shopping Centers, o número de centros comerciais americanos cresceu 300% — ou mais que o dobro da população — entre 1970 e 2015.[18] Hoje, mais de 2 m² de espaço comercial *por pessoa*, os EUA são de longe o país com mais lojas do mundo. De fato, os EUA têm 40% mais espaço de compras *per capita* do que o Canadá, cinco vezes mais do que o Reino Unido e dez vezes mais do que a Alemanha.[19] Um apocalipse do varejo vem se aproximando há muito tempo.

O desaparecimento dos centros comerciais foi exacerbado pela Grande Recessão e pelo crescimento do comércio eletrônico. Afinal, o mercado online é apenas uma versão moderna e digital do shopping center — aberto 24 horas por dia, 7 dias por semana e com uma variedade infinita.

No entanto, o setor de varejo dos EUA foi considerado saturado bem antes do boom do comércio eletrônico. Segundo a Bloomberg, este foi o "resultado de investimentos em imóveis comerciais décadas antes, quando os subúrbios cresceram. Todos esses prédios precisavam ser preenchidos com lojas, e essa demanda chamou a atenção do capital de risco. O resultado foi o nascimento da era das grandes lojas em quase todas as categorias — de fornecedores de materiais de escritório como a Staples Inc. a varejistas de produtos para pets como a PetSmart Inc. e a Petco Animal Supplies Inc".[20]

Avançamos rapidamente até 2019 e há outro fator importante em jogo: os consumidores estão comprando menos roupas. A revista *The Atlantic* informou em 2017 que a participação do setor de vestuário no consumo total dos EUA caiu 20% neste século.[21]

ESTAMOS GASTANDO MENOS EM ROUPAS

Então, o que está levando a isto? Em primeiro lugar, os gastos discricionários estão sendo desviados para experiências, deixando os consumidores com menos dinheiro nos bolsos para consumir moda. No Reino Unido, os dados do Barclaycard mostraram que os gastos com entretenimento, em pubs e restaurantes, individualmente, apresentaram crescimento de dois dígitos em 2017, enquanto os gastos com roupas femininas caíram 3%.[22] As roupas novas são opcionais no melhor dos tempos, mas a combinação de redução na renda disponível e a mudança de prioridades do consumidor têm realmente prejudicado o setor de vestuário.

Em segundo lugar, há uma notável ausência de quaisquer novas grandes tendências de moda. As calças *skinny* permaneceram em voga durante a última década. Em terceiro lugar, temos uma população em envelhecimento — as mulheres geralmente tendem a comprar menos roupas novas à medida que envelhecem. Este é um dos muitos problemas enfrentados pela Marks & Spencer do Reino Unido, cujo principal cliente está acima dos 55 anos. De fato, em 2016, o CEO Steve Rowe disse que 60% das clientes estão comprando menos roupas do que na década anterior.[23]

Existe também uma consciência crescente da reciclagem e da sustentabilidade entre os consumidores, levando o setor da moda a visar a um circuito completo. À medida que mais consumidores pensam duas vezes antes de comprar novos produtos, serviços como o "Take Care" da H&M na Alemanha estão sendo introduzidos. O objetivo é ajudar os clientes a prolongar a vida útil das suas roupas com reparos gratuitos e conselhos sobre como retirar manchas. A Zara também tem o seu programa de reciclagem, chamado #joinlife. Ótimo para os consumidores e, claro, para o planeta — não tão bom assim para os varejistas de moda.

Por fim, os locais de trabalho são mais informais hoje em dia, o que faz com que os consumidores abandonem os seus blazers e casacos em favor de um guarda-roupa mais diversificado. O fundador da Charles Tyrwhitt, Nick Wheeler, expressou abertamente a sua frustração com gravatas saindo de moda: "É o único bendito produto com uma margem decente."[24]

CENTROS COMERCIAIS, LOJAS DE DEPARTAMENTO E SUPERLOJAS: UMA MORTE LENTA?

A redução da demanda dos consumidores por roupas novas é particularmente preocupante para os shoppings centers, uma vez que 70% de suas metragens quadradas eram tradicionalmente voltadas ao vestuário. Hoje, esse valor gira em torno de 50% e acreditamos que esse número continue diminuindo ao longo do tempo.[25] O centro comercial moderno ideal, de acordo com Sandeep Mathrani, CEO da GGP, numa entrevista da Bloomberg de 2017, seria construído em torno de uma loja de departamento, um supermercado, uma loja Apple, uma loja Tesla e negócios que começaram online, como Warby Parker.[26] Nós argumentamos que uma área de retorno da Amazon também deveria fazer parte do mix, falaremos sobre isso depois.

De acordo com Cushman e Wakefield, as visitas ao shopping caíram 50% entre 2010 e 2013 e estão em declínio desde então.[27] No entanto, é importante chamar aqui a atenção para o fato de os "centros comerciais sofisticados", localizados principalmente em zonas urbanas ou turísticas, estão contrariando esta tendência. Na verdade, apenas 20% dos shoppings perfazem quase três quartos das vendas da categoria.[28] Para estes centros comerciais de elevado desempenho, a reinvenção será o principal requisito para que os seus negócios sejam à prova do futuro. Para todos os outros, os cortes são inevitáveis: entre 20 e 25% dos shoppings dos EUA devem fechar até 2022.[29]

É claro que não são apenas os centros comerciais que estão ultrapassados e irrelevantes hoje em dia. Após a morte do assassino de categoria, acreditamos que superlojas e lojas de departamentos fora das cidades são o formato de varejo correndo mais risco atualmente. Apesar das muitas diferenças entre estes dois formatos, a premissa original tanto das lojas de departamento quanto das superlojas é a mesma: balcão único. No passado, fazia sentido dedicar mais de 30 mil m^2 de espaço comercial a esses "palácios de consumo", agregando um número significativo de marcas sob o mesmo teto. A famosa Macy's vangloria-se da sua loja de Nova York, com mais de 230 mil m^2, conhecida como

"A Maior Loja do Mundo" — ela cobre um quarteirão inteiro — enquanto na Europa alguns hipermercados Carrefour e Tesco eram tão grandes que os funcionários usavam patins para se locomover. Pensar tão grande pode ter funcionado no passado; hoje, porém, só com a Amazon estocando milhões de produtos elegíveis ao Prime, a ideia de que um varejista tradicional ainda pode oferecer "tudo sob o mesmo teto" torna-se ridícula.

Mas o varejo move-se depressa. Foi apenas há algumas décadas que o Walmart estava apostando em seu conceito de *Supercenter* como o futuro do varejo. E não esqueçamos que, para a época, foi incrivelmente inovador. Os consumidores não precisavam mais visitar vários varejistas especializados; a conveniência do balcão único e dos preços baixos era uma combinação vencedora. Em 1997, o então CEO do Walmart, David Glass, previu: "Acredito que os *Supercenters* serão para a próxima década o que as lojas de desconto foram para a última." Vale ressaltar que, na época, o Walmart, como a maioria dos varejistas, estava apenas começando a explorar "ideias futuristas [como] compras pela internet".[30]

Glass certamente estava certo quanto às suas previsões (embora tenhamos certeza de que Bezos poderia atualizar essa afirmação com o e-commerce sendo para a década seguinte o que as superlojas eram para a anterior). De 1996 a 2016, o Walmart abriu uma média de 156 *Supercenters* por ano. Na maioria dos casos, as novas construções surgiram de lojas de desconto preexistentes; no entanto, este foi o processo de conversão do varejo de alimentícios mais significativo da história dos EUA. O Walmart conseguiu trazer sua fórmula vencedora de preços baixos e amplo sortimento de mercadorias para áreas antes mal servidas.

Em 2012, Natalie e o estimado analista e coautor especializado em varejo Bryan Roberts previram que o Walmart alcançaria a saturação com seu formato de *supercenter* até 2020.[31] Isso se baseou em três fatores: a diminuição das oportunidades de conversão de descontos, o lento crescimento populacional e a canibalização das offline pelo varejo online.

Hoje, o conceito de superloja está em sério risco de se tornar obsoleto em muitas partes do mundo. Após duas décadas de abertura anual de centenas de lojas do tipo, em 2017, o Walmart EUA abriu menos de 40.[32] Ainda temos que ver um declínio líquido no número de lojas, mas mantemos a nossa afirmação anterior de que o formato atingirá a saturação num futuro muito próximo.

A "morte do hipermercado" é muito mais pronunciada em mercados como o Reino Unido, onde o setor varejista é mais fortemente influenciado pelos canais online e de desconto, que constituem a maior ameaça para as superlojas. De acordo com o Office for National Statistics, à data de elaboração do relatório, em 2018, o comércio eletrônico representava 17% do total das vendas a varejo[33] no Reino Unido, quase o dobro do valor registrado nos EUA.[34] Enquanto isso, Aldi e Lidl sozinhos respondem por 12% do setor de perecíveis,[35] de acordo com a Kantar. O crescimento explosivo nestes dois canais ao longo da última década levou a mudanças titânicas no comportamento e nas expectativas de compra, a mais significativa delas foi o fim das compras semanais.

> "Esta é uma mudança única a cada cinquenta ou sessenta anos. A última grande mudança foi o supermercado [nos anos 1950]. Penso que o que está acontecendo agora é fundamental."
> **Lord Mark Price, ex-diretor-geral da Waitrose, 2014**[36]

Hoje, surpreendentes 65% dos consumidores do Reino Unido visitam o supermercado mais de uma vez ao dia, de acordo com o relatório 2017-18 da Waitrose Food & Drink.[37] Os clientes não precisam mais ir até uma superloja fora da cidade em busca de preços baixos ou variedade. O varejo online está corroendo a proposta da superloja; entretanto, o varejo próximo já não conta com um preço *premium*. Hoje em dia, os consumidores compram pouco e frequentemente; fazem compras "para esta noite" e, como resultado, consomem uma grande variedade de marcas.

A evidência mais tangível desta mudança fundamental nos hábitos de compra pode ser encontrada na própria entrada de um supermercado. Nesse mesmo relatório, a Waitrose declarou que a loja média fornecia tradicionalmente 200 carrinhos grandes de supermercado e 150 carrinhos pequenos para o "consumidor diário". Em 2017, isso mudou: agora existem 250 carrinhos pequenos e apenas 70 grandes.[38] "A noção de que você vai empurrar um carrinho com as compras da semana é coisa do passado", disse Price.

Entretanto, as lojas de departamento não terão tanta sorte. Desde 2000, as vendas do setor nos EUA caíram 40%. Quase todos os principais varejistas de lojas de departamentos listados viram um declínio de produtividade ao longo da última década. A Sears — outrora icônica, mas agora definhando lentamente — testemunhou o declínio mais dramático: as vendas por metro quadrado caíram 56%, de 218 em 2006 para apenas 97 dólares em 2016.[39] A resposta óbvia para este problema? Diversas lojas fechando. A Sears, Macy's e JCPenney estão no processo de fechar coletivamente mais de 500 lojas.[40]

> "Eles têm tentado nos matar há séculos. Já passamos por hipermercados, supermercados, lojas especializadas e agora as lojas de comércio eletrônico."
> **Dima Gimeno, Presidente da El Corte Ingles, 2018**[41]

Uma regra fundamental no varejo é ser relevante para os clientes. Isso é essencial na melhor das épocas, mas se torna ainda mais crítico quando o pano de fundo é um cenário de varejo saturado e um consumidor moderado com prioridades variáveis. Ser tudo para todas as pessoas já não é uma opção. Na verdade, argumentaríamos que a Amazon provavelmente é o único varejista no mundo de hoje que pode se safar de ser tudo para todas as pessoas graças ao seu estoque e acessibilidade inigualáveis — tanto no sentido financeiro quanto no logístico. Para todos os outros, é essencial ter uma visão cristalina do seu cliente alvo e uma proposta verdadeiramente diferenciada para se destacar da multidão.

Pela sua própria natureza, as lojas de departamento tradicionais são hoje em dia menos relevantes:

- *Invasão online.* Embora a Amazon não apresente números por categoria, é considerada uma das maiores varejistas de vestuário dos EUA. Não acreditamos que os varejistas online possam substituir totalmente a experiência das lojas físicas em categorias como moda e comida, mas isso não significa que não vão tentar. Entrega mais rápida, políticas de devolução mais generosas e melhores tamanhos estão ajudando a incutir mais confiança nos consumidores que procuram comprar roupas online.

  Como abordamos anteriormente no capítulo, o varejo online está invadindo a premissa central da loja de departamentos: o balcão único. De acordo com a Cowen and Company, as lojas de departamento dos EUA geram atualmente cerca de 15-25% das suas vendas online; no entanto, muitos analistas acreditam que 35-40% é o nível máximo de alcance das vendas de vestuário online.[42] Assim, enquanto houver oportunidade de crescimento das vendas online, haverá esvaziamento das lojas físicas. A boa notícia é que os varejistas podem ser criativos ao lidar com a situação, como discutiremos mais adiante no livro.

  É também importante recordar que, tempos atrás, os consumidores recorreram às lojas de departamento para obter o conhecimento e assistência que os colaboradores podiam prestar. Foi também uma oportunidade para descobrir e se deixar inspirar por novos produtos. Naturalmente, isso é menos relevante hoje em dia, pois os celulares tornaram-se o conselheiro de confiança do consumidor e muitas pessoas costumam navegar online antes de entrar nas lojas. Dito isso, acreditamos que as lojas de departamento poderiam fazer mais para capitalizar as compras pessoais e a experiência no provador de forma mais ampla.
- *Similaridade do produto e posicionamento no mercado médio.* As armadilhas da loja de departamento vão muito além da *ampla* variedade; a própria variedade é indiferenciada e me-

nos atraente nos dias de hoje. Na verdade, os consultores da AlixPartners estimam que existe uma sobreposição de 40% no mix de produtos entre as lojas de departamento tradicionais. Mas estas lojas nem sempre foram tão homogêneas.[43] Em certo momento, o Sears Wish Book possuía a maior seleção de brinquedos que se podia encontrar num só lugar e, até aos anos 1980, a JCPenney ainda vendia eletrodomésticos e produtos para automóveis. O aumento subsequente do número de lojas de grande porte como a Walmart e a Target forçou as grandes redes de lojas de departamentos a racionalizar suas ofertas gerais de mercadorias e mudar seu foco para a moda. Hoje, vestuário, calçado e acessórios representam cerca de 80% das vendas da maioria das lojas de departamento, em comparação com apenas 50% há algumas décadas.[44]

Um foco maior na moda pode ter ajudado a diferenciar as lojas de departamento da ameaça crescente das superlojas, mas hoje, apesar de seus melhores esforços para investir em produtos exclusivos e colaborar com outras marcas, as lojas de departamento estão muito vulneráveis. A Zara, conhecida como uma cadeia de *fast fashion*, pode fazer com que um casaco vá da fase de design para a de vendas em 25 dias.[45] Enquanto isso, os varejistas oferecem preços até 70% mais baixos do que os das lojas de departamentos tradicionais.[46] A ascensão desses disruptores no formato tradicional aponta que as lojas de departamento já não são as mais baratas, nem as mais elegantes ou as mais convenientes. E todos sabemos que no varejo o meio-termo é um lugar muito perigoso para se posicionar.

A reação inicial e irrefletida a essas novas ameaças competitivas foi um período de descontos aparentemente perpétuos; no entanto, esse movimento serviu apenas para reduzir as margens, desvalorizar a percepção da marca e treinar os clientes para comprar apenas em promoção. Agora as lojas de departamento estão optando por uma abordagem mais sustentável do tipo "se não pode vencê-los, junte-se a eles", aumentando a sua própria presença. De fato, quando escrevemos, em 2018, um número crescente de cadeias de lojas de departamento tradicionais tinha mais lojas *outlet* e *off-price* do que lojas *full-price*.[47] Apesar do risco de canibalização das lojas existentes, este formato é muito mais relevante para o consumidor moderno.

As lojas de departamento não são estranhas à reinvenção, e vamos discutir em mais detalhes como elas podem coexistir com a Amazon e outros varejistas online mais tarde; no entanto, por enquanto não há como negar que haverá menos delas no futuro.

MILLENNIALS, MINIMALISMO E GASTOS CONSCIENTES

Em um ensaio do *Journal of Retailing* em 1955, o economista e analista de varejo Victor Lebow escreveu:

Nossa economia muitíssimo produtiva exige que façamos do consumo nosso modo de vida, que convertamos a compra e o uso de bens em rituais, que busquemos nossas satisfações espirituais, nossas satisfações do ego, no consumo. A medida do status social, da aceitação social, do prestígio, é agora encontrada em nossos padrões de consumo. O próprio sentido e significado de nossas vidas hoje são expressos em termos consumistas... Precisamos de coisas consumidas, queimadas, desgastadas, substituídas e descartadas a um ritmo cada vez maior.

No século passado, a cultura americana foi definida pelo consumismo. Mas isso está mudando. Os millennials, definidos como os nascidos entre 1980 e 1996, agora superam os *Baby Boomers*, nascidos entre 1946 e 1964, tornando-se a maior geração viva dos EUA[48] de acordo com a Pew Research. É claro que há demografias posteriores, como a Geração

Z, para levar em conta e muitas mais a seguir. No entanto, os millennials são de particular interesse, chegando à idade de pico de gastos, mas com valores e hábitos de consumo muito diferentes das gerações anteriores. Como Morgan Stanley observou em 2016:

> Os gastos educacionais definem os millennials da mesma forma que possuir uma casa e garagem para dois carros era emblemático para os *Boomers*. Em média, os millennials com menos de 25 anos gastam com educação o dobro do que seus pais gastaram. Custos mais elevados significam uma maior dívida estudantil, amortecendo esses gastos.[49]

De fato, de 2005 a 2012, o valor médio da dívida estudantil dos americanos abaixo dos trinta anos quase dobrou — de 13.340 para 24.897 dólares, segundo Morgan Stanley. Educados, mas sobrecarregados com dívidas, os millennials estão optando cada vez mais por um estilo de vida minimalista, porém significativo e socialmente consciente. Isso resulta em uma mudança geracional nos hábitos de compra que terá enormes implicações para o setor varejista nas próximas décadas.

A batalha por um espaço na carteira dos consumidores irá se intensificar não só enquanto os millennials nativos do mundo digital reinarem como o grupo dominante de consumidores, mas também enquanto continuarmos a ver uma mudança intergeracional indo da compra de coisas materiais para experiências como viagens, entretenimento e gastronomia. Em um discurso na conferência Shoptalk em 2017, Sarah Quinlan, vice-presidente sênior da Mastercard, observou como o presente de Natal número um nos EUA em 2016 foram passagens aéreas e o número dois foram *vouchers* para hotéis.[50] Enquanto isso, a Ikea acredita que chegamos ao "pico de interesse"[51] e o CEO da Boots (ex-Dixons Carphone), Seb James, acha que "os consumidores agora só estão 'dando uma olhadinha' na ideia de possuir coisas". Mais adiante, discutiremos como os varejistas podem adaptar suas lojas para atender ao crescimento da economia de compartilhamento e experiência.

Embora não haja como negar que os millennials e seu valor agregado valorizam muito as experiências — com as mídias sociais em particular alimentando o fator FOMO (*Fear of Missing Out*, ou Medo de Ficar de Fora) — a mudança para gastos experienciais não é particular dessa geração. Sarah Quinlan, da Mastercard, resumiu o assunto em uma entrevista corporativa de 2017:

> Antes, se você adquiria mais e mais bens, você poderia medir seu status social. Agora... nós voltamos a gostar bastante de nossa família e amigos e queremos passar tempo com eles. Assim, assistimos a um aumento das despesas com viagens, hotéis, companhias aéreas, trens, ingressos para shows e afins. E é isso que as pessoas prezam — sair para uma refeição com a família e amigos *versus* comprar bens materiais.[52]

Em 2015, registrou-se pela primeira vez que os americanos gastaram mais em restaurantes e bares do que em supermercados, de acordo com o Bureau do Censo dos EUA.[53] As despesas nas categorias discricionárias de "alimentação fora de casa" e "entretenimento" continuaram a aumentar em 2016, crescendo 5% e 3%, respectivamente, após aumentarem 8% e 4% no ano anterior. Não é nenhuma surpresa, portanto, que os varejistas estejam reinventando freneticamente seus negócios para se posicionarem como menos transacionais e mais experienciais, um tópico que iremos explorar com mais detalhes adiante. "Não é o suficiente apenas ter o material", diz o presidente da Debenhams, sir Ian Cheshire, "precisamos envolvê-lo em um conjunto de experiências".[54]

Também é importante ressaltar que os consumidores estão tendo que gastar mais quando se trata de necessidades como saúde e seguros, bem como fundos de aposentadoria. De acordo com a Deloitte, a porcentagem total de despesas pessoais com assistência médica aumentou de 15,3% em 2005 para 21,6% em 2016.[55]

O resultado é que, com menos dinheiro sendo gasto em bens materiais, os varejistas terão naturalmente que adaptar suas lojas para refletir as mudanças aparentemente permanentes nos padrões de gastos.

Em resumo? Apocalipse para alguns, transformação para a maioria.

5
O FIM DO E-COMMERCE *PURE-PLAY*: A TRANSIÇÃO DA AMAZON PARA O MERCADO OFFLINE

> "Participar do comércio eletrônico puro é menos exclusivo do que já foi. Há mais concorrência. Cada vez mais, os consumidores não pensam em online e offline — pensam apenas em varejo."
>
> **Sir Terry Leahy, ex-CEO da Tesco**[1]

Agora que verificamos que muito mais lojas precisarão fechar para se adaptar à mudança de hábitos de compra, é legítimo que se pergunte por que razão estamos falando agora da morte do comércio eletrônico e não da morte da loja.

A resposta simples é porque, apesar do crescimento explosivo do varejo online, 90% de todas as vendas globais do setor ocorrem em lojas físicas.[2] O varejo físico deve evoluir, mas certamente não está morrendo.

Os maus desempenhos serão eliminados. Os que não se diferenciarem serão expostos. A questão do excesso de capacidade será abordada. Mas não se enganem — a loja tradicional continuará desempenhando um papel crucial no varejo nas próximas décadas.

> "As lojas físicas não vão a lugar nenhum. O comércio eletrônico vai fazer parte de tudo, mas não da coisa toda."
> **Jeff Bezos, 2018**[3]

Na verdade, argumentamos que, à medida que a tecnologia continua a derrubar as barreiras entre online e offline, os varejistas *sem* uma presença física são os que parecem vulneráveis hoje. Já se foi o tempo em que os varejistas exclusivamente online podiam vangloriar-se de custos gerais mais baixos — e consequentemente de preços mais baixos — devido à renúncia a requisitos de espaço físico. As vantagens econômicas estruturais antes mantidas por varejistas online desapareceram.

Em 2015, Natalie escreveu um relatório prevendo que o comércio eletrônico puro deixaria de existir até 2020.[4] Isso foi recebido com certo ceticismo na época, o mais notável dos quais talvez tenha sido quando o renomado e então CEO da Shop Direct, Alex Baldock, refutou publicamente nosso artigo em seu discurso durante uma conferência da Retail Week.[5] Mas você esperaria outra coisa do executivo de um e-commerce *pure-play*, ou seja, que opera apenas online, além de defender o comércio eletrônico *pure-play*?

Hoje em dia, a noção de passar "do online para o offline" tornou-se uma tendência justificada e tem o seu próprio acrônimo: O2O. Desde que nosso relatório foi publicado, vimos dezenas de proeminentes marcas nativas digitais darem o salto para o reino físico. As mais notáveis delas são as gigantes do e-commerce Amazon e Alibaba que, através do lançamento de novos conceitos de varejo — que vão desde livrarias tecnológicas a supermercados sem caixas — estão enviando um sinal claro para a comunidade varejista de que sua visão de futuro inclui muito mais as lojas físicas. E isso vai além da excêntrica pioneira loja online JD.com, que está planejando abrir mil lojas *por dia* na China.

Jack Ma, fundador da Alibaba, desde então levou a nossa previsão inicial um passo à frente com a sua crença de que "o comércio eletrônico puro será reduzido a um negócio comercial e substituído pelo conceito de Novo Varejo — a integração de online, offline, logística e dados numa única cadeia de valor".[6]

Neste capítulo, vamos explorar os fatores que impulsionam a tendência online-para-offline, como a Amazon está mudando especificamente as engrenagens para enfrentar o varejo tradicional, e como a convergência acelerada dos mundos físico e digital exigirá que os varejistas adaptem seus próprios modelos de negócios.

A ÚLTIMA GERAÇÃO DO VAREJO: A BUSCA PELO *OMNICHANNEL*

Antes de mergulharmos na tendência O2O, é importante entender a convergência mais ampla entre o varejo físico e digital. Os consumidores de hoje são genuinamente independentes de canal e dispositivo. "O consumidor não se importa com o online nem com a internet", afirma Terry von Bibra, diretor-geral da Alibaba na Europa. Nenhum consumidor no mundo se levanta de manhã e diz: "Vou comprar alguns sapatos online", ou vai a uma loja de eletrônica e diz: "Vou comprar uma geladeira numa loja offline". As únicas pessoas que se preocupam com isso são as que vendem sapatos ou geladeiras.[7]

> "A era do canal [seja online ou não] acabou. No que realmente estamos embarcando agora é um mundo onde, para os consumidores, os canais estão completamente fundidos e temos de pensar dessa forma."
> **Paula Nickolds, Diretora Administrativa da John Lewis, 2017**[8]

O que o consumidor quer é uma experiência sem atritos. As compras contínuas são uma expectativa firmemente incorporada, independentemente do número de canais ou dispositivos usados para pesquisar, navegar, comprar ou coletar um item. Cumprir esta exigência não é tarefa fácil. Na verdade, calculamos que existem mais de 2.500 maneiras de fazer compras hoje. O caminho para a compra não é mais linear — novos pontos de contato com o cliente estão surgindo fora dos canais de varejo tradicionais, o que, quando combinado com a proliferação de serviços de entrega, significa que os consumidores têm mais opções do que nunca.

Não é de surpreender que termos como *omnichannel*, conectado, varejo sem atrito e — ousamos usar a horrível fusão de palavras — *figital* tenham dominado as discussões da indústria na última década. Apesar de terem um elemento de bingo de palavras-chave, sua intenção é válida — os varejistas tradicionais devem não apenas investir em recursos digitais, mas também garantir uma experiência online e offline genuinamente coesa. Em outras palavras, precisam começar a pensar como os seus clientes.

> "Ainda não há substituto para tocar, sentir, ver o produto. Veremos mais fusões no futuro."
> **Doug Gurr, country manager da Amazon do Reino Unido, 2018**[9]

Então, como é o varejo *omnichannel* na prática? Uma mãe precisa comprar um par de sapatos novos para o filho. Ela pesquisa online — no *desktop*, no celular ou tablet — depois vai à loja para medir os pés do filho. O sapato que ela gostaria de comprar está esgotado, então o atendente da loja se oferece para verificar a disponibilidade em outra unidade ou para entregá-lo em casa. Neste caso, a cliente saiu satisfeita apesar de não ter saído com o produto que pretendia comprar. O varejista foi capaz de oferecer um excelente serviço — possibilitado pela tecnologia.

Isso pode parecer bastante simplista pelos padrões atuais, mas um número excessivo de varejistas carece de uma visão única do inventário e muitos simplesmente não estão estruturados de forma a permitir esse nível de serviço. Apesar do foco em toda a indústria na criação de uma experiência unificada do cliente, muitas empresas de varejo ainda estão operando em silos, com divisões online e offline trabalhando em direção a diferentes conjuntos de objetivos.

Mas percorremos um longo caminho desde os primeiros tempos do smartphone, quando não era incomum para varejistas ansiosos implantar bloqueadores de sinal sem fio para impedir que os consumidores usassem seus dispositivos em busca de um preço melhor. Mal sabiam eles como o advento do *showrooming*, como isso ficou conhecido, teria um impacto tão profundo tanto nas compras como as conhecemos quanto no crescimento do próprio comércio eletrônico.

Da mesma forma, nos primeiros dias do e-commerce, os gerentes de lojas reclamavam que os clientes que tinham comprado um produto indesejado do varejista online cada vez mais queriam devolvê-lo à loja física. Isto é mais fácil do ponto de vista do cliente, que não quer reembalar e potencialmente pagar pela devolução. Por que eles deveriam fazer uma viagem extra aos correios quando o varejista tem uma filial a poucos metros de distância na principal rua de compras locais?

Mas muitos varejistas não estavam preparados para o impacto em sua logística reversa, o que levou, em alguns casos iniciais, os gerentes de loja a se recusarem a aceitar devoluções de compras online. No entanto, os varejistas logo perceberam o valor da conveniência em oferecer esse serviço, aproveitando-o ao possibilitar o atendimento online *instore*, com clique & retire. Hoje em dia, se um consumidor não gosta dos sapatos que escolheu e recebeu, pode muitas vezes devolvê-los pelo correio gratuitamente ou devolvê-los à loja, enquanto a loja é muitas vezes creditada pela venda (e devolução) em virtude do local onde a encomenda é feita ou paga.

Para os varejistas que viram seu modelo de negócios ser ameaçado pelo duplo golpe do "Efeito Amazon" e do *showrooming*, a integração ou transformação de lojas digitais tornou-se um importante imperativo estratégico. Isto não significa apenas, talvez contraintuitivamente, abraçar o *showrooming* oferecendo Wi-Fi gratuito e seguro ao cliente (especialmente quando não é possível usar o sinal de dados móveis), mas utilizar essa ligação para obter informações mais detalhadas sobre a clientela, os fluxos de tráfego, os tempos de permanência e o comportamento de compra, aplicando-a para melhorar a experiência do cliente e a oferta numa loja.

Como a tecnologia rapidamente quebra as barreiras entre online e offline, os varejistas estão sendo empurrados para oferecer uma experiência de varejo mais conectada que resulta em mais satisfação do cliente. Vamos agora olhar para as tecnologias e inovações específicas que estão fazendo isso acontecer.

PRINCIPAIS MOTORES DA CONVERGÊNCIA DO VAREJO FÍSICO E DIGITAL

O PAPEL CENTRAL DO CELULAR

Como discutido no capítulo anterior, o celular transformou genuinamente a maneira como fazemos compras, não apenas criando novas e intermináveis oportunidades de compras, mas também atuando como uma ponte muito necessária entre o varejo online e offline.

Conhecimento é poder

Armados com seu próprio companheiro de compras pessoal, os consumidores podem tomar decisões muito mais informadas dentro e fora da loja. Então, como isso impactou a experiência de compra offline? Simplificando, é dado ao cliente um elevado sentido de empoderamento. A assistência dos nossos celulares melhorou bastante a experiência no local — e aumentou as expectativas no processo — no que se refere ao acesso, à rapidez e à comodidade. Hoje, a maioria das vendas é influenciada digitalmente.[10] Já se foram os dias em que comparar preços significava visitar vários locais físicos. E hoje, quando os consumidores querem saber mais sobre um produto, é mais rápido consultar seus celulares do que procurar um atendente da loja.

Vale ressaltar aqui que o destino número um para a pesquisa de produtos online não é o Google. Nem sequer é um site de busca. É a Amazon.[11] A combinação de estoque inigualável da Amazon e do seu tesouro de opiniões de clientes faz dela uma fonte confiável e conveniente para os consumidores que procuram obter informações sobre o produto. De fato, mais de metade dos consumidores online nos EUA confia na Amazon para obter a informação mais útil sobre produtos.[12] Essa estatística, por si só, é suficiente para fazer tremer a espinha dorsal de todo varejo e, especificamente, dos varejistas offline, pois destaca o duplo desafio da transparência dos preços e da disponibilidade. Se o produto estiver fora de estoque ou o preço não estiver correto, então a Amazon está em uma posição privilegiada para engolir essa venda na forma de uma transação por celular.

> "Muitas pessoas pensam que a nossa principal concorrência é o Bing ou o Yahoo. Mas, na verdade, o nosso maior concorrente de pesquisa é a Amazon."
> **Eric Schmidt, Ex-presidente do Google, 2014**[13]

O uso de dispositivos móveis na loja agora está até mesmo ajudando os consumidores a tomar decisões mais informadas ao comprar alimentos. No futuro, por exemplo, o Walmart quer que seus clientes possam apontar seus telefones para uma fruta para determinar o quão fresca ela é.

Experiência personalizada e sem atrito — celular e além

Os dispositivos móveis também abriram inúmeras oportunidades para os varejistas criarem uma experiência mais conveniente e personalizada para seus clientes. Mas, antes mesmo que entrem na loja, os varejistas devem ter uma oferta online atraente para ganhar na fase online de "pesquisa, navegação e descoberta", que está claramente ligada à presença física. Uma vez que isso é alcançado, precisam dar ao cliente uma razão para visitar a loja física. Muitos já tentam levar os clientes online às lojas, oferecendo listas de desejos e listas de receitas ou de compras, bem como descontos, eventos especiais e promoções locais que podem ser acessados na loja.

Mas, uma vez lá, os varejistas têm de resolver dois dos maiores problemas de compras (em especial em um mercado), que são encontrar os produtos e aguardar na fila para pagá-los. A telefonia móvel desempenha um papel importante em ambas as áreas. Em primeiro lugar, em termos de melhoria da navegação, os varejistas estão incorporando sistemas de mapeamento interno utilizando uma série de tecnologias, incluindo Wi-Fi, Bluetooth, áudio, vídeo e posicionamento magnético, realidade aumentada (RA) e virtualização 3D, permitindo que os clientes utilizem os seus dispositivos móveis para encontrar mais rapidamente os produtos que procuram. No futuro, espera-se que mais varejistas agreguem serviços de navegação interna com ofertas personalizadas e em tempo real, em uma tentativa de replicar a experiência profundamente personalizada que tradicionalmente só poderia ser experimentada online. A tecnologia Beacon e a realidade aumentada, acessada por meio de dispositivos móveis, estão criando oportunidades para que os varejistas alcancem os consumidores dos estabelecimentos com tais ofertas. Com a tecnologia, os varejistas estão sempre na tênue linha entre o conveniente e o bizarro, mas a pesquisa sugere que a maioria dos consumidores está receptiva a ofertas em tempo real que sejam relevantes para eles.[14] Como já mencionado anteriormente, acreditamos que os cartões-fidelidade baseados em pontos se tornarão coisa do passado, já que os varejistas procuram digitalizar programas de fidelidade — e o celular, naturalmente, terá um papel fundamental aqui.

Em segundo lugar, reduzir o atrito no caixa tornou-se um tema relevante, com a Amazon tentando contornar o processo de pagamento e check-out em sua loja de conveniência Amazon Go. Discutiremos isso com detalhes mais adiante, mas aqui é importante ressaltar que a integração digital e a mudança mais pragmática em direção a mais transações sem dinheiro estão sendo aplicadas *instore* para acelerar o processo de pagamento e, portanto, de andamento das filas. As lojas de conveniência, por exemplo, não são estranhas ao self check-out, confiando que o cliente escaneie, embale e verifique seus próprios produtos para oferecer um check-out mais rápido do que o realizado por um funcionário da loja. Ou mesmo sistemas de check-out nas próprias filas podem permitir que um atendente faça o check-out dos clientes que estão aguardando. Aceitar pagamentos do tipo *tap and go* ou pagamentos móveis é outro passo para ajudar os clientes a contornar o atrito da fila de espera.

Além disso, os displays digitais, substituindo as tradicionais etiquetas de papel e cartazes, podem se tornar pontos de conexão convenientes para que os clientes acessem informações — na própria prateleira digital, conectando-se ao dispositivo móvel do cliente ou por meio de um aplicativo. Embora a mobilidade desempenhe um papel essencial na digitalização da experiência da loja, é importante destacar tecnologias adicionais que estão ajudando a quebrar as barreiras entre o varejo online e offline. Os monitores digitais, por exemplo, também têm a vantagem de permitir que o varejista altere preços e promoções dinamicamente e, assim, explore outra forma de acompanhar o ritmo da internet. Os varejistas de moda podem utilizar os chamados espelhos inteligentes ou "mágicos" para ajudar os consumidores a verem recomendações de produtos complementares e alternativas, partilhar os seus planos de vestuário com amigos nas redes sociais, ou mesmo simplesmente interfonar a um vendedor para pedir mais opções de tamanhos, por exemplo. Enquanto isso, prateleiras infinitas e quiosques móveis permitem que os varejistas ofereçam uma variedade ilimitada, para além das restrições físicas tradicionais.

Os varejistas mais inovadores em termos de integração das tecnologias digitais em suas lojas entendem como esses esforços podem combinar o melhor que a internet tem a oferecer, em termos de meios de acesso e disponibilidade, com aqueles atributos que não podem ser replicados online, e só a loja física pode oferecer: a capacidade de sentir e tocar o produto. Neste caso, alguns começaram a equipar seus funcionários com o mesmo acesso às informações sobre produtos, preços e disponibilidade que os seus clientes, para que possam "salvar a venda", fazendo com que os produtos sejam enviados de uma loja para outra ou encomendados online, para entrega em domicílio ou coleta. Por exemplo, a visão única de estoque do varejista de sapatos Dune permite que eles movimentem milhares de pares de sapatos a cada semana e, durante as vendas de fim de estação, possam garantir que a mercadoria correta seja enviada para a filial apropriada. Fundamentalmente, também oferece ao varejista a agilidade de atender a partir de qualquer canal, mesmo que estejam no último par de sapatos.

Enquanto isso, os varejistas estão esmaecendo ainda mais as fronteiras com o uso de RA e de experiências de realidade virtual (VR). Por exemplo, a cadeia de moda Zara, sob a concorrência crescente de rivais online *pure-plays* como ASOS e Boohoo, começou a testar uma experiência de RA em 2018. Os consumidores da loja seguram seus telefones celulares em uma tela ou sensor da loja, onde podem ver modelos sobrepostos à imagem em suas telas. Isso não só permite que os consumidores *instore* cliquem para comprar o item, mas também que os clientes online possam usar o aplicativo segurando seu telefone sobre um pacote entregue pela Zara. Os dispositivos móveis estão realmente possibilitando uma experiência de compra muito mais agregada, e isso só tende a acelerar no futuro.

CLIQUE, RETIRE E DEVOLUÇÃO

As fronteiras entre o online e o offline também estão sumindo quando se trata de desempenho. Para muitos consumidores hoje em dia, visitar um local físico é o método preferido para receber e devolver encomendas online. Os varejistas são igualmente incentivados a impulsionar esse comportamento, já que alavancar suas lojas como pontos de coleta é muito mais econômico do que fazer entregas individuais e normalmente resulta em compras adicionais na loja. Na Target, um terço dos consumidores que coletam pedidos feitos online na loja física realizam outra compra na loja, enquanto na Macy's os consumidores normalmente gastam 25% adicionais na loja depois que o pedido é retirado.[15]

Em menos de cinco anos, o clique & retire passou de um modelo de negócio peculiar tradicionalmente associado com o varejista britânico Argos (que foi um vanguardista sem perceber) para um pré-requisito de varejo. Hoje, é difícil pensar em qualquer varejista em um mercado maduro que não permite que seus clientes retirem seus pedidos online. O crescimento fenomenal do clique & retire é a prova de que os consumidores querem casar os benefícios das compras online — diversidade e conveniência — com a facilidade de coletar na loja física. Afinal, 90% dos americanos vivem a menos de quinze quilômetros de uma loja Walmart[16] e, na França, os consumidores podem encontrar uma loja Carrefour a oito minutos de carro.[17] Não vamos subestimar a vantagem da infraestrutura física que as grandes multinacionais possuem.

Os varejistas também estão reconfigurando suas lojas para lidar com um maior volume de retornos. Historicamente, a taxa de retorno para o varejo tem sido um pouco abaixo de 10% das vendas. Hoje, graças ao crescimento do comércio eletrônico e às expectativas de clientes mais exigentes, esse valor está em torno de 30% e em categorias como vestuário pode chegar a 40%. Hoje em dia, os consumidores esperam naturalmente poder devolver encomendas online indesejadas onde for mais conveniente para eles — independentemente do canal utilizado para a compra.

Mais uma vez, isso destaca o papel evolutivo e crítico da loja física. 85% das devoluções de pedidos online do Home Depot ocorrem na loja física.[19] BORIS (a carinhosa sigla para *Buy Online Return In Store*, ou compre online, devolva na loja) é mais uma oportunidade para os varejistas multicanal aproveitarem suas lojas físicas para pegar carona no crescimento do varejo online — não apenas do ponto de vista de agradar às exigências do cliente de hoje, quanto com o clique & retire, pois é provável que os varejistas se beneficiem de compras adicionais. De acordo com a UPS, dois terços dos consumidores que devolvem encomendas online a uma loja física fazem uma nova compra durante essa visita.[20]

Com 60% preferindo devolver encomendas online a uma loja física, a tendência BORIS destaca ainda mais uma desvantagem para os varejistas exclusivamente online.[21] Não é por acaso que a incursão da Amazon no varejo físico — e uma das primeiras mudanças nas lojas Whole Foods após a aquisição — foi a implementação do Amazon Lockers, fornecendo aos consumidores uma alternativa aos correios para a coleta e devolução de pedidos online. Da mesma forma, muitos varejistas exclusivos do comércio eletrônico estão colaborando com varejistas offline para oferecer aos consumidores mais opções e conveniência. Por exemplo, no Reino Unido, a Asda, propriedade do Walmart, permite que os consumidores retirem e devolvam encomendas de varejistas online como a ASOS, a Wiggle e a AO.com. Enquanto isso, alguns varejistas estão se unindo a seus concorrentes. A Amazon fez parceria com a loja de departamentos Kohl's no final de 2017 para um programa de devoluções nos estabelecimentos enquanto, talvez num exemplo menos conhecido, a gigante suíça Migros e o *e-tailer* brack.ch formaram um arranjo semelhante de clique & retire com o objetivo de servir melhor ao cliente, criando um programa de devoluções nos estabelecimentos e uma experiência de varejo físico e digital mais unificada.

COMPUTAÇÃO ONIPRESENTE: COMPRANDO SEM LOJAS OU TELAS

Finalmente, não podemos falar de uma experiência mista de compras online e offline sem mencionar a IoT (*Internet of Things*, ou Internet das Coisas). Quando pensamos sobre a experiência de compra que se mistura às casas dos consumidores, já podemos ver o impacto que a realidade aumentada (RA) e a realidade virtual (VR), as compras ativadas por voz e as simplificações de soluções de reabastecimento estão tendo. Isso está sobrecarregando as já altas expectativas dos consumidores, definidas pela internet, quanto à velocidade, conveniência, valor e personalização. E os varejistas aproveitam a realidade mista que informa a maioria das decisões dos clientes hoje.

A VR, por exemplo, pode permitir que um varejista leve a loja para casa do cliente usando monitores digitais imersivos e um fone de ouvido especial — os clientes podem inclusive comprar simplesmente balançando a cabeça no shopping Buy+ VR da Alibaba. Isso ainda pode soar um pouco como ficção científica, mas o lançamento feito pelo Walmart de compras virtuais em 3D em 2018 ajudará a levar essa tecnologia para as massas. Da mesma forma, os consumidores podem trazer sua casa para a loja — varejistas como Ikea, Macy's e Lowe's estão todos agora usando VR *instore* para habilitar capacidades de prateleira infinita.

> "A realidade virtual está se desenvolvendo rapidamente e dentro de cinco a dez anos será parte integrada da vida das pessoas."
> **Jesper Brodin, Gestor de Alcance e Fornecimento de Ikea, 2018**[22]

Enquanto isso, a Amazon continua a abrir os olhos da indústria para a possibilidade de transportar itens do varejo offline diretamente para a casa dos consumidores — desde os Botões Dash que permitem que os clientes peçam o reabastecimento de produtos que indicam com um toque, aos dispositivos Echo que permitem que os consumidores peçam à Alexa para adicionar o produto à sua lista, até o que as autoras consideram o Santo Graal do comércio sem atrito — reabastecimento automático de mercadorias, onde o consumidor pode optar por não participar em nenhum momento da decisão de compra. Todos partilham o mesmo objetivo: que os meios de interação entre o consumidor e o varejista desapareçam em segundo plano, utilizando interfaces de computação mais difundidas do que o teclado, o mouse e o touchscreen.

Assim, o varejo online e offline não são mais mutuamente exclusivos. Os varejistas mais bem-sucedidos serão aqueles que, embora reconheçam a urgência do investimento digital, possam reconfigurar simultaneamente suas lojas com a visão definitiva de que se trata de um ponto forte e não de uma desvantagem. As lojas físicas desempenharão um papel importante na formação do futuro do varejo como uma indústria mais convincente, conectada e ditada pelo cliente.

Então o que acontece se você não tiver uma loja?

CLIQUES NA COLA DAS LOJAS FÍSICAS — O FIM DAS COMPRAS ONLINE

> "Acho que é apenas uma corrida; as lojas online descobrirão o varejo offline mais rápido do que os varejistas offline descobrirão o ambiente online?"
>
> **Chieh Huang, fundador e CEO da Boxed, 2018[23]**

O2O: INCENTIVOS PARA SE TORNAR OFFLINE

Agora que estabelecemos os fatores que impulsionam a convergência dos mundos digital e físico, vamos ver o que isso significa para os varejistas de comércio que estão exclusivamente em e-commerce.

Em poucas palavras, significa que só online já não é o suficiente.

Sim, o varejo online sempre vai ganhar na variedade. Mas, como já estabelecemos anteriormente, restrições de espaço físico à parte, os varejistas offline estão alavancando cada vez mais a tecnologia para oferecer uma experiência mais coesa ao cliente e, ao fazê-lo, estão invadindo atributos que estavam tradicionalmente associados apenas ao varejo online — conveniência, personalização, transparência e informação.

Enquanto isso, diante do aumento dos custos de remessa e aquisição de clientes, os varejistas online estão reconhecendo que há um número crescente de benefícios — financeiros, logísticos e de marketing — em estar offline. À medida que o comércio eletrônico se torna uma parte mais proeminente do negócio dos varejistas, expõe os custos frequentemente subestimados do comércio online. De acordo com a empresa de consultoria global AlixPartners, estes incluem:

- Custos de envio e manuseamento: custos de envio e embalagem gratuitos e/ou rápidos.
- Custos associados ao aumento de coleta e reabastecimento, logística reversa e perda de margem nos itens devolvidos a um canal que não tinha a intenção de vendê-los.
- Crescimento do número de funcionários da empresa para apoiar as divisões de e-commerce (incluindo merchandising, planejamento, marketing, criação de conteúdo, desenvolvimento web e TI, para citar alguns).
- Equilibrar as despesas adicionais de marketing online com as despesas tradicionais.
- Custos adicionais de distribuição e armazenamento associados à coleta de peças.
- Ressarcimento dos investimentos iniciais e mão de obra diluída.
- Despesas adicionais de mão de obra e tecnologia associadas às capacidades *omnichannel* (envios da loja, compras online, retirada na loja, encomendas na loja etc.).
- Complicações associadas à gestão do inventário — decidir dividir ou não o inventário das lojas físicas e do e-commerce e os custos associados a cada decisão.[24]

Como estes custos se comparam aos incorridos por um varejista tradicional? Como exemplo, considere o vestuário. De acordo com a AlixPartners, uma compra típica de cem dólares feita numa loja tradicional vem com um custo de cerca de quarenta dólares. Contudo, os custos associados tais como aluguel, despesas gerais e mão de obra seriam de 28 dólares, deixando o varejista com uma margem de lucro de 32%.[25]

A mesma venda no valor de cem dólares feita online e destinada à entrega em domicílio também vem com um custo de cerca de quarenta dólares. No entanto, os custos associados ao processamento desse pedido são ligeiramente mais altos do que se tivesse sido vendido em uma filial física. Neste caso, o pedido individual deve ser retirado, embalado e enviado de um centro de distribuição para a casa do consumidor, o que é naturalmente mais caro do que enviar um caminhão com inventário para o Centro de Distribuição da loja. Neste caso, os custos operacionais seriam de trinta dólares, o que deixa o varejista com uma margem de lucro de 30%, um pouco menos rentável do que se o item tivesse sido vendido na loja.[26]

Custos de envio

Agora o varejo, é claro, não é tão preto no branco quanto este estudo de caso pode implicar — há uma série de variáveis que impactariam nos custos, como categoria de produto, formato da loja e a eficiência da cadeia de suprimentos. No entanto, vale destacar como o espaço físico está se tornando uma opção atraente para marcas nativas digitais que buscam mitigar custos. E, olhando para o futuro, não há sinais de que os volumes online — e, portanto, os custos — irão abrandar. Até 2019, a UPS espera que as remessas de comércio eletrônico representem mais de metade do volume total de remessas, contra 36% há uma década.[27]

Com a Amazon recebendo cerca de quarenta centavos de cada dólar que os americanos gastam online,[28] não é surpresa que esteja especialmente motivada para otimizar sua cadeia de suprimentos e reduzir os custos de remessa. Em apenas três anos (de 2014 a 2017), o custo de classificação e entrega de produtos aos clientes quase dobrou para 22 bilhões de dólares.[29]

E a Amazon continua jogando lenha na fogueira, aumentando as expectativas dos clientes por uma entrega gratuita e cada vez mais rápida à medida que procura reforçar o valor do seu ecossistema Prime. Como um varejista historicamente apenas online, a capacidade da Amazon de competir com o offline tem sido vital. Mas agora o gênio foi libertado da lâmpada. Hoje, a gratificação quase instantânea é uma expectativa do cliente firmemente incorporada, já que outros varejistas não tiveram outra escolha senão investir na capacidade de entrega para o dia seguinte e, cada vez mais, para o mesmo dia.

O problema? Isso não é sustentável. E começamos a ver as primeiras fendas. A Amazon está aumentando as tarifas de transporte para fornecedores de bebidas, fraldas e outros produtos pesados que são caros de transportar, além de limitar o número de itens únicos e de baixo preço (sabão e escovas de dentes, por exemplo) que os clientes podem comprar. Como discutido anteriormente, vimos até mesmo a Amazon aumentar as taxas Prime em toda a sua gama de opções de assinatura — anual, mensal e estudantil — ao mesmo tempo em que aumenta as taxas e os requisitos mínimos de gastos para o serviço de entrega Prime Now de uma a duas horas. E haverá certamente mais aumentos de preço — os consumidores devem esperar pagar mais pelo transporte "gratuito" no futuro.

A Amazon é muito transparente com os investidores aqui, afirmando que o custo das entregas continuará a aumentar à medida que mais consumidores em todo o mundo se tornarem usuários Prime ativos e a Amazon reduzir as taxas de transporte, usar métodos de transporte mais caros e oferecer serviços adicionais. Enquanto isso, ela está explorando incansavelmente maneiras de controlar melhor a última milha e tornar o transporte mais econômico — drones, robótica, recompensar clientes por escolher entregas mais lentas, Amazon Flex, Delivery Service Partners, a lista continua. Ter uma presença física — seja através de *lockers*, de concessões de lojas, pop-ups em centros comerciais ou mesmo lojas — é outra peça deste grande quebra-cabeça sobre desempenho. Isso permite que a Amazon ofereça aos consumidores uma forma potencialmente mais conveniente e econômica de receber seus pedidos online, algo que discutiremos em breve.

Custo de aquisição de clientes

Mas as despesas de envio não são o único desafio — o custo de atrair novos consumidores é maior sem lojas. De fato, os custos de aquisição de cliente para compras online expedidas de centros de distribuição incluem custos indiretos de TI e de marketing, que podem aumentar os custos de distribuição quatro vezes mais do que os métodos de lojas físicas.[30]

Um consumidor pode tropeçar em uma loja tradicional e decidir dar só uma olhadinha, mas o conceito de "visita casual" não se traduz online, particularmente para pequenos e médios varejistas.[31] Os imóveis no mundo digital estão se tornando cada vez mais lotados e caros. Existem cerca de um milhão de varejistas online que disputam a atenção do cliente através de um portal — o Google.[32] Apesar de milhões serem gastos em marketing digital, as listas de pesquisa pagas representam apenas 10% dos cliques dos resultados no Google,[33] de acordo com um relatório do Gartner L2. O relatório diz, "Os 90% restantes do compartilhamento de cliques vão para listas orgânicas — sugerindo que a otimização natural da pesquisa é essencial para manter o tráfego online e a participação de mercado do comércio eletrônico para todos."

Enquanto isso, apenas 6% dos consumidores visitam a segunda página dos resultados de pesquisa do Google.[34] E mesmo que um varejista esteja listado na primeira página, isso não garante nada; os primeiros cinco resultados nessa página recebem 68% dos cliques.[35]

Uma loja física, no entanto, pode atuar como um outdoor para a marca, permitindo que os consumidores se envolvam com o varejista de uma forma que não pode ser alcançada por meio de uma tela. Ironicamente, isso ajuda a impulsionar as vendas online. Um estudo de 2017 da British Land descobriu que, quando um varejista abre uma nova loja, o tráfego para seu site a partir da área circundante aumenta mais de 50% em seis semanas após a abertura. Curiosamente, os varejistas com menos de trinta lojas recebem o maior impacto, com aumento do tráfego online de até 84%.[36]

Já deveria estar ficando mais claro — os varejistas online já não podem fazer isso sozinhos. Eles estão reconhecendo o valor da presença física como um meio de compensar os custos crescentes de remessa e aquisição de clientes.

O2O: QUEM E COMO

> "Há um problema em estar apenas online, ou seja, não é uma grande experiência de serviço não poder experimentar a roupa antes de comprá-la, se é isso que se quer fazer."
>
> **Andy Dunn, CEO, Bonobos, 2016**[37]

Alguns dizem que esse é o "acrônimo mais estúpido da indústria"; para outros é uma "oportunidade de um trilhão de dólares". De qualquer forma, a tendência O2O está ganhando forças agora, seguindo os movimentos altamente divulgados em direção ao domínio físico de gigantes do comércio eletrônico como Amazon e Alibaba.

No entanto, um dos mais famosos, e certamente um dos mais antigos, exemplos de um varejista indo do online-para-offline com sucesso é o norte-americano Warby Parker, especialista em óculos. Com sede na cidade de Nova York, começou a trabalhar online em 2010. Três anos depois, abriu sua primeira loja e, no momento que esse livro é escrito, havia cerca de setenta lojas abertas. A ironia é que, ao abrir locais físicos, que são amplamente rentáveis, Warby Parker é capaz de aumentar as vendas online. O cofundador Dave Gilboa afirmou: "Também vemos um efeito halo onde as próprias lojas se tornam um grande fator de notoriedade para a nossa marca e geram muito tráfego para o nosso site, bem como aceleram as nossas vendas de comércio eletrônico."

Desde que Warby Parker deu esse salto inicial para as lojas físicas, dezenas de varejistas nativas do comércio eletrônico em todo o mundo seguiram o exemplo: Amazon, Alibaba, JD.com, Bonobos, Indochino,

Birchbox, Zalando, Farfetch, Missguided, Boden, Gilt, Depop, Everlane, Brandless, Swoon Editions, Blue Nile, Rent the Runway, a lista continua.

Quer fossem pop-ups, *showrooms*, concessões ou locais permanentes, todas essas marcas de varejo estavam começando a reconhecer o valor de ter alguma forma de presença física — e algumas estavam até mesmo chamando a atenção de varejistas veteranos que procuravam acelerar sua presença digital.

Falando na conferência eTail West de 2018, Matthew Kaness, CEO da Modcloth, a cadeia de moda online devorada pelo Walmart, resumiu tudo:

> Os anos de 2010-2014 foram um verdadeiro momento de expansão, e havia essa sensação de que o mundo do e-commerce ultrapassaria o varejo tradicional. Muitas pessoas eram famosas por falarem que nunca iriam abrir lojas e que as lojas estavam mortas... as pessoas se acostumaram com o tráfego subindo a cada ano e a aquisição de clientes ficando mais eficiente.[38]

No entanto, em 2015, o alcance orgânico tornou-se mais difícil devido às decisões do Facebook e do Google de mudar seus algoritmos. Kaness continuou:

> Tornou-se mais difícil adquirir novos clientes, mais difícil levantar capital de risco na categoria... esse foi o impulso para muito do que vocês estão vendo quanto às vendas. Acionistas, diretores, fundadores e investidores estão percebendo que para construir uma marca que se sustente e dimensione, na maioria dos casos, ela precisa ser multicanal. [39]

Em 2015, a Modcloth começou a testar lojas pop-up em cidades dos EUA e no ano seguinte abriu sua primeira loja permanente em Austin, Texas. Em 2017, foi adquirida pelo Walmart e, em 2018, anunciou planos para abrir treze lojas sem estoque nos EUA (uma tendência sobre a qual falaremos mais adiante).

Mas a Modcloth não foi o primeiro alvo do Walmart. O maior varejista do mundo adotou uma abordagem ousada baseada em aquisições para a transformação digital. O mais notável desses negócios foi a compra da concorrente da Amazon, a Jet.com, em 2016, que viu o fundador e ex-Amazon Marc Lore se juntar ao Walmart para liderar o negócio global de comércio eletrônico da empresa. Desde que ingressou no Walmart, ele liderou a onda de aquisições que incluiu a Modcloth, bem como o especialista em roupas masculinas Bonobos, o varejista de calçados Shoebuy, o varejista de móveis domésticos Hayneedle e o especialista em vestuário Moosejaw.

> "Para nós, uma grande parte disso é ser paranoico. Estamos no nosso melhor quando temos um concorrente que nos desafia."
> **Greg Penner, presidente do Walmart, 2017**[40]

Sob o comando de Lore, o Walmart.com tem adotado uma abordagem de duas vertentes para aquisições digitais, visando 1) varejistas especializados com profundo conhecimento em merchandising, forte conteúdo focado em produtos e relacionamentos estabelecidos com fornecedores; ou 2) marcas verticais nativas digitalmente em uma tentativa de se diferenciar da concorrência. E com concorrência queremos dizer Amazon.

A AMAZON COLOCA O MERCADO EM MOVIMENTO

Jeff Bezos foi questionado em uma entrevista, em 2012, se alguma vez consideraria abrir lojas. "Adoraríamos, mas apenas se tivéssemos uma ideia verdadeiramente diferenciada. Uma das coisas que não fazemos muito bem na Amazon é ofertar produtos do tipo maria vai com as outras."

Ele continuou: "...quando olho para as lojas físicas, vejo que estão muito bem servidas. As pessoas que operam lojas físicas de varejo são muito boas nisso. A pergunta que sempre faríamos antes de embarcarmos em tal coisa é: qual é a ideia? O que faríamos de diferente? Como seria melhor?"[41]

Desde essa entrevista, Bezos abriu:

- Quiosques com a marca Amazon em centros comerciais por toda a América do Norte.
- *Lockers* de coleta em lojas de varejo, centros comerciais, bibliotecas, universidades e até em prédios residenciais.
- De Los Angeles a Londres, instalou lojas pop-up que trocam etiquetas de preços por códigos de barras digitalizáveis.
- Livrarias que não foram feitas para vender livros.
- O primeiro supermercado sem caixa da América.
- Concessões da Alexa e devoluções de produtos da Amazon em alguns de seus concorrentes mais temidos.
- Treasure Truck (essencialmente uma Black Friday sobre rodas).
- Uma loja quatro estrelas que só armazena produtos com altas classificações online.
- E alguns supermercados drive-through.

Não, a Amazon não é um varejista maria vai com as outras.

Tabela 5.1 Evolução da presença offline da Amazon

Ano de lançamento	Conceito	Função simples	Descrição do produto	Exclusivo para Prime
2011	Amazon Lockers	Fulfilment	Armários para entrega de encomendas encontrados em lojas, shopping centers, escritórios, bibliotecas, academias e muito mais. Permite que a Amazon supere duas das maiores barreiras às compras online: entregas perdidas e devoluções inconvenientes.	Não

(Continua)

(*Continuação*)

Ano de lançamento	Conceito	Função simples	Descrição do produto	Exclusivo para Prime
2014	Amazon Pop-up	Tecnologia	Espaços com 25 a 50 metros quadrados que permitem aos consumidores interagir com os dispositivos da Amazon, como Kindles, tablets Fire e dispositivos Echo ao vivo. Começou em shoppings; agora também estão nas lojas Whole Foods e Kohl's (a Best Buy nos EUA e a Shoppers Stop na Índia também apresentam demonstrações em menor escala da Alexa).	Não
2015	Pick-Up Campus Point	Fulfilment	O primeiro ponto de coleta e entrega completa da equipe da Amazon. Atende estudantes universitários nos campi dos EUA. Em 2017, foi aprimorado com o lançamento da coleta instantânea, permitindo que os consumidores coletassem de um locker próximo dentro de dois minutos após fazer o pedido (descontinuado um ano depois).	Não
2015	Amazon Books	Varejo/ Tecnologia	Livrarias com recursos digitais exclusivos: as capas dos livros ficam voltadas para fora e os membros Prime recebem preços diferenciados. Cerca de 75% do espaço é dedicado aos livros. Projetado para impulsionar a associação Prime e, como nos pop-ups, fazer com que os consumidores interajam com a tecnologia Amazon em um ambiente físico.	Não

(*Continua*)

(*Continuação*)

Ano de lançamento	Conceito	Função simples	Descrição do produto	Exclusivo para Prime
2016	Treasure Truck	Varejo	A Amazon seleciona ofertas diárias que são comunicadas aos consumidores por mensagem de texto. Os consumidores são então alertados quanto à localização do caminhão para coletar suas mercadorias. Isso cria um senso de urgência para comprar e adiciona um elemento divertido ao que normalmente é uma experiência de compra funcional.	Não
2017	AmazonFresh Pickup	Fulfilment	Serviço de coleta de compras online muito semelhante ao popular conceito francês "Drive". A Amazon usa a tecnologia de reconhecimento de placas para reduzir o tempo de espera e os pedidos são entregues diretamente no porta-malas do carro do consumidor.	Sim
2017	The Hub	Fulfilment	Lockers de entrega de encomendas para edifícios residenciais. Como os famosos armários amarelos da Amazon, o The Hub opera com autoatendimento, aberto 24 horas, 7 dias por semana e aceita entregas de todas as transportadoras.	Não

(*Continua*)

(Continuação)

Ano de lançamento	Conceito	Função simples	Descrição do produto	Exclusivo para Prime
2017	Whole Foods Market	Varejo	Aquisição de mais de 450 supermercados na América do Norte e no Reino Unido. A Amazon foi atraída para a Whole Foods por sua forte oferta de perecíveis (67% das vendas); marca própria forte; presença urbana; e forte sobreposição com a base de clientes Prime. A Amazon não é mais oficialmente uma varejista exclusivamente online.	Não
2017	Amazon Returns	Fulfilment	Contrato exclusivo com as lojas de departamento da Kohl's onde os consumidores da Amazon podem devolver pedidos online indesejados às lojas locais da Kohl's. Aborda a constante dor de cabeça que são as devoluções de pedidos online, enquanto envia clientes para a Kohl's.	Não
2018	Amazon Go	Varejo	Primeira loja sem check-out. Os consumidores escaneiam seu aplicativo Amazon para entrar. Essa loja de conveniência de alta tecnologia utiliza uma combinação de visão computacional, fusão de sensores e *deep learning* para criar uma experiência sem atritos para os clientes.	Não
2019	Moda ou lojas de móveis seriam um caminho lógico			

Nota: A Amazon Go abriu oficialmente suas portas ao público em 2018
Fonte: Amazon; pesquisa do autor em junho de 2018

Historicamente, o espaço físico da Amazon foi projetado para servir um de dois propósitos: exibir seus dispositivos ou agir como um local de coleta para pedidos online. Como você pode ver na Tabela 5.1, o primeiro passo da Amazon para o ambiente físico foi por meio de armários de coleta, locais de entrega e coleta em campus universitários e pop-ups em shopping centers.

No entanto, foi o lançamento bastante irônico de livrarias físicas da Amazon em 2015 que marcou uma verdadeira mudança na estratégia, já que esta foi a primeira vez que a Amazon imitou seu merchandising e preços digitais em um ambiente físico. "Aplicamos vinte anos de experiência em vendas de livros online para construir uma loja que integra os benefícios das compras de livros offline e online", disse Jennifer Cast, vice-presidente da Amazon Books.[42]

A resenha online mais útil é indicada em um display, assim como a avaliação geral e o número de revisões do cliente. Recomendações de produtos do tipo de "se você gosta disso, então você vai adorar..." foram trazidas para a prateleira física. As capas dos livros devem estar viradas para fora, como no formato online, e os livros devem ter pelo menos recomendações de quatro estrelas para chegarem à prateleira. Isso significa uma curadoria de estoque mais específica; as lojas estocam apenas cerca de cinco títulos por metro de prateleira, enquanto a maioria das livrarias oferece mais que o triplo desse número.[43] Cerca de 25% do espaço é dedicado à venda de itens que não são livros, como alto-falantes Bose e cafeteiras prensas francesas, além de uma série de dispositivos próprios da Amazon — Kindles, alto-falantes Echo, tablets Fire, bem como a sua própria gama de acessórios eletrônicos com rótulo Basics.

Talvez o mais intrigante sobre o conceito da Amazon Books, no entanto, seja a sua abordagem ousada quanto aos preços. Os livros não apresentam etiquetas de preço; em vez disso, os consumidores devem digitalizar o item e — se forem membros Prime — lhes será oferecido o preço da Amazon.com, enquanto os não-membros pagam o preço de tabela. As lojas são claramente projetadas para impulsionar a associação Prime e, como a Amazon Pop-Ups, para incentivar os consumidores a interagir com dispositivos da Amazon, que alimentam seu ecossistema mais amplo. Vender livros é secundário.

Figura 5.1 *O primeiro conceito de varejo físico da Amazon, a Amazon Books, lançada em 2015*

Nos dois anos seguintes, a Amazon continuou a experimentar o mundo offline como varejista e fornecedor de tecnologia. O lançamento de novos formatos de mercado, como AmazonFresh Pickup e Amazon Go, que discutiremos nos próximos capítulos, além de parcerias com varejistas tradicionais, como Kohl's, Best Buy e exemplos menos conhecidos, como a startup de colchões Tuft & Needle.

A Tuft & Needle — outra varejista que começou a vida online — trabalhou com a Amazon para aprimorar a experiência do cliente à medida que avança no varejo físico. Sua loja de Seattle apresenta tablets para que os consumidores leiam críticas sobre os produtos na Amazon, dispositivos Echo para responder a perguntas de clientes e QR codes que permitem a compra com um clique através do aplicativo Amazon. Daehee Park, cofundador da Tuft & Needle, disse que depois de muito debate sobre lutar de igual para igual com a Amazon, decidiram ir na direção contrária. "Nós pensamos, por que não os abraçar? É o futuro do varejo e do comércio eletrônico... Concentramo-nos naquilo em que somos bons e deixamos que a tecnologia da Amazon lide com o resto."[44]

Este poderia ser um modelo para outras marcas que já dependem da Amazon para vendas online (a Tuft & Needle gera cerca de 25% de suas vendas através da Amazon).[45] Da mesma forma, acreditamos que a Amazon vá procurar forjar mais parcerias de varejo como um meio de abordar a bomba-relógio que são as devoluções de pedidos online. Em 2017, a Amazon se uniu à Kohl's para criar em suas lojas de departamento em Chicago e Los Angeles áreas designadas de devolução da Amazon. Alguns argumentariam que isso é muito parecido com um Cavalo de Troia, especialmente porque a Amazon está construindo seu arsenal de marcas de moda, mas acreditamos que essa é uma das rotas de coopetição menos arriscadas. É uma proposta única que direciona um tráfego muito necessário para as lojas sem a obrigação de fornecer toneladas de dados de clientes. Para maior comodidade, há vagas de estacionamento designadas como "devoluções da Amazon" perto da entrada, e a Kohl's irá embalar e transportar essas devoluções gratuitamente. Poderíamos ver a Amazon fazendo um acordo semelhante com outros varejistas de lojas de departamentos globais, como Marks and Spencer ou Debenhams, por exemplo, que estão bem representados em ruas principais, mas poderiam se beneficiar de um aumento no número de clientes. A coopetição será um tema-chave para o futuro — embora nem todos estejam dispostos a seguir esse caminho.

De qualquer forma, se havia alguma dúvida sobre as intenções da Amazon para o varejo físico, elas foram esmagadas em 2017 quando anunciou o negócio da década: eles estavam adquirindo a Whole Foods Market. No meio da noite, a Amazon se apropriou de 64 milhões de metros quadrados de espaço no varejo — e disse adeus ao comércio eletrônico puro.

6
As ambições da Amazon:
uma plataforma para vender tudo

> "Para sermos uma empresa de duzentos bilhões de dólares, temos de aprender a vender roupa e comida."
>
> **Jeff Bezos, 2007**[1]

A transformação digital está varrendo todo o setor varejista, mas até agora três categorias — móveis, moda e alimentos — estiveram relativamente isoladas. Afetadas? Sim. Perturbadas? Não.

São categorias em que a qualidade é subjetiva e nem sempre pode ser determinada através de uma tela. Onde o desejo de ver e tocar o produto tradicionalmente supera a conveniência de comprar online. E, portanto, a margem de erro em compras online dessas categorias era historicamente maior do que quando se comprava produtos comoditizados como livros ou DVDs, em que os consumidores sabiam exatamente o que iriam receber, independentemente de onde os comprassem.

Mas isso está prestes a mudar.

Até 2021, espera-se que 28% das vendas de vestuário e calçado e 18% das vendas de móveis e decoração nos EUA aconteçam online (contra 9% e 6%, respectivamente, uma década antes[2]), de acordo com Kantar. Tecnologias como a realidade aumentada, a pesquisa visual e a digitalização corporal 3D estão derrubando as barreiras à compra online, reduzindo o atrito quando se trata de descoberta e tamanhos na moda e dando aos consumidores mais confiança na compra de artigos de grande valor como mobília. Enquanto isso, os serviços de assinatura do tipo *experimente-antes--de-comprar* e políticas de devolução mais generosas também estão ajudando a incutir confiança nos consumidores que procuram roupas online.

SUPERMERCADO ONLINE 2.0 NOS EUA?

> "Acredito que a grande maioria do volume de vendas de alimentícios será feita através das compras dos clientes nas lojas durante muito tempo."
>
> **Doug McMillon, CEO do Walmart, 2017**[3]

Mas e o supermercado? O setor é notoriamente complexo, com margens reduzidas e custos fixos elevados, uma base de fornecedores fragmentada e produtos perecíveis. Só fica mais complicado quando se adiciona a entrega em casa à mistura. De acordo com a Goldman Sachs, custa aos supermercados surpreendentes 23 dólares por pedido para armazenar, coletar, embalar e entregar mantimentos, corroendo o que já são margens muito estreitas.[4]

Diferentes requisitos de manuseio e temperatura, substituições rejeitadas e clientes ausentes também aumentam a complexidade. Nem mesmo a jornada de compra é simples — vários clientes podem contribuir para o cesto, adicionando itens até que o pedido seja retirado. Entregar livros é facílimo em comparação.

A alta densidade populacional é ideal para qualquer operação de e-commerce, mas para os supermercados online é absolutamente essencial. Basta olhar para os supermercados online mais avançados do mundo — na Coreia do Sul e no Reino Unido — como prova. Na Coreia do Sul, onde 83% da população vive em cidades, a penetração da mercearia online chegou a surpreendentes 20% em 2017. Como referência, a taxa de penetração nos EUA estava em 2% no mesmo período.[5] Um país grande, densamente povoado e altamente conectado é o terreno perfeito para os supermercados online, tanto em termos de eficiência da cadeia de suprimentos quanto de adoção do consumidor (a Coreia do Sul tem a internet mais rápida do mundo).

Em países com grandes populações rurais como os EUA, essa cobertura densa torna-se mais difícil de alcançar. A Coreia do Sul tem 522 pessoas por quilômetro quadrado; os EUA têm apenas 88.[6] Em um país tão vasto e escassamente povoado, a maioria dos supermercados americanos achou difícil alcançar as economias de escala necessárias para sustentar um modelo de mercado online. Isso fez com que os varejistas historicamente ignorassem totalmente a entrega ao domicílio ou a limitassem aos habitantes urbanos ricos em dinheiro e pobres em tempo — ou seja, um serviço realizado apenas pela Peapod e FreshDirect.

De acordo com o Credit Suisse, existem treze fatores independentes que se correlacionam com a adoção e a lucratividade do mercado online:

- Alcance da banda larga.
- Alcance de tablets/smartphones.
- Participação online de gastos de varejo.
- Alcance da Amazon.
- Cultura de startups/lojas independentes.
- Infraestrutura de condução urbana.
- Áreas metropolitanas com mais de 1 milhão de habitantes (propício para um modelo de coleta nas lojas).
- Áreas metropolitanas com mais de 5 milhões de habitantes (propício para uma distribuição centralizada).
- PIB *per capita*.

- Posse de carro.
- Prevalência de famílias de dupla renda.
- Densidade de espaço no supermercado.
- Clima sazonal severo.

Além do acesso limitado, a adoção do mercado online nos EUA também tem sido lenta devido às altas taxas associadas à entrega, que naturalmente têm impedido alguns consumidores de usar o serviço. Em 2018, o Walmart ainda cobrava 10 dólares por pedido.[7] Enquanto isso, a típica vantagem da "prateleira infinita" das compras online é menos relevante no mercado e muitos americanos ainda estão relutantes em deixar alguém — humano ou robô — selecionar seus produtos. O desejo de ver, tocar e até mesmo cheirar comida fresca é um fator-chave para a loja física. Os hábitos estão firmemente entrincheirados e há muitas barreiras.

Não é nenhuma surpresa então que o mercado online continue sendo uma das categorias mais sub-representadas no varejo eletrônico. A tendência é evidente mesmo entre os fãs da Amazon. De acordo com uma pesquisa de 2018 da NPR/Marist Poll, apenas 18% dos membros do Amazon Prime nos EUA compraram produtos frescos online e apenas 8% usaram o serviço Prime Pantry. A razão mais citada para aqueles que não o fizeram? Eles simplesmente preferem a experiência da loja.[8]

Então acreditamos que se a Amazon quiser quebrar os supermercados, ela precisará de lojas. A demanda por supermercados online pode estar crescendo entre os consumidores demográficos (Geração Z, millennials, famílias ocupadas, cosmopolitas), mas, para muitos é ainda mais conveniente — em alguns casos, agradável — entrar no carro e ir ao mercado. Não nos interpretem mal, o comércio eletrônico da categoria está chegando — e depressa —, mas haverá sempre um lugar para o supermercado.

O nosso ponto de vista, não surpreendentemente, é compartilhado pelo maior varejista de mercados do país. Falando em sua reunião da comunidade de investimentos de 2017, o CEO do Walmart, Doug McMillon, disse que, para desenvolver um negócio de mercado online nacional, "você precisa ser capaz de manter os produtos perecíveis frescos, disponíveis e ao preço certo. Para fazer isso, você precisa de uma cadeia de suprimentos que suporte lojas que estejam perto de clientes".[9]

Além das lojas físicas, McMillon acredita que um e-commerce bem-sucedido de supermercados requer "muita mercadoria geral e peças de vestuário para ajudar com o mix de margem" bem como "muita escala porque o volume ajuda a reduzir remarcações e descartes"[10] — a Amazon também ticou esses itens e está acelerando sua incursão no setor de vestuário. Lembra de como discutimos anteriormente que não se pode olhar isoladamente para as categorias individuais ou unidades de negócios da Amazon e que cada serviço é outro raio no *volante*? A venda de roupas com margens mais altas, especialmente de marcas próprias, ajudará a Amazon a compensar alguns dos custos mais elevados da entrega de mantimentos.

Por que a Amazon precisa de mercearias? Porque elas irão criar um efeito halo para seu negócio online através do clique & retire e da entrega no mesmo dia, reforçando mais uma vez a necessidade de uma experiência de compra perfeita em todos os canais. Em muitos aspectos, a aquisição da Whole Foods Market foi uma admissão de que a categoria de supermercados sempre exigirá um elemento de varejo físico, embora de natureza mais versátil.

Ao mesmo tempo, como já vimos com outros setores, a tecnologia irá desmantelar as barreiras tradicionalmente associadas à compra de alimentos online, enquanto a urbanização contínua irá simultaneamente impulsionar a demanda e reduzir os custos. A automação — desde a robótica de armazéns até os caminhões de entrega sem motorista — melhorará a eficiência da cadeia de suprimentos, e o aumento dos serviços de entrega de terceiros (Instacart e Shipt, por exemplo) permitirá que mais supermercados ofereçam entregas rápidas sem o investimento pesado em infraestrutura ou sistemas.

Entretanto, a proposta de valor do cliente para o mercado online está explodindo. Hoje em dia, os consumidores se beneficiam de interfaces melhoradas para celulares, login único, maior personalização e navegação em sites, listas automatizadas, inspiração para receitas, assinaturas mensais de entrega, compras ativadas por voz, reabastecimento simplificado, entrega no mesmo dia e alternativas à entrega a domicílio, como clique & retire ou *lockers* automáticos.

A compra online de perecíveis permite que os clientes comprem de acordo com os seus termos e maximizem seu tempo, uma tendência que será reforçada no futuro, uma vez que a compra diária de artigos domésticos será automatizada através das nossas casas conectadas. A tecnologia eliminará a tarefa das compras de supermercado.

COMIDA: A FRONTEIRA FINAL E A IMPORTÂNCIA DA FREQUÊNCIA

> "O supermercado é o Oeste Selvagem do mundo online. A recompensa é enorme e está aumentando."
>
> **Carrie Bienkowski, Diretora de Marketing da Peapod, 2018**[11]

Velhos hábitos demoram a morrer, mas morrem. E, se alguém pode modificar esse comportamento, é a Amazon. O varejo de alimentos é atraente para a companhia, pois é o maior setor não discricionário — e que está maduro para a disrupção. Como discutiremos a seguir, também é vital na medida em que permite que a Amazon finalmente aproveite uma compra de alta frequência.

2022: O PONTO DE VIRADA PARA O SUPERMERCADO ONLINE?

A partir de 2018, 20% dos gastos de varejo dos EUA vão para a alimentação, mas apenas 2% dessas vendas são feitas online.[12] Os avanços tecnológicos, conforme mencionado acima, ajudarão a aumentar a adoção desse tipo de compra, com a Amazon firme no comando. Em 2017, a varejista tinha 18% de participação nas compras de supermercado online nos EUA — o dobro do seu concorrente mais próximo, o Walmart, de acordo com a One Click Retail.[13] A Amazon fará o que faz de melhor — atuará como um catalisador para a mudança, impulsionará outros supermercados a investir em seus próprios recursos de supermercado online, em última análise, irá melhorar a experiência para o cliente.

> "A Amazon não havia impactado os supermercados, portanto os executivos do setor podiam sentar e pensar se seria diferente com a categoria. As pessoas já perceberam que online não vai ser 1, 2 ou 3% do seu mercado. Vai ser 10, 20, 30, ou talvez até 60%."
>
> **Tim Steiner, CEO da Ocado, 2018**[14]

Como tal, espera-se que a adoção do comércio eletrônico de supermercados dispare de apenas 23% dos consumidores americanos que compram alimentos e bebidas online em 2016 para 70% até 2024, de acordo com um estudo conjunto do Food Marketing Institute (FMI) e da Nielsen. As empresas também anteciparam a sua previsão conjunta de que, até 2025, as vendas de mercearia online nos EUA atingiriam cem bilhões de dólares, ou 20% do total das vendas de varejo de mercearia. Eles agora acreditam que esses 20% do ponto de inflexão virão já em 2022, quando o supermercado online de *fast track* da Amazon se popularizar.

FREQUÊNCIA — UM GRANDE PASSO EM DIREÇÃO AO DOMÍNIO DO VAREJO

É claro que a Amazon não pode ser a Loja de Tudo sem comida. Não só é uma parte importante da cesta de compras do consumidor, como é também uma categoria definida pela *frequência* (o consumidor médio dos EUA visita um supermercado de 1 a 2 vezes por semana,[15] de acordo com o FMI) e, portanto, largamente impulsionada pelo *hábito* (85% dos itens que os consumidores colocam em seus carrinhos são os mesmos toda semana).[16] Nenhum outro setor oferece uma oportunidade tão incrível de engajamento do cliente.

> "O supermercado é uma constante em sua vida. Não há mais nada que aconteça dessa forma."
> **Walter Robb, antigo coCEO da Whole Foods Market, 2018**[17]

Além da captura de dados, há uma boa razão pela qual a Amazon limita sua oferta de supermercado online apenas aos membros Prime. Com a categoria, ela ganha frequência. Se os consumidores estão fazendo sua compra semanal de alimentos pela Amazon, tendo em mente que eles devem ser membros Prime, então há uma forte chance de que ela se torne seu primeiro ponto de parada para outras categorias. Como disse o antigo coCEO da Whole Foods Market Walter Robb, "A comida é o caminho para vender todo o resto".[18]

É por isso que a mudança da Amazon para a categoria deve preocupar todos os varejistas, não apenas os supermercados. O mercado é o caminho para que a Amazon se torne a opção de compra padrão dos seus clientes. De acordo com a Pesquisa Global Consumer Insights Survey 2018 da PWC, 14% dos consumidores em todo o mundo compram exclusivamente na Amazon.[19] Se ela dominar esse setor, terá potencial de aumentar esse número (embora novamente não sem um maior escrutínio do governo).

Não é por acaso que a Amazon passou anos investindo na sua oferta Prime, adicionando regalia após regalia e reforçando o conteúdo, antes de entrar na categoria de supermercado. É uma combinação da facilidade de compra através da Amazon e da atratividade do Prime que dificultará a concorrência de outros varejistas. E, como se isso não bastasse, a companhia também quer fornecer serviços — de assistentes de voz a *streaming* de vídeo — que se tornam tão incorporados à vida cotidiana e às rotinas dos clientes que a varejista se torna indispensável.

A GUERRA DE COMIDA DA AMAZON: A VIDA ANTES DO WHOLE FOODS MARKET

Contudo, a ideia de atrair consumidores com alimentos e depois passar às mercadorias gerais com margens mais elevadas não é, de forma alguma, uma nova estratégia. Esta é a própria premissa do modelo de hipermercado e superloja. O Walmart começou a adicionar comida ao seu mix no final dos anos 1980 e, em pouco mais de uma década, tornou-se o maior varejista de alimentos dos EUA. Enquanto isso, a Tesco da Grã-Bretanha começou como um mercado e, em seguida, nos anos 1960, acrescentou produtos gerais às suas lojas, conseguindo, eventualmente, tornar-se o maior varejista do Reino Unido. "O princípio do que a Amazon está fazendo é quase exatamente o mesmo", diz Jack Sinclair, CEO da 99 Cents Only, que anteriormente dirigia a divisão de mercado do Walmart nos EUA.[20]

A aquisição da Whole Foods foi um ponto de inflexão para a Amazon, mas para entender os motivos desse negócio, precisamos voltar ao início.

◇◇◇

ESTUDO DE CASO: Uma lição sobre os perigos da superexpansão: Webvan e o fracasso da Pontocom

Um dos fracassos mais espetaculares entre as empresas pontocom foi o serviço de supermercado online Webvan. A primeira grande empresa de entrega de perecíveis online foi cofundada em 1996 por Louis Borders (da cadeia de livrarias homônima, agora extinta) e, como em muitas empresas da época, tinha como mantra "Get Big Fast", ou "cresça rápido". Em menos de três anos, a empresa gastou oitocentos milhões de dólares, abriu capital, declarou falência e fechou suas operações.[21] Sua ascensão meteórica, bem como sua queda, fez da Webvan a garota-propaganda da bolha da internet.

Alguns poderiam argumentar que a Webvan estava à frente de seu tempo; afinal de contas, as conexões discadas do final dos anos 1990 dificilmente favoreciam as compras online feitas em supermercados. Assim como a Amazon, a Webvan estava fazendo uma grande aposta no poder da tecnologia de mudar os hábitos de compra, mas seus problemas eram maiores que isso. O seu erro fundamental? Superexpansão sem demanda suficiente de clientes.

A Webvan evitou o modelo convencional de coleta baseado em lojas em favor de uma abordagem centralizada na entrega de compras online. Não muito diferente da atual Ocado, a Webvan construiu centros de atendimento automatizado de última geração com o objetivo de entregar alimentos aos clientes dentro de trinta minutos. A ideia era que a sua tecnologia única impulsionaria a produtividade, permitindo que superasse tanto os rivais online quanto os convencionais.

O conceito não estava errado, mas sim a execução. A Webvan estava tentando construir, do zero e simultaneamente, uma marca e uma base de clientes, enquanto redesenhava a infraestrutura de um setor bem estabelecido. O plano de capital intensivo exigia que a Webvan distribuísse mais de trinta milhões de dólares em cada grande armazém de alta tecnologia, mas a falta de demanda dos clientes significava que esses mesmos armazéns não estavam funcionando perto da capacidade total.[22] De acordo com alguns analistas, a Webvan estava perdendo mais de 130 dólares por pedido, levando em conta a depreciação, o marketing e outras despesas gerais.[23]

Richard Tarrant, CEO da MyWebGrocer, disse sobre a Webvan em 2013:

> Em um negócio de baixa margem de lucro, onde os produtos podem ser comprados em um raio de cinco quilômetros por qualquer pessoa nos Estados Unidos, eles decidiram construir armazéns e todo um sistema de distribuição com caminhões de entrega, mão de obra e tudo mais. Mas as 36 mil mercearias convenientemente localizadas em todas as ruas principais da América já tinham tudo isso.[24]

Sob pressão para apaziguar os investidores, a expansão foi rápida e furiosa. Cobrindo o lançamento do primeiro mega-armazém da Webvan em Oakland, Califórnia, um artigo do *Wall Street Journal* de 1999 dizia:

> Prosperando ou não, o sr. Borders planeja abrir outro enorme armazém em Atlanta alguns meses depois. No fim do dia, há planos para pelo menos mais vinte instalações desse tipo em todos os Estados Unidos, em praticamente todas as cidades grandes o suficiente.[25]

A Webvan ainda não tinha resolvido os problemas iniciais com seu modelo de negócios antes de embarcar em um plano de expansão agressivo e, por fim, desastroso. Dentro de dezoito meses, esse mercado online estava negociando em dez grandes áreas metropolitanas dos EUA.[26] Para comparação, a Ocado demorou mais de uma década até abrir seu segundo centro de atendimento.[27] A Webvan "cometeu o pecado capital do varejo, que é expandir para um novo território — em nosso caso, vários territórios — antes de ter demonstrado sucesso no primeiro mercado", disse Mike Moritz, um membro do conselho da Webvan. "De fato, estávamos ocupados demonstrando o fracasso no mercado da Bay Area, enquanto expandíamos para outras regiões."[28]

Em um esforço para ganhar economias de escala, Webvan adquiriu a rival HomeGrocer em 2000. Coincidentemente, a Amazon possuía uma participação de 35% na HomeGrocer à época, o que proporcionou um primeiro vislumbre da visão de Bezos para a categoria de supermercados, e o aliviou do "esforço" da experiência. Em 1999, ele elogiou a HomeGrocer por ter "um olhar fanático pela experiência do cliente. Os seus vendedores escolhem melhores produtos do que eu... A empresa tem uma atenção singular aos detalhes."[29]

A aquisição da HomeGrocer não foi suficiente para salvar a Webvan e dentro de um ano ela foi à falência. Isto teve um efeito duradouro no mercado, estragando o apetite por supermercados online durante anos, ou mesmo décadas.

AMAZONFRESH: SURGINDO DAS CINZAS DA WEBVAN

O serviço de entrega de supermercado online da Amazon, a Amazon-Fresh, nasceu em 2007; no entanto, se você não mora em Seattle, estaria perdoado por pensar que se trata de um conceito mais recente. A Amazon testou silenciosamente o serviço na sua cidade natal durante *cinco anos* antes de estendê-lo a outras cidades dos EUA. Se há uma coisa que a Amazon aprendeu com a falência da Webvan foi definir seu modelo de negócios antes de embarcar em qualquer tipo de expansão.

Liderando a iniciativa AmazonFresh estavam quatro ex-executivos da Webvan — Doug Herrington, Peter Ham, Mick Mountz e Mark Mastandrea. Vale destacar aqui que Mountz também fundou a Kiva Systems, a empresa de robótica que a Amazon adquiriu em 2012. A Kiva foi construída com base em tecnologia originalmente desenvolvida na Webvan e, desde então, tornou-se uma parte fundamental da estratégia da AmazonFresh. Curiosamente, a Webvan também ressuscitou, pois a Amazon comprou seu domínio — o site já foi usado para vender alimentos não perecíveis da Amazon, embora não esteja mais em operação hoje.

"Tínhamos muito DNA da Webvan reunido e recorremos bastante a essa experiência", disse Tom Furphy, que ajudou a iniciar a AmazonFresh com Herrington e Ham antes de trabalhar com capital de risco. "Essa foi uma boa fórmula para construir o negócio de forma responsável."[30]

Mas a equipe enfrentou dificuldades. Como varejista de mercadorias em geral, o site da Amazon foi — e é ainda hoje — projetado para pesquisa direcionada, mas, é claro, os consumidores tendem a navegar pelas categorias de supermercados. E enquanto a maioria das transações online compreende de dois a quatro itens, o pedido médio de supermercado é composto de cinquenta itens.[31] Navegar nas complexidades da cadeia de suprimentos e nas diferenças na experiência do usuário são essenciais para conquistar o supermercado online.

Quando a Amazon começou a deixar sua marca, embora lentamente, contou com dois grandes fatores trabalhando a seu favor — tempo e uma base de clientes pré-existente. Em meados dos anos 2000, as rápidas conexões banda larga e a maior penetração dos smartphones estavam ajudando a estimular a demanda por mercados online e, ao contrário da Webvan, a Amazon foi capaz de explorar uma base existente de consumidores. No entanto, vale ressaltar aqui que o Prime tinha apenas alguns anos quando a AmazonFresh foi lançada. Esse foi outro motivo para lançar o supermercado online em ritmo de tartaruga — o Prime tinha que ser maduro e atraente o suficiente para que a Amazon contasse com uma base considerável de clientes leais antes que levasse a sério suas ambições com supermercados.

Em 2013, a AmazonFresh finalmente começou a expandir suas operações além de Seattle e, em poucos anos, o serviço foi oferecido em Chicago, Dallas, Baltimore, algumas partes da Califórnia (Los Angeles, Riverside, Sacramento, San Diego, San Francisco, San Jose e Stockton), Nova York, no norte de Nova Jersey, Filadélfia, Virgínia do Norte, Connecticut e, fora dos EUA, em Londres.[32]

Ao longo dos anos, a Amazon experimentou diferentes marcas e estruturas de taxas para fazer a economia da entrega de produtos frescos funcionar. Por um tempo, o serviço foi marcado como Prime Fresh e oferecido como parte de um pacote de opção da assinatura Prime por uma taxa anual de 299 dólares — o triplo do preço de uma associação Prime normal. A ideia acabou se provando difícil de engolir para muitos consumidores que ainda estavam se acostumando a encomendar em supermercados online, então, em 2016, o modelo de preços da AmazonFresh foi alterado — ainda estava limitado aos membros Prime, mas como um adicional mensal de 14,99 dólares, muito mais palatável.

Apesar das condições de mercado mais favoráveis, a venda de alimentos frescos online não foi uma tarefa fácil, por isso a Amazon estava simultaneamente experimentando uma categoria mais familiar — não perecíveis.

SUBSCRIBE & SAVE: UMA PRIMEIRA EXPERIÊNCIA DE REABASTECIMENTO SIMPLIFICADO

A Amazon lançou o Subscribe & Save em 2007, apenas alguns meses antes de fazer suas primeiras entregas da AmazonFresh. O programa de assinatura, que está em vigor ainda hoje, permite que os consumidores recebam a entrega automática de produtos de mercado (em intervalos de um a seis meses) com descontos de até 15%. Em sua estreia, a mercearia online da Amazon, separada do serviço Fresh, contava com mais de 22 mil itens não perecíveis das principais marcas, incluindo Kellogg's, Seventh Generation e Huggies, além de uma ampla seleção de produtos naturais e orgânicos.[33]

O Subscribe & Save foi o primeiro passo para cercar os consumidores de supermercados, dando à Amazon uma incrível quantidade de insights sobre suas preferências de marca e elasticidade de preços — uma grande crítica ao programa é que, apesar do desconto, ele ainda está sujeito à dinâmica de preços da Amazon, o que pode anular o efeito da redução de custos oferecida por meio de uma assinatura.

O lançamento do Subscribe & Save nos deu uma visão em um estágio muito inicial de como a Amazon poderia ser disruptiva no setor de supermercados — eliminando a etapa de compras. Afinal de contas, foi isso que Bezos admirou na HomeGrocer quando adquiriu uma participação minoritária anos antes. O Subscribe & Save foi a primeira iteração da Amazon de um programa de reabastecimento simplificado. Ela continuaria a lançar uma série de pontos de contato totalmente novos para os clientes, físicos e digitais, que visavam tornar a repetição de pedidos para produtos diários a mais perfeita possível:

- **Botões Dash**: Botões de clique único ligados por Wi-Fi colocados na casa dos consumidores para repetir pedidos.
- **Reabastecimento rápido Dash:** esquema de reabastecimento acionado por dispositivos, como jarros de água inteligentes que pedem automaticamente novos filtros ou fechaduras digitais que solicitam novas baterias quando estão fracas.

- **Alexa**: Assistente virtual alimentado por IA que permite compra ativada por voz, via Echo.
- **Dash Wand**: dispositivo portátil que permite a leitura de códigos de barras e solicitação de novas compras ativada por voz.
- **Botões Dash Virtuais**: como o nome indica, botões para repetir pedidos com um clique, disponíveis no aplicativo e no site da Amazon.

Em uma tentativa de permanecer no topo dessas novas ameaças competitivas, em 2017, o Walmart protocolou uma patente para integrar a IoT em seus produtos. Como no esquema de reabastecimento do Dash da Amazon, isso permitiria a repetição automática de pedidos sem nenhuma interferência do cliente. A diferença, é claro, é que a patente do Walmart é para reabastecimento orientado por produtos e não por dispositivos, o que geraria um uso mais difundido e aceleraria a tendência.

> "A Amazon está prestes a cimentar a compra habitual, rápida e sorrateira, para milhões e milhões de pessoas e muitas categorias de produtos."
>
> **Brian Sheehan, Professor de Publicidade, Syracuse University, 2018**[34]

A tendência da reposição automática desempenhará um papel significativo na formação do futuro do varejo. Por esses pontos de contato alternativos, a Amazon quer cortar o atrito e encurtar o caminho até a compra, exatamente como fez em 1999 com sua patente de compra com um clique. Hoje, você pode comprar sem precisar de uma loja ou tela. Você pode estar em sua cozinha pedindo à Alexa para adicionar itens à sua cesta ou pressionando um botão Dash, e no futuro esse processo se tornará ainda mais invisível, pois os consumidores poderão optar por não participar da decisão de compra. Vamos passar de um clique para nenhum clique.

> "No mercado, o impacto das casas inteligentes, das cozinhas inteligentes, dos eletrodomésticos inteligentes será enorme. Quando se trata de IoT residencial, vejo a guerra dos hubs domésticos acontecendo."
> **Paul Clarke, CTO da Ocado, 2016**[35]

Como resultado, no futuro, os consumidores passarão menos tempo comprando o essencial, uma tendência que iremos explorar detalhadamente em breve, particularmente em relação ao seu impacto no espaço físico. Mas, por enquanto, é importante lembrar que, em troca da ultraconveniência fornecida por essas tecnologias, as compras são canalizadas diretamente para a plataforma de varejo da Amazon. Nenhum outro varejista foi tão bem-sucedido em se infiltrar na casa do consumidor.

Após vários anos de operação, o Subscribe & Save foi reforçado com o lançamento em 2010 do Amazon Mom (agora mais apropriadamente chamado de Amazon Family) e a aquisição da Quidsi. A Amazon Mom permitiu que os clientes em um estágio crítico da vida obtivessem descontos em fraldas se assinassem entregas mensais regulares; enquanto isso, a rival Quidsi era a empresa-mãe da Diapers.com, Soap.com e BeautyBar.com. Um adendo interessante aqui — a Quidsi foi cofundada por Marc Lore, que ficou alguns anos trabalhando na Amazon. Em seguida, ele criou o marketplace online Jet.com que, conforme discutido no último capítulo, foi adquirido pelo Walmart em 2016. Com 3,3 bilhões de dólares, foi a maior compra de uma startup de comércio eletrônico dos EUA e uma indicação clara de que o Walmart via a Amazon como uma ameaça fundamental para seus negócios. Esta foi uma aquisição de concorrentes e talentos; quando escrevi este artigo, em 2018, Lore continuava a ser CEO das operações de comércio eletrônico doméstico do Walmart.

TABELA 6.1: Marcos das compras de supermercado Amazon

Ano	Marcos das compras de supermercado Amazon	Categoria
1999	Adquire 35% de participação na HomeGrocer.com	Supermercado online
2000	Webvan adquire a HomeGrocer	Supermercado online
2001	Webvan vai à falência; site adquirido pela Amazon.com	Supermercado online
2007	Lançamento da AmazonFresh	Supermercado online
2007	Lançamento do Subscribe & Save	Supermercado online
2011	Adquire a Quidsi	Supermercado online
2012	Adquire a Kiva Robotics	Supermercado online
2013	AmazonFresh se expande para além de Seattle	Supermercado online
2014	Lançamento do Dash Wand	Casa conectada
2014	Lançamento do Prime Pantry	Supermercado online
2014	Lançamento do Prime Now	Supermercado online
2015	Lançamento dos Botões Dash	Casa conectada
2015	Lançamento do serviço de reabastecimento Dash	Casa conectada
2015	Lançamento das compras ativadas por voz via Echo/Alexa	Casa conectada
2015	Lançamento dos Restaurantes Amazon	Supermercado online
2016	AmazonFresh torna-se internacional; fornecimento no Reino Unido leva a acordo com Morrisons e Dia	Supermercado online
2016	Lançamento dos primeiros produtos de marca própria	Supermercado online
2017	Lançamento da AmazonFresh Pickup	Offline
2017	Adquire a Whole Foods Market	Offline
2017	AmazonFresh é redimensionada em nove estados dos EUA	Supermercado online
2017	Lançamento do Botão Dash virtual	Supermercado online
2017	Lançamento dos kits de refeição	Supermercado online
2018	Lançamento da Amazon Go	Offline

Fonte: Pesquisa do autor; Amazon

AÍ VÊM OS PRIMES: PANTRY E NOW

Mais dois lançamentos significativos ocorreram em 2014: o Prime Pantry e o Prime Now. Inicialmente atendendo às típicas compras mensais volumosas, o Prime Pantry permitiu que os consumidores pudessem encher uma caixa de 113 litros com até vinte quilos de bens domésticos não perecíveis a uma taxa fixa de 5,99 dólares. Quando os consumidores adicionavam itens à sua cesta de compras online, eram informados sobre a porcentagem da caixa que estava cheia. O conceito era inovador e de risco relativamente baixo — entregar cereais e sabão em pó não era infalível, mas era economicamente mais viável do que entregar alimentos frescos. A Amazon levou meia década para expandir a AmazonFresh para além de Seattle; o Prime Pantry foi expandido por todos os 48 estados contíguos dos Estados Unidos no primeiro dia.

> "Uma caixa de Cheerios e um livro não são assim tão diferentes. Não é necessário construir uma infraestrutura totalmente nova."
> **Ian Clarkson, ex-executivo da Amazon, 2018**[36]

O Prime Pantry permitiu que a Amazon testasse a demanda por produtos que teriam sido proibitivos, em termos de custo, para enviar gratuitamente. A ausência de alimentos frescos não foi um problema para os clientes dos EUA — lembre-se de que muitos até hoje ainda são hesitantes em comprar perecíveis online. Em mercados internacionais, como o Reino Unido, porém, acreditamos que o Prime Pantry é menos convincente. Os consumidores esperam fazer uma compra online completa, há alta densidade de supermercados e falta de espaço de armazenamento em comparação às casas dos EUA, o que significa que os consumidores britânicos não "compram um estoque" da mesma forma que os seus companheiros norte-americanos.

Mas será que os membros norte-americanos do Prime, treinados para esperar por entregas gratuitas, estariam dispostos a desembolsar mais 6 dólares cada vez que uma caixa de papelão com artigos domésticos aparecesse à sua porta (tendo em mente que alguns desses itens já estavam disponíveis no marketplace da Amazon)? Além disso, os membros Prime também estavam acostumados com entregas de até dois dias, mas a entrega do Pantry leva até quatro dias úteis. Inovador, sim, mas era difícil ver o valor real para os clientes.

Em 2018, a Amazon aprimorou o modelo para que, em vez de pagar por entrega, os membros do Prime recebessem uma cobrança mensal de 5 dólares, além de sua taxa anual de associação ao serviço. A migração para um modelo de assinatura faz parte da estratégia mais ampla da Amazon de adicionar mais camadas ao seu esquema de associação Prime e a ajudará a impulsionar a utilização do serviço e a retenção de clientes.

Com o Prime Pantry abastecendo a compra mensal e a AmazonFresh abastecendo a compra semanal, a Amazon decidiu ir atrás de mais uma missão de compras — a conveniência. A introdução da entrega gratuita de duas horas com o Prime Now (ou em uma hora por uma taxa fixa de 7,99 dólares), exclusiva para os membros Prime, mudou o jogo em termos de compras online; não se esqueça que a entrega no mesmo dia ainda era cobrável (5,99 dólares para usuários Prime; 8,99 dólares para os outros) até então. O Prime Now foi significativo, pois permitiu que a Amazon visasse mais eficazmente a ocasiões específicas de compras — e, portanto, participação na carteira de compras — enquanto desestabilizava completamente o setor no processo. Apesar de seus melhores esforços, nenhum concorrente ocidental poderia oferecer uma gama tão vasta quanto o Prime Now — 20 mil produtos em ambas as categorias de supermercado e produtos gerais — entregues em uma janela tão curta quanto uma a duas horas. Certamente isso não poderia ser feito de graça.

A Tesco foi quem mais se aproximou desse modelo com o serviço Tesco Now, lançado no Reino Unido em 2017. Os consumidores poderiam ter mercadorias entregues pela Quiqup, um fornecedor terceirizado, dentro de uma a duas horas, mas só poderiam selecionar vinte itens de uma lista de mil e por uma taxa mínima de 5,99 libras. A Amazon tem um alcance vinte vezes maior sem custo adicional para o cliente.

A Amazon criou o Prime Now para "'trazer um senso de magia aos nossos clientes... para oferecer às pessoas o tempo de que precisam para viver suas vidas, em vez de dar voltas na cidade para visitar supermercados", explicou Mariangela Marseglia, diretora da Amazon Prime Now, em um discurso na conferência Shoptalk em 2017.

Seguindo os costumes da Amazon, o Prime Now passou da ideia ao lançamento em menos de quatro meses. Começou cobrindo apenas um código postal em Manhattan porque a companhia queria aperfeiçoar a experiência do cliente antes de lançá-lo e Marseglia acreditava que se o Prime Now funcionasse em Manhattan, funcionaria em qualquer outra cidade. Em dezembro de 2014, o primeiro pedido Prime Now da Amazon, um videogame chamado Rush, chegou, às 8h51. Às 9h, o item foi retirado e embalado e às 10h01 foi entregue ao cliente.

A véspera de Natal é um dos dias mais populares do Prime Now, dada a sua capacidade única de atender às compras de "crise". Um cliente em Manchester, Inglaterra, fez uma encomenda de joias, perfumes femininos e um PlayStation às 22h, na véspera de Natal, e pediu a entrega para 23h. A Amazon não é capaz apenas de satisfazer os clientes, mas talvez de salvar alguns casamentos no processo!

Os dois outros tipos de compras que o Prime Now atende são presentes e reposição de itens de supermercado que acabam antes da próxima compra maior programada, este último tipo se tornando mais popular em lugares como o Reino Unido. De acordo com Jason Westman, Head da AmazonFresh e Prime Now no Reino Unido, a fim de atender à missão de compras "para esta noite", a Amazon está adiando seus horários-limite para mais tarde. Em alguns códigos postais do Reino Unido, os consumidores podem fazer pedidos até as 16h e ainda têm a sua encomenda recebida na mesma noite. "O tempo está se tornando o bem mais importante para todos", disse ele em 2018.[37]

Vamos discutir a mecânica por trás do Prime Now em breve, mas por enquanto é importante entender o impacto imediato que ele teve na Amazon e no mercado em geral. Um ano após o seu lançamento em Manhattan, o Prime Now foi lançado em mais de trinta cidades — principalmente na América do Norte, mas também em Londres, Milão e Tóquio. Em 2016, o Prime Now estava em funcionamento em mais de cinquenta cidades em nove países em todo o mundo. Em 2017, chegou a Cingapura.

De todos os serviços relacionados a supermercado da Amazon até agora, o Prime Now tem sido o mais disruptivo. As guerras de preços foram substituídas pelas guerras de tempo, com muitos supermercados ao redor do globo agora lutando para oferecer entregas no mesmo dia. Isto teve impacto mesmo onde o supermercado online estava mais avançado, como o Reino Unido. Apesar de deter menos de 2% do setor de mercearia britânico quando escrevemos, a Amazon tem sido um catalisador fenomenal para a mudança quando se trata de velocidade de entrega. Desde o lançamento do Prime Now:

- A Tesco lançou a entrega no mesmo dia em todo o país, além de lançar o Tesco Now (via Quiqup);
- A Sainsburys introduziu o Chop, um serviço de entrega de uma hora, e oferece entrega no mesmo dia a 40% do Reino Unido desde 2018 (contra apenas 11% no ano anterior);[38]
- A Marks & Spencer testou um serviço de entrega de duas horas em parceria com a Gophr;
- A Co-op se uniu à Deliveroo para fazer entregas rápidas de lanches, doces e bebidas alcoólicas;
- O Morrisons e o Booths entraram na onda do Prime Now.

Os mercados do Reino Unido, acreditamos, estavam muito relutantes em entregas de alimentos no mesmo dia antes da incursão da Amazon, já que a) os consumidores não estavam pedindo por isso e b) acrescentava custos e complexidade desnecessários. Mas a Amazon libertou o gênio da garrafa e não há como devolvê-lo.

Assim como nas compras por voz, a Amazon desencadeou uma nova tendência na entrega para o mesmo dia, alterando o comportamento e as expectativas de compra a tal ponto que alguns concorrentes começaram a se voltar para a própria infraestrutura da Amazon em uma tentativa de permanecerem relevantes. Não são apenas o Morrisons e o Booths no Reino Unido que vendem via Prime Now, a Amazon tem acordos de fornecimento semelhantes com muitos mercados nacionais e independentes em todo o mundo, incluindo o Dia na Espanha, o Fauchon e o Monoprix na França, e o Rossmann e o Feneberg na Alemanha, para citar alguns. Enquanto isso, um acordo de fornecimento de longa data com a Sprouts, varejista de alimentos naturais norte-americana, foi surpreendentemente encerrado em 2018 após a aquisição da Whole Foods — a Sprouts fez parceria com a Instacart.

No momento, essas parcerias são essenciais para a Amazon porque, apesar de suas muitas inovações, ainda não é considerada confiável quanto à venda de alimentos. De que serve a infraestrutura sem uma gama de materiais convincentes? Esses acordos de fornecimento, e a aquisição da Whole Foods, sobre a qual falaremos em breve, dão à Amazon reconhecimento e credibilidade instantânea na competitiva categoria de supermercado e, crucialmente, permitem que aprenda mais sobre como vender alimentos online.

Mas isto levanta uma questão importante. Se o plano da Amazon é se diferenciar tanto na categoria de supermercados quanto no não alimentício — através da escolha de produtos e conveniência — então precisa assumir o papel de anfitriã. Precisa ser a porta de entrada para outros varejistas e marcas; é onde entra seu marketplace, sua infraestrutura. No setor não alimentício, estamos vendo cada vez mais varejistas sucumbirem à plataforma da Amazon por seu alcance inegável. Depois de anos de resistência, marcas como a Nike cederam à Amazon. Em teoria, ela poderia ter feito o mesmo com os supermercados — mas optou por comprar a Whole Foods Market. Em algum momento, a Amazon precisará decidir se quer ser o supermercado ou o marketplace.

7
WHOLE FOODS MARKET:
UMA CORAJOSA NOVA ERA

> "Não quero que as pessoas vão embora pensando que nada vai mudar por aqui. Porque as coisas vão mudar. Não há dúvidas quanto a isso."
> **John Mackey, CEO e Co-Fundador da Whole Foods Market, 2017[1]**

Reconhecendo que online e offline não são mais mutuamente exclusivos, os varejistas estão agora em busca do equilíbrio. Mas a grande questão é quem vai chegar lá primeiro. Será que os tradicionais varejistas offline acabarão com o sucesso do comércio eletrônico antes que as marcas nativas digitais descubram como administrar lojas físicas? O relógio está correndo.

> "Estamos bem posicionados para ganhar o futuro do varejo, e eu não trocaria de lugar com ninguém."
> **Doug McMillon, CEO do Walmart, 2017[2]**

A convergência do varejo online e offline foi melhor exemplificada por dois grandes anúncios em 16 de junho de 2017: o Walmart anunciou planos para fazer sua quarta aquisição de e-commerce em menos de um ano, adquirindo a marca online de moda masculina Bonobos, porém, mais significativamente, no mesmo dia, a Amazon anunciou que iria comprar uma cadeia de lojas convencionais — a Whole Foods Market.

Esse dia mudou o varejo para sempre. Depois de algumas disputas com o varejo offline, o acordo de sucesso consolidou o compromisso da Amazon com o mundo offline. A reação imediata na indústria foi mista. Por um lado, a mudança da Amazon para o setor de supermercado seria de ruptura, exigindo que os supermercados bem-estabelecidos aumentassem significativamente sua aposta e expondo naturalmente alguns perdedores pelo caminho. Mas, por outro lado, o acordo também foi a maior validação de que o varejo convencional tem futuro. Talvez até um futuro brilhante.

Os investidores pareciam concordar. Após o anúncio, a capitalização de mercado da Amazon valorizou-se em 15,6 bilhões de dólares — cerca de 2 bilhões a mais do que pagou pela rede de supermercados. A Amazon basicamente pegou a Whole Foods de graça, enquanto o resto do setor perdeu 37 bilhões de dólares em valor de mercado.[3] Foi um momento decisivo para a indústria de supermercado.

Neste capítulo, vamos explorar a lógica por trás do acordo com a Whole Foods, como a Amazon vai redefinir o supermercado para o consumidor do século XXI, e seu impacto no setor mais amplo.

APLICANDO SUA SEDE DE INVENÇÃO AO SETOR DOS SUPERMERCADOS

Baseado no que cobrimos no livro até agora, a aquisição de um operador de supermercados não deve ser uma grande surpresa. Pouco antes do anúncio da aquisição, Natalie escreveu, em maio de 2017: "A Amazon está, é claro, tentando conquistar o supermercado, tanto no domínio físico como no digital, mas, sem adquirir ativamente outro varejista, é pouco provável que tenha impacto significativo no setor de supermercado durante pelo menos mais cinco anos". Semanas depois, o negócio da Whole Foods foi anunciado.

Figura 7.1 *Somente online não é mais suficiente: Amazon adquiriu a Whole Foods Market em 2017*

Figura 7.2 *Amazon abriu ao público sua primeira loja sem check-out, a Amazon Go, em 2018*

Antes da aquisição, três coisas ficaram muito claras: 1) o apetite da Amazon pelo setor offline estava crescendo; 2) sem lojas físicas, a Amazon estaria sempre sub-representada no setor de supermercados; e 3) a Amazon tinha potencial para revolucionar a experiência do cliente.

Naquela época, ela estava silenciosamente experimentando dois novos formatos de supermercados em sua cidade natal, Seattle: a Amazon Go e a AmazonFresh Pickup. Vamos explorar o Amazon Go em grandes detalhes nos próximos capítulos, mas por enquanto é importante ressaltar que o conceito dessa loja de conveniência carece de algo fundamental — check-outs.

Enquanto isso, o serviço AmazonFresh Pickup permite que os membros Prime dirijam até um local designado, sem a necessidade de um supermercado, e tenham suas compras entregues em seus veículos. Em uma escala global, isso não é exatamente revolucionário — os mercados franceses têm operado esses conceitos de "Drive" há anos (como examinaremos em mais detalhes no Capítulo 13). Mas nos EUA, a ideia ainda era relativamente nova — o Walmart era o único varejista que testava ativamente esse serviço na mesma época.

Quanto ao conceito tradicional, a Amazon Go pode carregar toda a glória, mas a AmazonFresh Pickup foi a extensão mais lógica para a gigante do varejo. A Amazon fez valer a sua capacidade de atendimento rápido, aplicando sua própria visão ao conceito através do seu processo de pagamento e mesmo utilizando a tecnologia de reconhecimento de placas para acelerar os tempos de espera. Os consumidores podem recolher as suas compras até quinze minutos depois de fazerem uma encomenda.

Embora a Amazon precisasse se expandir para lojas físicas, nunca associaria sua logomarca a uma cadeia de supermercados comum. A combinação da obsessão pelos clientes da Amazon com sua sede de invenção significava que o setor de supermercados estava prestes a ficar seriamente perturbado. Você sempre pode contar com a Amazon para desafiar o *status quo* e melhorar drasticamente a experiência do cliente, seja entregando mantimentos em seu carro ou eliminando todas as filas de espera. Mas isso foi apenas o começo.

POR QUE A WHOLE FOODS MARKET?

Acreditamos que a estratégia final da Amazon para o setor de supermercados é a seguinte:

1. Democratizar os mercados online para que os clientes possam, acima de tudo, fazer compras em seus próprios termos, como eles se acostumaram a fazer com mercadorias em geral.
2. Usar a tecnologia para eliminar a tarefa das compras em supermercado. A Amazon está em uma posição única para transformar o reabastecimento automático em uma realidade

funcional para categorias de mercadorias associadas à rotina, e estará particularmente motivada para desenvolver opções de marcas próprias.
3. A experiência na loja usará a tecnologia para minimizar o atrito entre a navegação e o pagamento das compras, além de permitir recomendações e recompensas em tempo real e hiperpersonalizadas. Fazer parte da família Amazon levará a Whole Foods de "aluno problema" a "orador da turma", nas palavras do CEO da Whole Foods, John Mackey.[4]
4. Categorias inteiras serão removidas da loja física, liberando espaço para: 1) categorias mais sensíveis como alimentos frescos e pré-preparados; 2) experiências mistas — de aulas de culinária a coworkings; 3) balcões de clique & retire e/ou devoluções; 4) realização de compras online para atender a demanda de entrega no mesmo dia.
5. O Prime, como discutido anteriormente, vai sustentar a estratégia de compras da Amazon. Afinal, o principal incentivo para a sua entrada no setor de supermercados é chegar aos consumidores semanalmente, prendendo-os ao seu ecossistema.

Com isso em mente, particularmente os pontos sobre frescor dos alimentos e utilização de lojas como minipolos de atendimento, podemos começar a entender por que a Amazon foi atraída pela Whole Foods Market. Uma forte ênfase nos perecíveis, que respondem por mais de dois terços das vendas da rede de supermercados, grandes displays de merchandising e opções de marca própria de renome — inclusive dentro da cobiçada categoria de alimentos frescos — compensaria as fraquezas relativas da Amazon. Houve rumores de que a Amazon tinha adquirido um varejista como a Target ou o BJ's Wholesale Club. Mas, a nosso ver, a Amazon precisava de um negócio alimentício, não apenas para estabelecer credibilidade com perecíveis, mas também porque a falta de produtos não alimentares nas lojas Whole Foods minimizava o potencial de alcance de duplicação.

Naturalmente, houve uma clara sobreposição na base de clientes-alvo, com ambos os varejistas tendo um forte domínio entre os consumidores ricos, instruídos e, com frequência, sem tempo. De fato, a Whole Foods pode ter feito isso muito bem — uma das primeiras ações da Amazon seria abordar sua reputação com o "Whole Paycheck", investindo em preços mais baixos. Isso aconteceria em todos os níveis, mas com ênfase especial em adoçar o acordo para os membros Prime, conforme discutido no Capítulo 3. Na verdade, o analista do RBC, Mark Mahaney, acredita que a Amazon poderia dobrar a base de clientes da Whole Foods em um período de cinco a dez anos, apenas dando incentivos financeiros aos membros Prime.[5]

A Whole Foods também era uma boa opção para a Amazon porque contava com presença nacional, mas não era superestimada — a Amazon queria centenas de pontos de venda, não milhares. Isso é importante, não só porque a companhia quer aumentar as vendas de e-commerce para supermercados, diminuindo assim a necessidade de espaço físico, mas também porque a Whole Foods é realmente um laboratório de testes gigantesco para a Amazon. Ajuda a ter um portfólio de lojas mais enxuto e focado, enquanto a Amazon faz experimentos com preços, merchandising e layout, alterando o conceito até que finalmente tenha um formato que possa expandir.

Fundamentalmente, a Whole Foods também está bem representada nas áreas urbanas. Isso significa que ela adiciona não apenas um recurso suplementar, mas complementar à sua infraestrutura tecnológica, fornecendo-lhe mais uma plataforma a partir da qual pode entregar mantimentos dentro de algumas horas. Como discutimos no último capítulo, o Prime Now é uma das vantagens competitivas exclusivas da Amazon na categoria, portanto, não é nenhuma surpresa que ela tenha passado a maior parte de 2018 lançando esse serviço em lojas Whole Foods em todo o país. Quando a Amazon comprou a Whole Foods, não adquiriu apenas 460 lojas. Adquiriu 460 miniarmazéns.

Mas vale destacar aqui que, em comparação com seus pares globais, a Amazon está atrás da curva nesse sentido. Na China, a promessa de entrega de em trinta minutos aos clientes em um raio de três quilômetros é um recurso fundamental, entre outros conceitos de mercearia online-para-offline, como o da Alibaba, Hema e JD.com's 7fresh. Ao contrário da Amazon, os gigantes asiáticos estão se movendo organicamente para o varejo físico, construindo supermercados a partir do zero para atender às necessidades do consumidor moderno.

O CHAMADO À AVENTURA

> "Quando a Amazon comprou a Whole Foods, o que fez foi enviar o sinal para todo o ecossistema de supermercados/varejo que ela estava chegando."
>
> **Apoorva Mehta, CEO da Instacart, 2017[6]**

No momento em que escrevemos, um ano após a conclusão da compra, as lojas Whole Foods não parecem muito diferentes do que eram antes da Amazon. Houve alguns ganhos rápidos óbvios, conforme discutido anteriormente no livro, tais como *lockers* de coleta e dispositivos Echo que ocupam o espaço físico, e a linha Whole Foods sendo lançada no site da Amazon. Os preços aumentaram e as vantagens Prime tornaram-se lentamente disponíveis nas lojas. No geral, nada de inovador.

O ritmo de inovação da Amazon pode ser implacável — a cada semana eles parecem estar perturbando um novo setor — mas quando se trata de implementação, a companhia é metódica. A indústria inteira está agora segurando o fôlego aguardando para ver se o colosso varejista pode fazer uma das coisas mais fundamentais no varejo — operar lojas. A Amazon levará tempo, experimentando e mexendo calmamente com vários conceitos de varejo convencional, lidando com a íngreme curva de aprendizagem do setor. Pode levar anos até que vejamos qualquer mudança importante ser implementada em todo o parque de lojas.

A Whole Foods pode não ter mudado tudo isso drasticamente desde a aquisição, mas todos os outros certamente mudaram. O efeito do acordo tem sido em grande parte psicológico. Foi um alerta para os supermercados veteranos, não apenas para aumentar seus próprios recursos com o comércio eletrônico, mas também para aprimorar digitalmente sua base de lojas. Para fazer isso, a maioria dos varejistas teve que olhar para fora.

O ÍMPETO QUE A OCADO ESTAVA ESPERANDO

Duas semanas depois do negócio com a Whole Foods, o CEO da Ocado, Tim Steiner, era só sorrisos na reunião de resultados semestrais em Londres. Uma das suas maiores ameaças era também a sua maior oportunidade. Quando questionado sobre o negócio da Whole Foods, Steiner observou que ele simplesmente estimularia a demanda por supermercados online, o que acabaria por ajudá-los a expandir seus negócios. "O varejo de supermercado está mudando e estamos idealmente posicionados para permitir que outros varejistas atinjam suas aspirações no online."[7] A mensagem de Steiner era semelhante à de Apoorva Mehta, CEO da Instacart, que, no mesmo ano, chamou o negócio da Amazon-Whole Foods de "bênção disfarçada".[8]

Durante anos, a Ocado prometeu aos investidores que garantiria um parceiro internacional para sua tecnologia de entrega de supermercados, a Ocado Smart Platform. Depois de perder o seu primeiro prazo estipulado para um comunicado em 2015, os investidores começaram a ficar impacientes à medida que os meses, e depois os anos, passavam. Talvez as ambições da Ocado para a transição de varejista para provedor de tecnologia global tenham sido inflacionadas?

A empresa finalmente assinou seu primeiro acordo com o Grupo Casino da França em 2017 — menos de seis meses após a aquisição da Whole Foods pela Amazon. O acordo permite que a Casino tenha direitos exclusivos de uso da robótica, tecnologia online e software de entrega da Ocado na França. Desde então, a Ocado anunciou uma série de acordos com varejistas globais, incluindo Sobeys (Canadá), ICA (Suécia) e, o mais notável até hoje, Kroger, nos EUA. É justo dizer que a Whole Foods foi o impulso para que esses gigantes estabelecidos tomassem medidas contra a Amazon.

◇◇

ESTUDO DE CASO: Respondendo ao desafio da Amazon

Brittain Ladd[9]

O anúncio de que a Amazon estava adquirindo a Whole Foods em 16 de junho de 2017 pode ser mais bem descrito como um "momento Pearl Harbor" em termos de impacto na indústria de alimentos. Os executivos do setor de supermercados que estavam convencidos de que a Amazon permaneceria focada em seguir uma estratégia de mercado online ficaram chocados ao descobrir que, cedo ou tarde, a Amazon seria um concorrente de igual para igual.

Para competir, muitos executivos optaram por entrar em contato com a Instacard, empresa de entrega de produtos e atendimento de pedidos. A celebração de um contrato desse tipo resolveu um problema de curto prazo: a necessidade de oferecer aos clientes pedidos de compra online, atendimento e entrega dos produtos. No entanto, um acordo com a Instacart também representava uma ameaça — para utilizar a Instacart, os varejistas de supermercados tinham que dar ao provedor acesso a seus dados, lojas e clientes. Fui a primeira a alertar que os varejistas estavam ensinando seus negócios à Instacart e fornecendo dados sobre seus pontos fortes e fracos. Se a Instacart expandir seu modelo de negócios para incluir a abertura de suas próprias lojas de varejo, ou se for adquirida por um concorrente como o Walmart, ela poderá aproveitar esses dados.

Kroger, segunda maior varejista dos EUA e maior varejista de supermercados, contratou meus serviços em 2018 para fornecer uma lista de estratégias para competir melhor com a Amazon.

Aplicando os meus conhecimentos sobre a Amazon e o setor global de supermercados, completei uma avaliação de ponta a ponta das operações da

Kroger e determinei que o melhor curso de ação seria adquirir a Ocado. A Kroger operava 42 centros de distribuição bem estabelecidos para reabastecer cerca de 2.800 lojas, mas não tinha uma cadeia de abastecimento capaz de satisfazer as exigências do comércio eletrônico. Adquirir a Ocado daria à Kroger acesso ao melhor software de atendimento da categoria, capaz de transformar o seu modelo de negócio. Forneceria também uma vantagem competitiva. A Kroger ficou convencida, durante suas discussões com a Ocado, de que a tecnologia do Centro de Atendimento ao Cliente (CFC) iria transformar sua cadeia de suprimentos. No entanto, com um preço de quase 2 bilhões de dólares, a Kroger optou por uma participação de 5% na Ocado no valor de 247 milhões de dólares em vez de adquirir a empresa.

A Kroger fez o anúncio oficial de sua intenção com a Ocado em 15 de maio de 2018. De acordo com o comunicado de imprensa, a Ocado fornecerá à Kroger vários sistemas para ajudar a empresa a gerenciar as operações do armazém, introduzir automação e fornecer uma solução avançada para logística e planejamento de rotas de entrega. O foco dos esforços da Ocado será ajudar a Kroger a cumprir mais eficientemente aos pedidos de compras online e a montar encomendas para o serviço ClickList. Está prevista a construção de um total de vinte CFCs durante um período de três anos a partir de 2018.

Alguns analistas e executivos do setor de supermercados acreditam que o modelo da Ocado não é adequado para o mercado dos EUA, dado o fato de que grande parte da população do país está dispersa por muitas cidades e subúrbios com populações pequenas, enquanto o Reino Unido é densamente povoado; condições ideais para o supermercado online e para a entrega. Fora das áreas urbanas, muitos analistas acreditam que faz mais sentido se concentrar em fazer com que os clientes comprem mantimentos dentro das lojas em vez de construir armazéns automáticos de alta tecnologia.

Manifestei preocupações semelhantes à equipe executiva da Kroger sobre a eficácia da Ocado no Reino Unido versus a realidade que encontrará nos EUA. No entanto, recomendei uma solução para Ocado e Kroger que, se adotada, eliminará os obstáculos que a Ocado irá enfrentar. A solução também transformará o modelo de negócio da Ocado, permitindo que a empresa se expanda para um canal que atualmente não atende. Em vez de a Kroger utilizar os armazéns da Ocado, referidos como "galpões", para satisfazer aos pedidos de compra online, recomendei a seguinte estratégia às empresas:

1. Introduzir tecnologia de seleção de caixas e robótica para construir paletes de produtos destinados às prateleiras das lojas Kroger. Aproveitar a tecnologia para reabastecer todos os produtos nas lojas da Kroger. Se implementada, esta estratégia permitirá à Kroger fechar a maioria dos seus 42 centros de distribuição. Os executivos da Ocado deram sua aprovação e apoio.
2. Dentro do mesmo galpão, instalar módulos para atender pedidos de compras online e pedidos da ClickList.

Criando um recurso de dupla finalidade para reabastecimento e atendimento de pedidos de cada CFC construído reduzirá bastante os custos totais de logística e aumentará a rentabilidade e a vantagem competitiva da Kroger. Outro benefício de a Kroger firmar um acordo com a Ocado é que poderá entrar em muitos estados que atualmente não atende, principalmente na Costa Leste. A Kroger pode abrir CFCs em cidades grandes e densamente povoadas como Nova York, Filadélfia, Pittsburgh e Miami, entre outras.

Devido ao seu acordo de exclusividade com a Kroger, outros varejistas que operam nos EUA não poderão acessar a tecnologia da Ocado. Acredito que os varejistas da categoria de supermercados não terão outra escolha senão copiar a Kroger ou correr o risco de ficar para trás. A CommonSense Robotics — especializada na construção de instalações automatizadas de distribuição que operam de forma semelhante aos CFCs da Ocado — é provavelmente a principal beneficiária do acordo da Kroger com a Ocado.

Brittain Ladd é especialista em estratégia e gestão da cadeia de abastecimento. Ladd é também ex-executivo da Amazon que tem a distinção de ser um dos primeiros indivíduos a reconhecer a necessidade de a Amazon expandir seu modelo de negócios para incluir sua presença física no varejo. Em um artigo de pesquisa de 2013 intitulado "A Beautiful way to Save Woolworths", Ladd argumentou que a Amazon deveria adquirir o varejista Whole Foods ou o varejista regional HEB, sediado no Texas. Ladd trabalhou para a Amazon de 2015 a 2017, liderando a expansão mundial da Amazon-Fresh, Pantry e Groceries.

O ataque da Amazon ao setor de supermercado certamente criou estranhos aliados. Embora alianças de compra não sejam inéditas na Europa, foi chocante ver dois dos maiores varejistas de produtos alimentares do mundo — Tesco e Carrefour — anunciarem um acordo deste tipo em 2018. Da mesma forma, embora todos esperássemos maior consolidação no setor de mercados do Reino Unido, poucas pessoas teriam previsto a fusão da Asda e da Sainsbury's para preparar seus negócios para o futuro contra a Amazon.

Parcerias tecnológicas estão na moda agora, com o Google e a Microsoft em particular liderando as alianças antiamazon. As aquisições de varejo também estão maduras, projetadas para acompanhar ou manter a distância da Amazon — pense em Target/Shipt, Walmart/Flipkart (Índia) e Kroger/Home Chef, só para citar alguns. Todos escolhendo os lados antes de a Amazon atacar.

> "Eu concordaria que para muitos varejistas, apesar de lutarem muito, trabalhar com empresas como a Amazon é provavelmente uma boa maneira de lidar com o espaço digital."
> **Marcus East, ex-executivo da Marks & Spencer, 2018**[10]

Alguns até estão optando pelo Team Amazon. Como já mencionamos, mais varejistas estão se voltando para a Amazon por sua capacidade de escala e experiência, arriscando o elemento Cavalo de Troia dessas parcerias em troca de rápido aumento de suas ofertas digitais. Outros, por sua vez, estão convencidos de que a parceria com a Amazon não faz parte de sua estratégia. "Odiamos a Amazon", disse Tarsem Dhaliwal, diretor executivo da Iceland, uma cadeia de supermercados do Reino Unido, em 2018. "Ela nos intimida e faz coisas horríveis conosco. Ela quer nos usar, não queremos ter nada a ver com eles."[11]

Tabela 7.1 Coopetição: mais marcas de varejo estão se unindo à Amazon

Oferta da Amazon	Relações de varejo	Relações de varejo anteriores
Amazon.com*	Nike, Under Armour, The Children's Place, Chico's FAS, Adidas, Calvin Klein	
Amazon Lockers	Rite Aid, 7-Eleven, Safeway, Gristedes, Repsol, dm, Edeka, Aldi, Morrisons, Co-op	Radioshack, Staples
Prime Now	Morrisons, Booths, Dia, Monoprix, Bio c'Bon, Fauchon, Rossmann, Feneberg	Sprouts Farmers Market
Integração com Alexa	Peapod, Ocado, Morrisons, Dominos, Gousto, JD Sports, AO.com, B&H Photo, Woot	
Amazon Pop-up	Kohl's	
Quiosques de dispositivos amazon**	Best Buy, Shoppers Stop	
Amazon Returns	Kohl's	
Lojas Amazon	Tuft & Needle, Calvin Klein	
Colaboração em produtos/serviços exclusivos	Best Buy (linha exclusiva de smart TVs); Sears (instalação de pneus Amazon em seus centros automotivos)	
AWS	Brooks Brothers, Eataly, Gilt, Made	

Nota: Exemplos (a lista não está completa)
* Itens dessas marcas estavam disponíveis na Amazon.com
** Ao contrário dos pop-ups, os quiosques de dispositivos não contam com funcionários da Amazon
Fonte: Pesquisa do autor em meados de 2018

◇◇◇

ESTUDO DE CASO: Saber quando admitir a derrota

A Tesco fechou o seu marketplace Tesco Direct em 2018. Esta foi a admissão mais transparente de derrota para a Amazon; o Tesco Direct foi, afinal, concebido para competir com a gigante de cabeça erguida, replicando o seu formato de mercado, alargando a variedade de produtos da Tesco para além dos limites das suas superlojas e da oferta da Tesco.com. Mas se há uma regra no varejo hoje, é esta: não se pode superar a Amazon.

Além de acumular pontos de fidelidade em grandes compras, havia pouquíssimo incentivo para os consumidores escolherem o Tesco Direct em vez da Amazon. O site da Tesco em comparação era confuso e cheio de atrito. Os preços eram inconsistentes, os produtos não tinham recomendações ou avaliações, e o leque de produtos não era nem amplo nem convincente o suficiente para torná-lo o destino para compras gerais. Não vamos esquecer que muitos consumidores hoje em dia começam a sua pesquisa de produtos não com o Google, mas com a Amazon.

O Tesco Direct foi deficitário e contribuiu muito pouco para a receita bruta da empresa, fornecendo uma lição de precaução que pode ser aprendida com a Amazon: admitir o fracasso e seguir em frente rapidamente. Oferecer 94 tipos de esteiras online não ajudará a Tesco a manter seu título de maior varejista de alimentos do Reino Unido. Não há tempo para distrações dispendiosas quando a Amazon está à sua porta. A Tesco ficará muito melhor se fundir supermercados e gêneros não alimentícios em uma plataforma, como alguns concorrentes fizeram há vários anos, e então focar em extensões lógicas de categoria para espelhar o que os consumidores encontrariam na loja.

O Direct junta-se a um cemitério crescente de marcas Tesco incluindo Giraffe, Euphorium, Harris + Hoole, Nutricentre, Hudl, Blinkbox e Dobbies. O que antes era considerado uma diversificação crítica para o negócio é agora visto como uma distração cara. O Tesco Direct não será o último corte gerencial, pois eles continuam concentrando seu foco em alimentos, transferindo ativos não essenciais. Afinal, só há espaço para uma "Loja de Tudo".

ADEUS WHOLE FOODS, OLÁ PRIME FRESH?

Dias após o anúncio da aquisição da Whole Foods em 2017, Natalie publicou a seguinte previsão:

> A marca Whole Foods Market [será] significativamente reduzida ou desaparecerá completamente assim que a Amazon estabelecer confiança e credibilidade em sua oferta de alimentos frescos. Isto não vai acontecer da noite para o dia. Neste momento, a Amazon precisa da Whole Foods por uma série de razões: força em perecíveis, valor da marca, sobreposição na base de clientes, sem mencionar a presença offline. Mas a atual oferta de mercadorias da Amazon — pense na AmazonFresh, Prime Pantry, Subscribe & Save, Prime Now — é complexa e está pronta para consolidação. No futuro, se a Amazon vai realmente criar a sua marca nos supermercados, precisará de uma mensagem coesa tanto online como no chão de loja. Isto deve ser centrado em torno do Prime, que se tornou a porta de entrada para os serviços mais procurados da Amazon.[12]

Já se passou mais de um ano desde a previsão inicial e as autoras mantêm essa afirmação. Alguns podem discordar — afinal, a Amazon comprou a Whole Foods por sua marca! Mas acreditamos que, até 2025, a Amazon criará rachaduras no mercado. Até 2025, a sua oferta estará perfeitamente interligada entre os canais online e offline. Até lá, terá um conceito escalável de supermercado que exportará globalmente, transformando a forma como os consumidores ao redor do mundo compram alimentos.

Também acreditamos, conforme nossa previsão inicial, que a sua estratégia de supermercado será sustentada pelo Prime. Veremos os supermercados da Whole Foods rebatizados como Prime Fresh no futuro? A AmazonFresh e o Prime Pantry se tonarão obsoletos? Achamos que sim. Uma coisa é certa — a Amazon refinará continuamente a sua estratégia até encontrar o modelo certo para o crescimento.

Então, o que mudou desde essa previsão de 2017? Poucos meses após o fechamento da aquisição, a varejista reduziu os serviços da AmazonFresh em nove estados. O foco foi deslocado para o Prime Now que, como discutido anteriormente, a Amazon tem implantado agressivamente em todas as lojas da Whole Foods. Acreditamos que a combinação da infraestrutura física da Whole Foods com a logística de entrega do Prime Now, que permite entrega em duas horas, permitirá à Amazon alterar genuinamente o *status quo*.

Nos bastidores, as divisões AmazonFresh e Prime Now se fundiram após a aquisição da Whole Foods. Mas, do ponto de vista do cliente, ainda há muita confusão. Em seu artigo de 2018, "Amazon is still sorting out its grocery strategy", a jornalista da Bloomberg, Shira Ovide, ilustrou essa complexidade com o exemplo de comprar algo tão simples como manteiga:

> Se um assinante Prime em Dallas quer 500g de manteiga da marca Whole Foods entregue, ele poderia encomendá-la à Whole Foods e um entregador da Amazon levaria até sua porta. Em Boulder, Colorado, onde a Amazon não tem opção de entrega própria, o consumidor de manteiga é orientado a abrir uma conta no Instacart.[13]

Na Filadélfia, por sua vez, os consumidores podem ter o mesmo item entregue pela Whole Foods ou pela AmazonFresh, enquanto em Nova York, os consumidores podem comprar algumas dezenas de manteigas diferentes (mas não a marca da Whole Foods) via Prime Now.

Está claro que a gerência da Amazon terá bastante trabalho pela frente. A complexidade em curto prazo pode ser justificada à medida que se integram à Whole Foods e descobrem como trabalhar offline, mas em longo prazo, a Amazon precisará ter uma estratégia de supermercados muito mais coerente.

8
Uma gigante com marca própria: lá vem a pressão

A Amazon tem construído silenciosamente seu próprio portfólio de marcas enquanto se espalha em novas categorias, como mercados e moda. No entanto, muitos consumidores sequer perceberiam que essas linhas são exclusivas da varejista: das mais de cem marcas próprias da companhia, apenas algumas leva o nome "Amazon" ou "Prime". Dispositivos como o Amazon Echo ou o Fire são exceções a essa regra.[1]

> "A sua margem é a minha oportunidade."
> **Jeff Bezos**[2]

Então por que o impulso para a marca própria? Para começar, ajudará a Amazon a se aproximar mais da rentabilidade sustentada. Com marcas próprias, poderá ampliar as margens sem aumentar os preços.

Isso lhe proporciona maior ingerência sobre os fornecedores e lhe permite aprimorar o negócio para os membros Prime, já que muitos itens de marca própria são vendidos exclusivamente para eles. Com a grande quantidade de dados de clientes da Amazon, ninguém está mais bem posicionado para entender as necessidades dos clientes e, em seguida, desenvolver variedades especificamente para eles.

A Amazon é disruptiva e a marca própria não é exceção: a SunTrust prevê que as vendas de marca da própria Amazon podem chegar a 25 bilhões de dólares até 2022.[3] Mas, antes de mergulharmos na estratégia da Amazon, é importante entender o contexto do desenvolvimento de marcas próprias nos EUA e por que isso está acontecendo.

A MENTALIDADE PÓS-GRANDE RECESSÃO

Os americanos, historicamente, têm forte afinidade por marcas nacionais. O maior varejista do país, o Walmart, se refere regularmente a si mesmo como uma Casa de Marcas, e muitos produtos domésticos ainda hoje são conhecidos por sua marca — Kleenex, Tupperware, Q-tips, Band-Aids, Saran Wrap etc.

No entanto, já há meio século, analistas de varejo como Victor Lebow estavam alertando os varejistas sobre os perigos da semelhança de produtos. Num ensaio do Journal of Retailing em 1955, Lebow escreveu:

> Vários estudos têm demonstrado que uma grande proporção de consumidores, quando questionados, não sabe de qual das várias cadeias de lojas ou supermercados concorrentes acaba de sair. Mas essa mesmice de mercadorias, em lojas que parecem gêmeas, oferece a oportunidade para mercadorias diferentes em lojas que parecem diferentes, individuais, com um caráter próprio.[4]

Lebow estava bem à frente do seu tempo: levaria mais de meio século para que os seus conselhos se concretizassem. As marcas próprias no setor de mercado dos EUA tem sido historicamente lentas para se recuperar por conta de uma combinação de mercado fragmentado e, até há relativamente pouco tempo, à falta de mercados com política de desconto. Basta olhar para o outro lado do Atlântico para ver a oportunidade das marcas próprias quando um mercado está altamente concentrado e cheio de lojas como Aldi e Lidl. No Reino Unido e na Suíça, por exemplo, as marcas próprias chegam a representar metade de todas as vendas de produtos de mercearia. Nos EUA, no entanto, os produtos com marca própria representavam o primo pobre da marca nacional, muitas vezes confinados à prateleira inferior. Barato, mas não brilhante. Assim, o crescimento dos produtos com marca própria estava anteriormente limitado a períodos de incerteza econômica. Ao primeiro sinal de recuperação, os consumidores abandonariam rapidamente esses produtos e voltariam a comprar as marcas nacionais. Mas algo interessante aconteceu no final da Grande Recessão em 2009. Desta vez, muitos consumidores não voltaram aos seus velhos hábitos; os hábitos pareciam permanentemente alterados. A frugalidade passou de vergonha à celebração e a noção de "compras inteligentes" ganhou asas. Então, o que aconteceu de diferente desta vez em comparação às recessões anteriores? Adoção de tecnologia.

Este foi o início da era dos smartphones — um desenvolvimento tecnológico que se tornaria abrangente e, para muitos, indispensável. No final da Grande Recessão, os consumidores tinham acesso à informação na ponta dos dedos, criando um nível sem precedentes de transparência dos preços e, consequentemente, de empoderamento.

Enquanto isso, uma combinação de fragmentação da mídia e consolidação dos supermercados resultou em uma mudança de poder em relação às marcas nacionais, dificultando sua conexão com os clientes. Este foi um terreno fértil para o desenvolvimento das marcas próprias. Muitos supermercados viram isso como uma oportunidade para aprofundar as relações com os clientes, melhorando a qualidade e as mensagens por trás de seu próprio escopo, levando-os de "imitações" genéricas a marcas em seus próprios termos. Ao mesmo tempo, millennials, notoriamente menos leais a marcas, atingiram a maioridade durante a Grande Recessão, criando oportunidades adicionais para os varejistas se expandirem para novas categorias com margens mais altas, como orgânicos e kits de refeição.

AS AMBIÇÕES DA AMAZON COM A MARCA PRÓPRIA

> "Nós adotamos com a marca própria a mesma abordagem que adotamos com qualquer coisa aqui na Amazon: começamos com o cliente e trabalhamos a partir disso."
>
> **Amazon, 2018[5]**

A Amazon também reconheceu essa mudança de comportamento e, em 2009, lançou a linha AmazonBasics. Naquela época, já havia começado a se dedicar à marca própria com em outras linhas, como os utensílios de cozinha Pinzon, os móveis para ambiente exterior Strathwood, os produtos para casa e banho Pike Street e as ferramentas Denali. Mas essa era a primeira vez que a Amazon ligava sua marca a um produto (hardware à parte), então fazia sentido começar em uma categoria de baixo risco, comoditizada e que complementasse sua linha principal de produtos — acessórios eletrônicos.

Com um preço aproximadamente 30% inferior ao das grandes marcas, a linha AmazonBasics foi inicialmente limitada a acessórios como cabos, carregadores e baterias. Mas, em poucos anos, tornou-se responsável por quase um terço das vendas de baterias da Amazon, superando marcas nacionais como Energizer e Duracell.[6] Menos de uma década após o lançamento, a AmazonBasics foi ampliada para dezenas de categorias — casa, móveis, utensílios para pets, bagagem, esportes etc. — e, em 2017, foi a terceira marca mais vendida da Amazon.com, segundo a One Click Retail.

Isso não é nenhuma surpresa. A Amazon está, como discutido ao longo do livro, na invejável posição de ser o ponto de partida para muitas buscas. A partir dessas pesquisas, e de fato, das próprias compras, a Amazon pode obter uma quantidade incrível de informações sobre o que os consumidores querem, permitindo que identifiquem e priorizem o próprio investimento em rótulos em categorias específicas.

Keith Anderson, vice-presidente sênior de Estratégia e Insights da Profitero explica:

> Há uma enorme diferença na intenção sinalizada nas buscas em sites de varejistas em relação às buscas no Google ou nos mecanismos de busca tradicionais. O que muitas vezes encontramos é que o contexto dessas pesquisas em um site de varejo é muito mais detalhado. Ele tende a ser focado no benefício ou nas características de um produto, e a Amazon tem o potencial de analisar o que as pessoas estão procurando e encontrando ou, talvez tão importante quanto isso, não encontrando na seleção que está disponível no site.[7]

(OUTRA) CONDIÇÃO DE CONCORRÊNCIA DESIGUAL

Portanto, a Amazon já tem vantagem no que diz respeito à compreensão dos requisitos para marcas próprias. Outra grande vantagem competitiva? Visibilidade.

Em um ambiente físico, as marcas compram espaço na prateleira para garantir exposição ao cliente. O supermercado tende então a posicionar o seu próprio rótulo de "marca nacional equivalente" ao lado do líder da marca numa determinada categoria. O objetivo do varejista é dar a melhor colocação possível aos seus próprios produtos de margem mais alta para maior chance de conversão.

O mesmo princípio se aplica a uma prateleira virtual. Para muitas marcas hoje em dia, não há nada mais importante do que a visibilidade na plataforma de varejo mais poderosa do mundo. O problema é que os consumidores da Amazon não tendem a pesquisar por marca; cerca de 70% de todas as buscas feitas no site são por itens genéricos (ou seja, aparelho de barbear em vez de Gillette).[8] E para essas buscas sem marca ou lideradas por atributos, a Amazon está se tornando cada vez mais confortável ao direcionar os consumidores para seus próprios itens.

As marcas ainda podem, é claro, pagar pela colocação na Amazon e exibir suas embalagens e logotipos — e isso está se tornando um grande negócio. Algumas grandes marcas, segundo o *New York Times*, gastam seis dígitos por mês para anunciar na plataforma da Amazon.[9] Não surpreendentemente, a publicidade é o segmento de maior crescimento da Amazon em 2018, com os analistas de Wall Street esperando que ela passe muito rapidamente da atual estimativa de 2 a 4 bilhões de dólares[10] para até 26 bilhões até 2022.[11] Outro executivo falou sobre o efeito *volante*:

> "Eu diria que a publicidade continua a ser um ponto essencial, tanto do ponto de vista do produto como do ponto de vista financeiro."
> **Brian Olsavsky, CFO da Amazon, 2018**[12]

Hoje, se você procura por "café" na Amazon, a primeira coisa que verá no topo da página é um banner patrocinado pela Folgers. Mas você só precisa rolar um pouco para baixo para encontrar o banner da marca própria da Amazon como "Melhor avaliado", além de itens das linhas AmazonFresh e Solimo listados na primeira página dos resultados de pesquisa. Também é comum que os produtos de marca própria da Amazon apresentem um crachá indicando que o item é um best-seller, produto patrocinado ou "Amazon's Choice" (o que significa que o item é elegível Prime, está em estoque e tem uma classificação de avaliação de pelo menos 4,0, entre outros critérios).

A Amazon tem todas as cartas na manga. Ao mesmo tempo em que gera receita de publicidade digital, está otimizando simultaneamente a colocação de seus produtos de marca própria com o objetivo de maximizar a conversão dos consumidores nesse sentido. Isso não é diferente de uma marca que paga uma taxa de *slot* para aparecer na prateleira de um supermercado, apenas para encontrar o equivalente da marca do distribuidor exposta ao seu lado.

Mas eis onde a Amazon se destaca — comentários de clientes. Imagine um comparador diante da prateleira, tentando decidir entre uma marca nacional de confiança como a Heinz ou a Coca-Cola e uma marca própria menos conhecida. Ele pode ver que há uma vantagem em termos de custo em comprar o produto de marca própria, mas como é a qualidade? Terá o mesmo sabor da marca nacional? As crianças vão torcer o nariz?

A Amazon pode ajudar a influenciar os consumidores neste momento, graças às opiniões online de clientes. Se esse mesmo consumidor conseguir ver que o item de marca própria gera milhares de críticas de 4,5 estrelas, então, provavelmente, vai se sentir mais confiante para experimentar. Assim, para criar confiança e conscientização quanto à sua marca própria, a Amazon tem utilizado seu programa Amazon Vine para obter opiniões de clientes sobre novos itens. Funcionando apenas com o esquema de convite, os revisores mais ativos da Amazon publicam opiniões sobre itens novos e pré-lançamentos em troca de produtos gratuitos. De acordo com a ReviewMeta, uma análise de mais de 1.600 produtos de marca própria disponíveis na Amazon mostrou que cerca de metade vinha de avaliações Vine.[13]

"A marca própria é uma das tendências altamente subestimadas dentro da Amazon, em nossa opinião, mas que ao longo do tempo deve dar à empresa uma forte vantagem competitiva 'desleal'", disse o analista da SunTrust Youssef Squali em 2018. "'Desleal' porque será muito difícil desalojar a empresa uma vez que ela chegue lá; justa porque é algo merecido, não concedido."[14]

Por vezes, a Amazon tem recorrido a medidas mais agressivas para promover conversões de produtos próprios, por exemplo, através de anúncios nas páginas de detalhe de produtos de outras marcas. De acordo com um relatório do Gartner L2 de 2018, 80% das páginas de produtos na categoria de produtos de papel higiênico apresentaram um anúncio para a linha Presto da Amazon.[15] "Eles têm acesso a coisas que outras marcas não têm — como modelos especiais para conteúdo e várias colocações de merchandising",[16] disse Melissa Burdick, ex-executiva da Amazon, em um post do LinkedIn em 2016. Como exemplo, Burdick observa como na página de detalhes dos lenços para bebês da Amazon Elements, o recurso *hot link* para ver outros itens dentro da classificação Amazon Best Sellers está desativado, tornando mais difícil para os consumidores encontrar alternativas mais vendidas.

E só vai ficar mais difícil para os fornecedores à medida que as compras ativadas por voz ganham corpo: a Alexa produz apenas dois resultados de pesquisa. "Quando se trata de pesquisa por voz, você vai na primeira posição ou desiste porque, além do primeiro ou segundo lugar, não há futuro", diz Sebastien Szczepaniak, ex-executivo da Amazon que agora lidera o comércio eletrônico na Nestlé.[17]

Vamos discutir como Alexa prioriza os resultados da pesquisa nos próximos capítulos, mas por enquanto é importante entender que nos casos em que o histórico de compras do cliente é desconhecido, a recomendação da Alexa será um produto da Amazon's Choice. Em um estudo de 2017, a Bain & Co. descobriu que, para clientes que fazem uma primeira compra sem especificar uma marca, em mais da metade das vezes a primeira recomendação da Alexa foi um produto da Amazon's Choice (em vez do primeiro lugar na pesquisa). E para as categorias que apresentavam um produto de marca própria, 17% das vezes a Alexa recomendou o item de marca própria, mesmo que tais produtos representem apenas 2% do volume vendido.[18] Há algumas boas notícias para as marcas aqui. A pesquisa por voz funciona melhor quando as pessoas sabem exatamente o que querem, então se essa fidelidade à marca já existe, a Alexa irá simplesmente encurtar o caminho para a compra e, crucialmente, recordar a preferência do cliente para a próxima vez.

A Amazon precisa manter um equilíbrio delicado entre conduzir as vendas de marcas próprias e ofertar aos clientes o que eles querem. Mas para os fornecedores, a guerra está declarada. Muitos sucumbiram à venda via Amazon por conta de seu inegável alcance, mas à medida que as marcas próprias se tornam o foco principal, o mesmo acontece com a ingerência da Amazon.

UMA CASA DE MÁQUINAS DA MODA?

Os esforços da Amazon em marcas próprias, talvez surpreendentemente, têm se concentrado em grande parte na moda. Ela construiu silenciosamente um portfólio de submarcas altamente segmentadas — Lark + Ro, Ella Moon, Mae, Amazon Essentials, Buttoned Down, Goodthreads, Scout + Ro, Paris Sunday e Find (na Europa), apenas para citar algumas. De fato, vestuário, calçado e joalharia constituem 86% das suas marcas, de acordo com um relatório do Gartner L2 de 2018.

A proposta tem alcance, mas será que a Amazon pode convencer os consumidores de que é um destino confiável para moda? A sua proposta de venda exclusiva de conveniência e escolha realmente se presta à moda, uma categoria onde tudo se resume ao produto? Tal como os supermercados, o setor da moda é notoriamente inconstante. Nós não duvidamos que a Amazon possa lidar com um monte de roupas (lembre-se de que é provável que eles sejam o maior vendedor de roupas dos EUA quando este livro for publicado).[19] Mas vender meias e camisetas não é a mesma coisa que vender moda.

> "O modelo da Amazon é — você pode ter tudo, de um jeito barato e conveniente. Mas é um modelo muito transacional. Não é a melhor proposta para a moda."
> **Rubin Ritter, co-CEO da Zalando, 2017**[20]

A venda de roupas de marca própria ajuda a melhorar o mix geral de margens da Amazon, que será ainda mais pressionado à medida que a Amazon se torna mais focada no setor de mercados, enquanto preenche as lacunas de mercadorias quando certas marcas de moda não estão dispostas a vender através dela. "Durante muito tempo, as pessoas pensaram na Amazon como o lugar para comprar papel higiênico ou comida para gatos", disse Elaine Kwon, ex-executiva do negócio de moda da Amazon. "Em 2014, muitas marcas estavam hesitantes em divulgar publicamente que queriam trabalhar com a Amazon."

Mas o equilíbrio do poder está mudando. A moda online cresce enquanto as vendas em lojas de departamento em shopping centers estão se deteriorando. A Amazon é onipresente hoje em dia; tornou-se um canal de vendas que não pode mais ser ignorado. Mas vender pela Amazon não se trata apenas de gerar maiores volumes — ela também dá às marcas maior controle dos preços e da apresentação de seus produtos, uma vez que muitos já estão sendo vendidos na Amazon via terceiros.

> "Você não pode ignorar o fato de que a maioria dessas plataformas administra um mercado de terceiros; portanto, goste ou não, elas provavelmente terão um mercado de terceiros para sua marca. Assim, a sua marca provavelmente estará nesse site de qualquer maneira."
> **Chip Bergh, CEO da Levi Strauss, 2017**[21]

A repressão a essas vendas de terceiros foi o principal incentivo da Nike para vender na Amazon — uma decisão que surpreendeu quando foi anunciada em 2017. A Nike já havia sido a marca de roupas número um da Amazon, segundo Morgan Stanley, embora não vendesse diretamente no site. Como parte do acordo, a Amazon concordou em monitorar seu site em busca de falsificações e não permitir que fornecedores terceirizados vendessem produtos da Nike.

As outras marcas de vestuário de alto desempenho da Amazon, de acordo com um relatório 2017 da Morgan Stanley, incluem Adidas, Hanes, Under Armour e Calvin Klein. Sua marca Amazon Essentials é a linha de marca própria de melhor desempenho e a 12ª marca de roupas mais comprada em geral. "O grande desafio agora é que a Amazon está introduzindo sua própria marca de roupas e se tornará enorme no setor ao longo do tempo", disse Levi's Bergh em 2017.[22] Já não são apenas os fornecedores terceirizados com os quais as grandes marcas precisam se preocupar — é com a própria Amazon.

Mas isto não vai acontecer da noite para o dia. Leva muito tempo para construir uma marca, e muitos questionam se a imagem utilitária da Amazon impedirá que seja percebida como uma potência da moda. É preciso contar com uma marca própria forte e de credibilidade para ter margens, além de precisar encontrar a sua proposta de venda exclusiva para moda. A variedade quase infinita é poderosa, mas também avassaladora — a busca por um vestido preto produzirá mais de 40 mil resultados.

A Amazon pode não ser o destino para se "dar uma olhadinha", mas está compensando seus pontos fracos com inovações, como discutido anteriormente, como o lançamento do Prime Wardrobe e do Echo Look, além da aquisição da Body Labs. Também patentetou uma fábrica de roupas automatizada sob demanda, projetada para produzir rapidamente somente após a finalização do pedido — uma medida que não apenas impulsionaria seu próprio negócio de moda de marca, mas poderia reinventar toda a cadeia de suprimentos e abalar todo o setor de vestuário no processo. Certamente ainda não estamos descartando a possibilidade de uma Amazon Fashion.

O ENIGMA DA MARCA: A MISCELÂNEA DE MARCAS DO SUPERMERCADO AMAZON

Em 2014, a Amazon lançou sua primeira grande marca própria para a categoria FMCG (produtos de preço baixo e que vendem rapidamente, como comida, bebida etc) — a Amazon Elements. Muitos no setor de FMCG temiam que a linha premium de fraldas e lenços da Amazon fosse o início de sua tão esperada incursão na categoria. Mas dentro de dois meses, as fraldas foram descontinuadas. O feedback tinha sido morno, com a Amazon citando a necessidade de "melhorias de design". Foi uma categoria extremamente arriscada para estrear seu primeiro produto FMCG; a qualidade pode ser subjetiva, mas uma fralda funciona ou não, e as marcas não têm muitas segundas chances em uma categoria como a de cuidados com o bebê. No entanto, a Amazon manteve a marca Elements, usando-a exclusivamente para lenços antes de eventualmente estendê-la, de maneira um tanto bizarra, para vitaminas e suplementos. Mas lembre-se de que a Amazon vê o fracasso como uma oportunidade de melhorar, então não foi uma grande surpresa ver sua marca de fraldas ressurgir alguns anos depois — desta vez como Mama Bear.

A linha, que também inclui alimentos orgânicos para bebês, foi uma das várias novas linhas de produtos de grande consumo da Amazon lançadas em 2016 antes da aquisição da Whole Foods. Também estão inclusos: Happy Belly (frutas secas, nozes, especiarias, ovos e café); Presto (toalhas de papel, papel higiênico, sabão em pó); e Wickedly Prime (lanches gourmet incluindo batata frita, pipoca, sopa e chá). Seguindo o fiasco da Elements, a Amazon pisou em ovos, mantendo distância de uma grande categoria — os perecíveis.

Isso mudou com o negócio da Whole Foods, quando a Amazon herdou seu muito bem conceituado 365 Everyday Value e a bem-estabelecida linha de alimentos com rótulos próprios. De um dia para o outro, a Amazon tornou-se uma operadora de supermercados de credibilidade, com uma atraente linha de produtos próprios. Em quatro meses, a 365 conquistou 10 milhões de dólares em vendas, de acordo com a One Click Retail, tornando-a a segunda maior marca própria disponível na Amazon.

Para além de todos os benefícios referidos anteriormente, a marca própria é particularmente importante na categoria de supermercado, devido à natureza de compras habituais ou de alta frequência da categoria. Lembre-se de que o objetivo da Amazon é se apropriar da tarefa de fazer compras, automatizando o reabastecimento de mercadorias para o dia a dia. E isso é muito poderoso, ainda mais quando é o próprio item da varejista que está sendo reabastecido. Desde 2018, a Amazon já tem botões Dash para várias marcas próprias, como Amazon Basics, Amazon Elements e Happy Belly, e esperamos ver uma expansão adicional aqui quando a Whole Foods Market estiver totalmente integrada.

Desde o acordo com a Whole Foods, a Amazon tem lançado aos poucos linhas adicionais, incluindo a sua própria marca AmazonFresh (limitada ao café até o momento em que escrevemos), Wag e Solimo, além de marcas exclusivas como Basic Care e Mountain Falls. A Amazon pode ser desculpada por estar em modo de experimentação, mas em algum momento precisará criar uma mensagem mais unificada e coerente em todo o seu portfólio de marcas próprias.

Isso traz um ponto importante sobre a elasticidade da marca. A Amazon é a rainha da diversificação, mas a expansão para novos setores e serviços corre o risco de diluir sua marca — ou pior ainda, a reação dos clientes. Será que os consumidores querem supermercados Amazon junto com seus Echos, Kindles, *streamings* de vídeo e música e, potencialmente no futuro, contas bancárias e planos de saúde? Nos supermercados, acreditamos que a Amazon está destinada a ser uma confusão de marcas próprias, mas isso não a torna menos ameaçadora. Os concorrentes devem priorizar o investimento em marcas próprias, enquanto os fornecedores garantem que têm estratégias em vigor para defender a participação de mercado. Um envolvimento mais profundo dos clientes será essencial e, quando apropriado, os produtos próprios também devem ser considerados.

Tabela 8.1 Linhas de marcas próprias FMCG da Amazon

Ano de Lançamento	Marca	Babycare	Beleza & Cuidados	Comida & Bebida	Saúde & Cuidados Pessoais	Artigos domésticos	Petcare	Vitaminas & Suplementos
2014	Amazon Elements	x						x
2016	Happy Belly			x				
2016	Mama Bear	x						
2016	Presto					x		
2016	Wickedy Prime			x				
2017	AmazonFresh			x				
2017	Whole Foods Market		x	x	x	x		
2017	365*	x	x	x	x	x		x
2017	Engine 2 Plant Strong*			x				
2018	Basic Care**				x			
2018	Wag						x	
2018	Solimo		x	x	x	x		x
2018	Mountain Falls**	x	x		x			

*Adquiriu marcas da Whole Foods Market
**Exclusivo para a Amazon, mas não é propriedade da Amazon.

9
Tecnologia e varejo sem atrito

> "Mesmo quando ainda não sabem disso, os clientes querem algo melhor, e o seu desejo de encantar os clientes irá levá-lo a inventar em nome deles."
>
> **Jeff Bezos**[1]

No Capítulo 4 começamos a explorar o consumidor "nos meus termos". Discutimos o impacto da tecnologia no varejo e como ela está revolucionando a forma como compramos — "nas minhas condições".

A chave para compreender o que isto realmente significa todos os dias, para o consumidor médio, começa por compreender como um consumidor define estes "termos" quando vai às compras. Simplificando, o rápido desenvolvimento tecnológico deu aos clientes as ferramentas para comprarem nos seus próprios termos. A digitalização da vida moderna não só sustenta o nosso crescente apetite e capacidade de buscar experiências "mais divertidas" ou informadas em vez do tipo de compra semanal mais funcional; a chamada "consumerização" da tecnologia também está alimentando expectativas elevadas de conveniência, imediatismo, transparência e relevância entre cada vez mais consumidores.

Embora os avisos de apocalipse do varejo possam ser exagerados, os receios quanto ao futuro da indústria baseiam-se no fato de que muitas cadeias de varejo familiar caíram no esquecimento. Mas afirmamos que a sua morte não era de modo algum inevitável. Essas cadeias falharam em acomodar o moderno consumidor digital, "nos meus termos". É por isso que qualquer foco na Amazon como agente causador é infundado. Mas, como mais vítimas do varejo não conseguem usar a tecnologia para se transformar e diferenciar digitalmente em resposta ao desafio de do novo consumidor, vale a pena dar uma olhada em profundidade em como a Amazon parece ter sido capaz de ficar um passo à frente tanto da concorrência quanto das necessidades de seus clientes.

Nos próximos dois capítulos, vamos explorar como a Amazon continua usando o desenvolvimento de tecnologia em inteligência artificial (IA) e a tecnologia de voz como duas áreas-foco particularmente fortes em combinação com os fatores de mudança aos quais esse desenvolvimento responde. Também falaremos das expectativas e demandas da próxima geração por experiências de varejo sem atrito por parte do atual consumidor "nos meus termos" que essas tecnologias ajudam a atender. Por meio dessa análise, torna-se fácil ver como os negócios da Amazon, e as vantagens tecnológicas que sustentam sua execução, continuarão a eliminar os players mais brandos, empurrando toda a indústria varejista offline a oferecer experiências de compra tão fáceis quanto as online e a transformar o funcional em algo mais divertido.

OBSESSÃO PELO CLIENTE

Os varejistas que não entendem os consumidores "nos meus termos", e ajustam suas propostas em resposta a isso, são os mesmos que, por sua conformidade, também não conseguem acompanhar o impacto dos fatores de mudança tecnológica; não reconhecem como a internet, os serviços móveis e as subsequentes inovações permitidas pela tecnologia, como clique & retire ou marketing das redes sociais, estão mudando o cenário do varejo para sempre.

Antes de abordar como a própria tecnologia se desenvolveu, vamos primeiro examinar seu impacto geral no cenário mais amplo da indústria e seu papel no empoderamento do novo consumidor. Estamos prestes a chegar a um importante ponto de inflexão, em que mais de metade do planeta tem acesso à internet. A adoção generalizada da tecnologia no que diz respeito ao varejo colocou o cliente no controle dos termos do processo de compra. É aqui que se torna impossível ignorar o espectro da Amazon. Podemos ver como a mudança do equilíbrio de poder entre varejistas e consumidores não apenas acompanhou de perto o desenvolvimento da tecnologia, mas como a Amazon também usou essa mudança para apoiar seu crescimento e evolução. O reconhecimento dessa mudança é fundamental para entender como, assim como a Amazon, qualquer empresa bem-sucedida pode usar a tecnologia em benefício próprio e de seus clientes. Mas aqui existe também o desejo da Amazon de "encantar" seus clientes, como Bezos disse, que lhe permitiu aproveitar sua vantagem tecnológica. É também uma lição para colocar as necessidades do cliente no centro da inovação que qualquer empresa pode aprender.

No Relatório Anual da Amazon 2010, Bezos escreveu:

> Examine um livro atual sobre arquitetura de software e você encontrará alguns padrões que não aplicamos na Amazon. Utilizamos sistemas de transações de alto desempenho, renderização complexa e armazenamento em cache de objetos, sistemas de fluxo de trabalho e enfileiramento, inteligência de negócios e análise de dados, aprendizado de máquina e reconhecimento de padrões, redes neurais e tomada de decisão probabilística, e uma grande variedade de outras técnicas. E embora muitos dos nossos sistemas sejam baseados nas mais recentes pesquisas em ciência da computação, isso muitas vezes não tem sido suficiente; nossos arquitetos e engenheiros tiveram que avançar a pesquisa

em direções que nenhum acadêmico ainda tinha tomado. Muitos dos problemas que enfrentamos não têm soluções manuais, e, portanto — felizmente —, inventamos novas abordagens...

Então, como o sucesso da Amazon acompanhou tão de perto o crescimento do varejo digital na esteira da adoção da tecnologia de consumo? Nossa sugestão é porque a Amazon é uma empresa de tecnologia em primeiro lugar e uma varejista em segundo, mas consegue manter com sucesso o cliente no coração da inovação tecnológica, que utiliza para apoiar a sua estratégia de negócios. Por exemplo, dos catorze Princípios de Liderança da Amazon, o primeiro é a "Obsessão pelo Cliente". Como dito no Capítulo 2, é este espírito centrado no cliente que tem funcionado tão bem, uma vez que os consumidores começaram a adotar ferramentas tecnológicas de compra habilitadas ou aprimoradas digitalmente. No entanto, não se pode subestimar o quanto ajuda que o negócio principal da Amazon se baseie na inovação tecnológica. Antes de olharmos esta inovação, daremos um passo atrás, pois nem sempre foi assim.

Voltando a 2002, com a necessidade de ser verdadeiramente a mãe de todas as invenções, a Amazon Web Services (AWS) nasceu da necessidade de possuir capacidade o suficiente para o processamento de dados e ter estruturas de computação padronizadas e automatizadas para gerir o seu varejo. Aproveitando os avanços em rede, armazenamento, poder de computação e virtualização, a Amazon começou a revender seus recursos de computação em nuvem em 2006.

No entanto, de 2014 a 2015, ela viu o preço das suas ações cair 20%. Durante esse período, os acionistas teriam sido perdoados por se perguntarem se a empresa alguma vez obteria lucros e se a sua cotação em queda refletia esse fato. Em termos relativos, era menor que a do Walmart. Mesmo a Alibaba, que abriu seu capital no outono do mesmo ano, superou o valor de mercado da Amazon em 2014. Enquanto isso, porém, ela vinha consolidando discretamente a participação de mercado para atender à crescente demanda por serviços de computação em nuvem.

Então, em 2015, no que seria um ano crucial para a empresa, ela primeiro revelou o quão rentável a AWS se tornara, com margens rivalizando com as da Starbucks, e os investidores começaram a ver suas ações da Amazon subirem de valor. Atualmente, os clientes da AWS incluem a Netflix,[2] NASA[3] e varejistas como Nordstrom, Ocado e Under Armour.[4] Mas mesmo naquela época, naquele fatídico ano, a AWS era responsável por dois terços dos lucros da Amazon; em 2017, esta percentagem tinha aumentado para 100%. Não esqueça que foi por isso que dissemos que a Amazon não é um varejista médio. É, antes de tudo, uma empresa de tecnologia.

O PODER DA OBSESSÃO

Pensando nos valores que passaram a definir a Amazon, quando se trata de inovação tecnológica, seu terceiro Princípio de Liderança — "Inventar e Simplificar" — é o mais significativo.

Embora a AWS tenha cumprido seu potencial de transformar a Amazon no gigante que é hoje, em primeiro lugar, ela não teve medo de inventar e simplificar suas próprias operações. Em seguida, embalou e vendeu esses esforços a empresas e consumidores. Tanto que, desde 2015 — o ano seguinte àquela fatídica queda das ações — seu valor de mercado aumentou cinco vezes até 2018. Também forneceu aos seus negócios de varejo um enorme balanço patrimonial e as vastas quantidades de poder computacional necessárias para desenvolver os sofisticados sistemas baseados em IA necessários para alimentar suas extensas operações globais de comércio eletrônico, cadeia de suprimentos e atendimento, bem como as próximas fronteiras digitais no varejo — automação e voz.

Como discutimos no Capítulo 2, a própria Amazon sugere que ela pode dar-se ao luxo de "ser mal interpretada por longos períodos", de acordo com seu terceiro Princípio de Liderança. Se a história de como a AWS se tornou realidade não é ilustrativa o suficiente, vamos dar uma olhada mais de perto no Prime Day como outra prova cabível.

O primeiro ano em que a Amazon realizou seu Prime Day foi 2015, no vigésimo ano da empresa. Nessa época, as assinaturas Prime já tinham dez anos. Enquanto alguns relatórios do primeiro dia de desconto destacaram a ausência de grandes sucessos, a fornecedora de TI ChannelAdvisor, do mercado de varejo online, descobriu que aumentou as vendas via Amazon nos EUA em 93% e suas vendas na Europa em 53%.

No segundo Prime Day, o total de encomendas durante as 24 horas de ofertas aumentou 60% em relação à sua estreia, golpeando de tal forma os varejistas convencionais que agora eles lutam para acompanhar competitivamente o dia do desconto anual. Até 2017, o Prime Day havia se expandido para doze países e estava oferecendo incentivos especiais aos clientes da Amazon que usassem a Alexa. Precisamos entender como a Alexa assumiu um papel tão importante recentemente e aprofundaremos isso mais tarde. Aqui devemos fazer uma pausa para reconhecer que o Amazon Prime Day 2017 gerou 2,4 bilhões de dólares. Para colocar esse montante numa perspectiva mais aprofundada, a sua concorrente chinesa, a Alibaba, arrecadou cerca de 25 bilhões de dólares durante o Dia dos Solteiros no mesmo ano.[5]

Apesar de sua contraparte chinesa fazer o Prime Day parecer um pequeno trocado, ele representa um grande exemplo do crescimento fenomenal da Amazon. Colocando isso em contexto, precisamos voltar novamente a 2015 — não apenas para os lucros da AWS e para o primeiro Prime Day, mas também porque foi o ano em que as vendas ultrapassaram os 100 bilhões de dólares pela primeira vez. O crescimento das vendas foi o último dos "três pilares" de Bezos, em que a AWS forneceu sua base de custos, enquanto o Prime continuou a aprimorar sua estratégia de aquisição e retenção de clientes. Ao bater o recorde de vendas, a Amazon afirma que há uma divisão de 50-50 entre as unidades enviadas de suas mercadorias próprias e a dos milhões de comerciantes independentes que pagam para usar seu mercado como marketplace e que também podem pagar para usar seu pacote de comércio eletrônico e serviços de cadeia de suprimentos e logística (FBA).

O PODER DA INOVAÇÃO

É fácil ver por que 2015 foi um ano memorável para a Amazon, onde seus Princípios de Liderança começaram a dar frutos, e os "três pilares" de Bezos se tornaram estáveis o suficiente para sustentar seu ecossistema de *volante*. A abordagem permitiu-lhe oferecer mais do que o consumidor "nos meus termos" queria.

A primeira tendência tecnológica que a Amazon tem, portanto, aproveitado é o rápido crescimento do número de indivíduos que acessam a internet por meio de dispositivos móveis. De acordo com as operadoras móveis, o número de usuários móveis únicos atingirá 5,9 bilhões, o equivalente a 71% da população mundial, em 2025.[6] Outros empreendimentos habilitados para internet e telefonia móvel que transformaram a forma como compramos incluem pagamentos via banco online e carteiras eletrônicas. Os chamados pagamentos "sem cartão" no débito e crédito e o PayPal, que poupam tempo e aumentam a segurança na introdução de informações sobre pagamentos, introduziram os consumidores nas compras online, da mesma forma que os cartões de crédito e de débito sem contato estão abrindo caminho para a implantação de sistemas de pagamento em celulares no mercado.

Experiências contínuas

O denominador comum entre essas inovações é a demanda dos consumidores por experiências mais imersivas e portáteis. O objetivo é eliminar o "atrito" nas experiências dos clientes, no que diz respeito à rapidez, conveniência, transparência e relevância ao longo da jornada de compras. Estamos falando, por exemplo, de navegar online, usar um aplicativo ou visitar uma loja, apenas para perceber que o item procurado está fora de estoque, ou ter que esperar em longas filas no check-out. A eliminação desse atrito exige que o varejista permita ao cliente encomendar o produto desejado online para entrega em domicílio; ou, ao encontrar o produto, facilita a consulta de críticas ou ofertas para verificar o melhor negócio, até a finalização rápida e definitiva da compra através de um serviço móvel ou atendimento expresso. Por outro lado, qualquer coisa que introduza atrito na experiência do cliente, como filas, problemas de entrega ou serviço de vendas deficiente, é incompatível com o consumidor de hoje. A fim de dar aos clientes mais do que eles querem, o "o quê" do varejo sem atrito é possibilitado pelo uso do digital para melhorar as experiências de compra, sendo o "como" fornecido pela tecnologia. É aqui que o negócio de tecnologia da Amazon lhe dá uma vantagem sem precedentes, e por isso é errado para os varejistas tradicionais e online se compararem diretamente com ela. A Amazon é uma empresa de tecnologia de varejo.

Drivers de tecnologia

A tecnologia não está apenas transformando a forma como os consumidores interagem com os varejistas, está desfazendo a divisão entre online e offline. Para entender como a Amazon tem aproveitado com sucesso sua vantagem tecnológica para fornecer uma experiência de compra digitalmente habilitada e sem atrito, é necessário primeiro conhecer os drivers fundamentais da tecnologia que sustentam os objetivos sem atrito do consumidor "nos meus termos". Eles são:

1. conectividade onipresente;
2. interfaces onipresentes;
3. computação autônoma.

Vemos os efeitos do primeiro desses drivers com o impacto da mobilidade dentro e fora de casa, bem como dentro de loja e em outros locais públicos. Quanto mais a conectividade se torna onipresente — com o desenvolvimento de redes móveis de quinta geração (5G), além da disponibilidade generalizada de Wi-Fi, do carregamento sem fios e de qualquer dispositivo ou meio que nos permita estar sempre conectados e online a velocidades mais rápidas — mais impacientes nos tornamos por ter maior escolha, pesquisa mais intuitiva, resposta instantânea e melhor tempo de atendimento.

O contexto para o segundo driver tecnológico, no sentido de mais "interfaces propagadas", exige que voltemos aos primeiros tempos da computação pré-internet, em que a ideia de um dispositivo apontador portátil ou "mouse" era relativamente nova. Por exemplo, em 1984, o repórter Gregg Williams escreveu sobre a introdução do primeiro computador Macintosh que "nos deixa um passo mais perto do computador ideal como aparelho".

> "O computador Lisa foi importante porque foi o primeiro produto comercial a utilizar o ambiente de mouse-janela-desktop. O Macintosh é igualmente importante porque torna esse mesmo ambiente acessível."
> **Gregg Williams, 1984**[7]

Apenas trinta anos depois, estamos acostumados a usar teclados, ponteiro laser, canetas para usar o *touch*, além de outros periféricos para computador como fones de ouvido e microfones, e até mesmo óculos inteligentes, relógios e outros dispositivos chamados *wearables*. O tema-comum que liga todo esse percurso tem sido a procura por meios de interface com dispositivos de computação sem descontinuidades ou atritos. Assim, a utilização da interface torna-se tão intuitiva que permite que a própria tecnologia "desapareça" em segundo plano, permitindo que a sua funcionalidade se destaque facilmente para satisfazer as necessidades específicas do usuário. Talvez o exemplo moderno mais comum de uma interface onipresente seja o *touchscreen*; tanto que uma criança nascida após o lançamento do iPhone da Apple tem mais probabilidades de tentar usar o *touchscreen* de qualquer dispositivo que lhe seja dado do que para procurar um botão para o ligar.

Computação autônoma

Até o momento, onde conectividade e interfaces têm sido baseadas em hardware, o terceiro driver tecnológico global baseia-se no desenvolvimento de software incremental e "inteligente", capaz de quase pensar por si próprio e dar respostas a perguntas sem necessariamente ter sido programado com a informação necessária. Em vez disso, os sistemas de computação autônoma podem cruzar e correlacionar fontes de dados díspares, aumentar seus próprios algoritmos e responder a perguntas complexas do tipo "e se?" Como tal, a IA, incluindo a autoaprendizagem e as técnicas de *deep learning*, não poderia existir sem o desenvolvimento autônomo da computação como o último motor tecnológico global. O desenvolvimento da IA é, de fato, responsável por muitos dos avanços da computação funcional dos últimos quinze anos, desde algoritmos de pesquisa, filtros de spam e sistemas de prevenção de fraudes até veículos e assistentes pessoais inteligentes.

Podemos traçar a influência desses avanços na ascensão da Amazon ao domínio, em que ela capitalizou o desenvolvimento de sua tecnologia com base neles para trazer mais recursos digitais na busca por mais experiências de compra sem atritos.

O PODER DA PREVISÃO

No caso de cada nova tecnologia, as tentativas da Amazon de capitalizar desenvolvimentos fora de seus principais recursos (ou seja, computação em nuvem e varejo) tiveram diferentes graus de sucesso. Talvez seja bom saber que até mesmo a Amazon pode errar às vezes (assim como fez experimentando com fraldas de marca própria). Mas, com Bezos encorajando sua equipe a ter mais ideias que darão aos clientes algo melhor, saibam eles ou não, a Amazon certamente não teve medo de falhar nessa busca. Além disso, as apostas que faz são grandes o suficiente para que, quando funcionam, sejam tão bem-sucedidas que mais do que compensam as falhas.

Neste contexto, vamos considerar aquilo que a Amazon desenvolveu impulsionada pela busca por conectividade onipresente e interfaces difundidas. Pode haver quem se lembre de sua incursão malfadada na fabricação de smartphones, um exemplo-chave que abordamos pela primeira vez no Capítulo 2. Após a revelação do Amazon Fire em junho de 2014, o dispositivo foi recebido com uma amostra de críticas negativas que descartaram o dispositivo não apenas como "esquecível",[8] mas também como "medíocre".[9] De fato, um jornalista que declarou o dispositivo como "esquecível" continuou a aconselhar os consumidores a "esperar pela sequência".

No entanto, o Fire foi tão bombardeado que uma sequência nunca aconteceria. Apenas um mês após o lançamento e as críticas, a Amazon reduziu o preço de seu telefone de 199 dólares (na versão de 32GB) para apenas 99 centavos. Como se isso não fosse admissão suficiente da falha abjeta do dispositivo, a empresa também revelou em 2015 que tinha sofrido uma perda de 170 milhões de dólares em seu desenvolvimento, fabricação e em seu chamativo evento de lançamento. Talvez a Amazon tenha tido sorte, à época, por ser o mesmo ano em que revelou os números astronômicos da AWS, dos quais falamos anteriormente, e que roubaram os holofotes.

Para um livro que visa desconstruir os segredos do sucesso da Amazon, vale a pena aproveitar um momento aqui para dissecar como e por que o Fire falhou; mais ainda porque, desde então, a Amazon aparentemente aprendeu com seus erros. Tomando uma visão consensual, as tentativas da Amazon de lançar um smartphone no auge da popularidade do iPhone, momento em que apenas um punhado de dispositivos baseados em Android liderados pela Samsung poderiam competir, estavam condenadas ao fracasso. Em um mercado dominado por dois grandes operadores de sistemas operacionais móveis (OS), a Amazon precisava diferenciar claramente a sua oferta em termos de preço ou qualidade, mas não o fez. Ao mesmo tempo, porém, reconhecemos que rapidamente admitiu isso e tomou medidas corretivas.

O telefone Fire, no entanto, revelou as ambições da Amazon de expandir sua mudança para hardware de PC para além de seu primeiro leitor eletrônico, o Kindle, que foi lançado em 2007. Como Marcus Wohlsen escreveu para a *Wired.com* em 2015, "O projeto [Fire phone] estava condenado desde o início, porque só a Amazon precisa de um telefone Amazon."[10] Ela pode ter sentido que precisava do Fire para se aproximar de seus clientes e adicionar mais um raio ao seu volante para prender esses clientes em seu ecossistema. Um aplicativo chamado

Firefly, que fazia parte do Fire, tinha a intenção de fazer exatamente isso. O Firefly era uma ferramenta de reconhecimento de texto, som e objetos concebida para permitir que os consumidores identificassem mais de cem milhões de produtos diferentes e depois pudessem comprá-los online — sem atritos, na Amazon, claro. Mas mesmo após uma série de reduções de preços, o dispositivo móvel foi posteriormente descontinuado em meados de 2015.

Erros aprendidos

A Amazon aprendeu com a falha do Fire, e o passo em falso certamente não atenuou suas ambições em tirar proveito da ascensão da tecnologia, que poderia permitir uma conectividade mais onipresente e interfaces mais difundidas. No fim de tudo, foi bem-sucedida com o tablet Fire (lançado em novembro de 2011), salvando suas credenciais de desenvolvimento de hardware. O tablet, que estava em sua quarta geração quando o Fire foi lançado, construído com base nas vendas de e-books da Amazon e no sucesso do Kindle, também oferecia aos usuários acesso ao e-commerce Amazon diretamente da tela inicial. Mas não permitia conectividade além disso, nem suas primeiras versões usavam a mais recente tecnologia *touchscreen*, apesar de a Apple ter mercantilizado a tela sensível ao toque com a introdução do iPhone quatro anos antes. Onde a Amazon tem sido mais bem-sucedida ao aplicar os dois primeiros drivers de tecnologia global, no entanto, é no varejo, para onde trouxe os conceitos de conectividade e interfaces onipresentes para dar testemunho do sucesso.

DE UM CLIQUE PARA NENHUM CLIQUE

Aplicando os dois primeiros drivers de tecnologia globais à linha do tempo da Amazon, é possível reconhecer a importância deles para facilitar a remoção do atrito durante a experiência de compra online. Sua patente de "1-clique" é o melhor exemplo disso, embora a patente tenha expirado em 2017. Muitos analistas da indústria questionaram se a capacidade para registrar informações sobre faturação, pagamento e expedição antes de poder adicionar produtos a um cesto de compras e ao check-out, permitindo a compra com "um clique", merecia a concessão de uma patente. Esses especialistas argumentaram que isso sufocou a concorrência no comércio eletrônico porque deu à Amazon um monopólio injusto, baseado no equivalente a pouco mais do que um meio eficiente de usar o que logo se tornou uma tecnologia de comércio eletrônico padrão. Mas, em 1999, talvez tenha sido fácil entender como o processo era visto como uma inovação de ponta e o primeiro indício de como a Amazon faria do atrito nas compras o seu inimigo enquanto mudava o *status quo*. Então, quando a patente foi concedida, a Amazon processou a livraria americana Barnes & Noble por ter implementado um método semelhante ao descrito na sua patente para permitir que os seus clientes fizessem compras repetidas (as duas empresas chegaram a um acordo não divulgado no processo em 2002).

Enquanto isso, a patente, e a defesa ferrenha que a Amazon fez dela, proporcionou à empresa uma vantagem significativa sobre seus concorrentes por quase vinte anos, em que os concorrentes podiam optar por adicionar mais cliques em seus processos de check-out ou pagar taxas de licenciamento da Amazon para oferecer o check-out com "1-clique". A razão pela qual essa era uma peça de funcionalidade tão poderosa para a Amazon era que o atrito reduzido era eficaz em ajudar a eliminar o abandono do carrinho de compras.

Assim como os players do comércio eletrônico nos primórdios, a Amazon podia ver os clientes navegando e adicionando itens em sua cesta de compras. Mas as taxas de abandono do carrinho de compras online, ou seja, a relação entre o número de cestas de compras abandonadas e o número de transações iniciadas e/ou concluídas, sempre foram altas. Recentemente, a análise de 37 diferentes sites de comércio eletrônico em 2017 revelou que a taxa média de abandono do carrinho de compras foi de 69,2%.[11] Sem surpresa, a Amazon não publica suas taxas de abandono. Mas aqueles que comercializam através do marketplace da Amazon e que, compreensivelmente, querem permanecer anônimos, relataram que ela conseguiu manter consistentemente taxas de abandono abaixo da média. Outra estimativa publicada, que supunha que a tecnologia aumentava as vendas da Amazon em 5% relativamente modestos, estimava o valor da patente em 2,4 bilhões de dólares anuais.[12]

PAGANDO PELO PRIVILÉGIO

A vantagem que a Amazon ganhou com sua patente de 1-clique demonstra o quanto o processo de check-out pode ser uma fonte de atrito no varejo, seja online ou offline. Basta lembrar de todas as vezes em que fomos desencorajados de concluir uma compra em uma loja física ao ver uma longa fila no check-out — muitos de nós "simplesmente saímos" (iremos explorar o significado deste termo mais tarde). Mas aqui, a Amazon provou novamente sua capacidade de estar um passo à frente da concorrência, não apenas aproveitando sua experiência de 1-clique, mas desenvolvendo a funcionalidade necessária para facilitar o pagamento, bem como os serviços de atendimento para os comerciantes que vendem em seu marketplace. Em 2013, a Amazon lançou seu serviço "Pay with Amazon" para terceiros. O recurso permite que os sites de comércio eletrônico deem aos clientes a opção de fazer o check-out usando o cartão de crédito e as informações de envio armazenadas na Amazon (da mesma forma que o login único via Google ou o Facebook acelera o registro em sites), reduzindo o processo de compra com apenas alguns cliques, graças aos trilhos transacionais de comércio eletrônico da Amazon — por determinado valor e pelo custo de colaborar para competir, é claro.[13]

O último, e talvez o mais importante, exemplo de como a Amazon definiu o desenvolvimento de compras sem atrito e aplicou seu Princípio de Liderança "Inventar e Simplificar" nos leva de volta ao seu serviço Prime. Já examinamos o quanto o processo de check-out pode ser uma barreira à conversão. Mas os custos de entrega são uma barreira ainda maior. Uma pesquisa realizada pelo Baymard Institute em 2017 entre consumidores norte-americanos (eliminando aqueles que apenas navegam sem intenção de compra do grupo de pesquisa) descobriu que os altos custos extras associados ao transporte, impostos e taxas eram a principal razão para abandonar um carrinho de compras.

A Amazon, com o seu serviço Prime, resolveu duas das principais fontes de atrito nas compras online. Ao oferecer uma taxa fixa mensal ou anual para as entregas, eliminou tanto o desconhecimento dos custos de envio antes do check-out quanto a percepção de que comprar online é mais demorado do que comprar em lojas de varejo. O Prime Now, com a sua promessa de entrega em uma hora em áreas urbanas, leva esta oferta ao seu limite máximo, com o imediatismo e a gratificação instantânea que só podem ser vencidas se formos a uma loja e comprarmos nós mesmos o produto. Acrescente-se a isso o *streaming* de mídia — música, TV, filmes e séries — sob demanda como parte da oferta, e é fácil entender por que hoje a escala da associação Prime, com mais de 100 milhões de membros no mundo todo, supera alguns dos outros serviços de assinatura online mais populares, incluindo Spotify (com 71 milhões de usuários), Hulu (17m) e Tinder (3m),[14] e provou ser um pilar central e essencial para o ecossistema de serviços do *volante* da Amazon.[14]

A transparência do modelo Prime e o atrito que ele elimina são os recursos que caracterizam as mais notáveis e inovadoras conquistas de compras digitais da Amazon. O Prime também permite que ela vença muitos outros concorrentes ao longo da chamada "última milha" de atendimento. Juntamente com a simplicidade e a elegância da patente recentemente expirada para compras com apenas um clique, também podemos considerar que esses desenvolvimentos lançaram as bases para os Botões Dash da Amazon, bem como para compras por voz usando sua assistente de voz Alexa — os quais levam o cliente ainda mais longe em seu ecossistema de *volante*.

Reabastecimento fácil

Como dito pela primeira vez no Capítulo 6, os Botões Dash da Amazon foram lançados pela primeira vez em — sim, você adivinhou — 2015. Além de preparar o terreno para a mudança de compras online com um clique para compras "sem clique", os Botões Dash deram pela primeira vez à Amazon e a seus parceiros uma presença física de suas marcas nas residências dos consumidores. Lançado na véspera de Primeiro de Abril, alguns analistas pensaram que era uma brincadeira, outros ridicularizaram a tecnologia relativamente simples da ideia, que depende de uma conexão de internet sem fio para, pressionando o botão Dash, refazer pedido. Adicionalmente, o cliente confirma o pedido no aplicativo para evitar compras acidentais. Mas o recurso constrói e aumenta o sucesso da assinatura do seu esquema de atendimento Prime.

Até hoje, a Amazon tem Botões Dash para mais de trezentos produtos e, em 2017, disse que pedidos usando esse recurso foram feitos mais de quatro vezes por minuto em comparação a uma vez por minuto no ano anterior. Embora essa seja apenas uma pequena parte das vendas gerais da Amazon, a empresa de dados de varejo Slice Intelligence descobriu que isso se traduziu em um crescimento de 650% nos pedidos feitos via Botão Dash em seu primeiro ano.[15] A empresa aproveitou o sucesso do Dash para introduzir o Dash Wand — um dispositivo alimentado a bateria com alto-falante, microfone e leitor de códigos de barras que modernizou o seu estático antecessor com recursos de voz mais sofisticados.

Acrescente a essa mistura o fato de que a Amazon é agora o ponto de partida para mais da metade dos consumidores norte-americanos em busca de produtos, e é fácil ver como ela cresceu até a posição de domínio online que comanda. De fato, entre os millennials (muitos dos quais nasceram depois que a internet entrou em funcionamento, em 1991), a Amazon é o principal aplicativo com o qual eles não podiam ficar sem em seus dispositivos móveis.[16] Mas ela não se contentou em inovar e desenvolver uma estratégia de negócios baseada em conectividade e interfaces onipresentes que estão revolucionando a maneira como vivemos, trabalhamos e fazemos compras; ela também tem como objetivo tornar o processo de compras ainda mais rápido e intuitivo, contando com recursos de computação autônoma.

10
IA E VOZ:
A NOVA FRONTEIRA DO VAREJO

> "Com 30% das consultas de pesquisa em todas as plataformas previstas para ocorrer sem tela até 2020, os usuários ficarão mais dependentes do que a Alexa considerar melhor."
>
> **Heather Pemberton Levy (2016)**[1]

Recapitulando o que exploramos em relação ao papel fundamental que a tecnologia desempenhou na Amazon e na indústria varejista em geral até agora, vimos como os drivers de tecnologia global ajudaram a facilitar o crescimento da Amazon, e como não teria sido possível tirar proveito desses drivers se ela não fosse, antes de mais nada, uma empresa de tecnologia. A Amazon baseia-se no fato de que o consumidor "nos meus termos" adotou a internet, o *touchscreen* e os aplicativos móveis, entre outras inovações tecnológicas. Discutimos também como as suas capacidades tecnológicas lhe permitiram aplicar a sua significativa capacidade de inovar no ponto de divergência das compras entre o funcional e o divertido. Estas inovações incluem: AWS, Prime, Prime Now e Prime Day; seu marketplace e serviços para vendedores terceirizados; a patente do 1-clique; o Pay with Amazon; e seus Botões Dash e Dash Wand.

Os drivers de tecnologia aproveitados pela Amazon ajudaram a desenvolver a jornada de compras de comércio eletrônico e introduzir novas experiências ao processo, incluindo entrega em até uma hora e reabastecimento automatizado. Mas deixamos por último, de propósito, a mais revolucionária de suas inovações: a tecnologia de voz. Tendo também delineado o impacto dos dois primeiros drivers tecnológicos globais (conectividade onipresente e interfaces persuasivas) sobre o varejo como setor e o domínio da Amazon dentro dele, é aqui, com a tecnologia de voz, que o terceiro driver — a computação autônoma — se destaca. Para compreender o significado deste terceiro driver na história da Amazon, é importante entender a distinção entre os sistemas de tecnologia que são programados para "automatizar" e digitalizar processos que antes eram manualmente intensivos e propensos a erros e os sistemas de tecnologia cujos programas lhes permitem resolver problemas sem direção implícita, ou seja, de forma autônoma. Esses sistemas também são descritos como "máquinas que aprendem", gerando o desenvolvimento de um ramo da IA chamado "aprendizado de máquina".

O desenvolvimento autônomo da computação — indo além da simples automatização para eliminar a necessidade de intervenção humana — não teria sido possível sem sistemas densos em rede, como a internet, e sem dispor de alguns meios de acesso à informação armazenada, como os computadores domésticos, bem como de smartphones e tablets. A computação em nuvem, que também nasceu a partir do impulso em direção à conectividade onipresente e o acesso ao armazenamento, é também uma parte essencial dos sistemas de computação autônomos. O Big Data, criado como resultado de interfaces cada vez mais difundidas que incentivam os usuários a compartilhar digitalmente mais de suas vidas, de músicas e mensagens a memórias, alimenta esses sistemas com dados variados e potencialmente não estruturados, necessários para obter insights de inúmeros cenários do tipo "e se?".

A manifestação mais significativa da tendência para sistemas de computação cada vez mais autônomos é a IA. Por sua vez, a IA transformou em realidade as lojas sem caixas, a robótica, os carros sem condutor, os drones e assistentes de voz, e só agora começamos a explorar o seu potencial. De fato, a empresa de pesquisa de mercado The Insight Partners previu que os gastos com IA no varejo excederão 27,2 bilhões de dólares até 2025, aumentando em 49,9% a taxa de crescimento anual composta (CAGR) de uma estimativa de 712,6 milhões de dólares em 2016.[2] Portanto, não é por acaso que a AWS, a enorme quantidade de dados que a Amazon já possui sobre seus clientes e sua busca incansável pela simplificação em nome da inovação, tenha apoiado o domínio da empresa na emergente área da IA e sua aplicação através de sistemas de voz.

O VALOR DA RECOMENDAÇÃO

Tendo identificado a IA como o ponto de convergência dos principais drivers que moldam a inovação tecnológica atual (decorrente da necessidade de sistemas de computadores mais autônomos) — e antes de mergulhar diretamente na tecnologia de voz como sua apoteose atual — é necessário realizar uma análise de como a Amazon capitalizou o desenvolvimento de sistemas de IA em seus negócios, e não apenas nas casas de seus clientes, como já havíamos feito com os drivers de conectividade onipresente e interfaces persuasivas. Este exame contribui para a nossa compreensão de como se alcançou o objetivo de remover o atrito da jornada média de compras e, ao fazê-lo, criou-se um ciclo virtuoso que gera ainda mais vendas e crescimento.

De fato, é a IA que sustenta o poder dos motores de busca e de recomendação da Amazon. Na década de 1990, ela foi uma das primeiras empresas de comércio eletrônico a depender fortemente das recomendações de produtos, o que também a ajudou a vender novas categorias à medida que ia além dos livros. Trata-se de uma categoria de desenvolvimento tecnológico que Bezos descreveu como "a aplicação prática da aprendizagem automática". Os recursos de pesquisa e recomendação de autoaprendizagem da Amazon também sustentam seu sofisticado perfil de cadeia de suprimentos, bem como sua mais recente funcionalidade de assistente de compras por voz. Em todas essas aplicações, ela pode usar o enorme poder computacional de sua divisão da AWS para processar bilhões de pontos de dados em apoio ao teste de uma variedade de opções e resultados para determinar rapidamente o que funcionará e o que não funcionará, de maneira econômica, com os clientes. As estimativas da McKinsey colocam a proporção de compras impulsionadas por recomendações de produtos da Amazon em 35%.[3] Em 2016, liberou a sua estrutura de IA, a DSSTNE (pronunciada como "destino"), para ajudar a expandir as formas como o *deep learning* pode ir além da compreensão da fala e da linguagem e do reconhecimento de objetos para áreas como busca e recomendações. A decisão de deixar aberto o código DSSTNE também demonstra quando a Amazon reconhece a necessidade da colaboração para obter ganhos com o vasto potencial da IA.

No site da Amazon, essas recomendações podem ser personalizadas, com base em categorias e intervalos previamente pesquisados ou navegados, para aumentar a conversão. Da mesma forma, o mecanismo de recomendação da Amazon pode exibir produtos semelhantes aos pesquisados ou navegados na esperança de converter clientes que estejam procurando por marcas ou produtos rivais. Há também recomendações baseadas em produtos "relacionados aos itens que você visualizou". Ou podem depender de itens que são "frequentemente comprados juntos" ou por "clientes que compraram este item também compraram..." com o objetivo de aumentar o valor médio do pedido. Nestes casos, os motores de decisão alimentados por IA do tipo "se isso for assim, então aquilo" funcionam em segundo plano para fazer corresponder os artigos do seu carrinho de compras com outros produtos complementares. Por exemplo, a navegação por um aparelho eletrônico pode levar a Amazon a recomendar um case do tamanho adequado para ele ou um acessório periférico compatível.

Todo esse marketing sofisticado é alimentado por algoritmos de aprendizado de máquina baseados em IA que podem combinar dinamicamente quem está usando o site com o que essa pessoa verá. Isso dependerá de uma miríade de variáveis, como o histórico de compras e preferências do cliente, o que está em estoque e o que precisa ser alterado rapidamente, de tal forma que apenas os sistemas baseados em IA sejam avançados o suficiente para serem entregues em tempo real.

O Alibaba Group, da China, usa recomendações de produtos baseadas em IA para consumidores sem dados de transações anteriores. De acordo com Wei Hu, diretor de tecnologia de dados da Unidade de Negócios de Serviços ao Comerciante da Alibaba, seu motor pode considerar dados de outros pontos de navegação e de compras para combinar novos consumidores com itens relevantes. Os clientes que retornam às plataformas do Grupo Tmall e Taobao recebem recomendações de produtos baseadas não apenas em suas transações passadas, mas também no histórico de navegação, feedbacks dados a produtos, marcadores, localização geográfica e outros dados relacionados à atividade online. Durante o festival de compras do Dia dos Solteiros de 2016, a Alibaba disse que usou seu mecanismo de recomendações de IA para gerar 6,7 bilhões de páginas de compra personalizadas com base nos dados de clientes-alvo dos comerciantes. A Alibaba comentou que essa personalização em larga escala resultou em uma melhoria de 20% na taxa de conversão a partir do evento de 11 de novembro.[4]

Recomendações e personalização à parte, a confiança da Amazon em sistemas de IA para orquestrar suas vastas operações de negócios, bem como aquelas voltadas ao cliente, é diversa. Mas, quanto ao que há de mais significativo em nossa exploração das melhores práticas de varejo estabelecidas pela empresa, não é possível discutir a Amazon e a IA sem falar também sobre sua cadeia de suprimentos e o lançamento da Amazon Go.

COMPLEXIDADE DA CADEIA DE ABASTECIMENTO

Novamente, a fim de entender o verdadeiro significado da vantagem da IA da Amazon em sua cadeia de suprimentos, é necessário primeiro entender quais são os desafios de toda a indústria. Um estudo global realizado em 2015 pela empresa de análise IHL Group concluiu que, para fazer face aos imprevisíveis picos de busca, o custo de excesso de estoque para os varejistas nos EUA estava em torno de 471,9 bilhões de dólares, além de 630 bilhões de dólares de subestoque.[5] Por outro lado, os algoritmos de IA da Amazon permitem prever a demanda para centenas de milhões de produtos que vende, muitas vezes com até dezoito meses de antecedência. Mesmo assim, Ralf Herbrich, diretor da Amazon's Machine Learning, observou recentemente que as roupas estão entre os itens cuja demanda é a mais difícil de prever.[6] A empresa deve decidir quais tamanhos e cores de roupas estocar em cada armazém, dependendo dos diferentes biotipos e gostos dos consumidores próximos, além de serem afetados por mudanças de tendências e no clima também.

É fácil, portanto, ver por que a Amazon vem avançando nesse espaço há algum tempo — desde o momento em que a "análise preditiva" definiu os limites das incursões precoces com a IA. A patente de "transporte antecipado" registrada em 2014 causou alvoroço na indústria por sinalizar a intenção da Amazon de usar IA para extrair ainda mais eficiência de sua cadeia de suprimentos, colocando o estoque mais perto dos clientes antes mesmo que os clientes soubessem que iriam querer comprá-lo. Afinal de contas, talvez tivesse mais a perder do que a concorrência, uma vez que, desde o seu lançamento em 2005, oferecia entrega gratuita em até dois dias através do Prime, enquanto o crescimento constante da procura ameaçava ultrapassar a sua cadeia de abastecimento e capacidade de atendimento. De acordo com a patente de entregas, a Amazon disse que estava procurando coletar, embalar e enviar os produtos que imaginava que os clientes em uma área específica iriam querer, antes que fossem encomendados — com base em pedidos anteriores e outros fatores. Os pacotes podem esperar em centros de expedição ou em caminhões até que um pedido chegue. Já em 2014, a professora Praveen Kopalle pôde ver o potencial de análises tão sofisticadas. "Se bem implementada, essa estratégia tem o potencial de levar a análise preditiva para o próximo nível, permitindo que uma empresa com conhecimento de dados expanda muito sua base de clientes fiéis", disse ela.[7] Depois, no final de 2014, rapidamente se tornou claro por que a Amazon estava se esforçando tanto nesta área, quando aumentou as apostas na corrida ao longo da última milha de atendimento do comércio eletrônico, lançando a entrega Prime Now em até uma hora em áreas urbanas.

A rápida expansão dos serviços Prime tem sido um catalisador para que a Amazon traga a conectividade onipresente de seus serviços em nuvem para o desenvolvimento de sistemas cada vez mais autônomos de comando e controle operacional por muitos anos. Nesse caminho, também confiou a robôs em seus armazéns e a drones de entrega uma funcionalidade autônoma para apoiar o crescimento. Como discutido anteriormente, em 2012, a Amazon adquiriu a Kiva Systems, empresa de robótica que vinha fornecendo robôs de armazém para a Amazon para automatizar seus processos de atendimento de pedidos, e que agora é a espinha dorsal da divisão de Robótica da empresa. Em 2015, a *MIT Technology Review* observou cerca de 2 mil robôs Kiva que estavam ajudando os humanos a manter as prateleiras abastecidas durante uma visita a um centro de distribuição e atendimento da Amazon de Nova Jersey.[8] Hoje, as estimativas colocam a sua frota total de robôs em mais de 100 mil. Isso significaria que sua frota robótica constitui pelo menos 20% da força de trabalho da empresa, desempenhando suas funções com diferentes graus de autonomia permitida pela IA. Então, em 2016, a Amazon começou a testar drones de entrega no Reino Unido e fez sua primeira entrega de pacotes usando um drone semiautônomo, com grandes aspirações de que "um dia, ver veículos Prime Air será tão normal quanto ver caminhões de correio na estrada"[9] (exploraremos o impacto do Prime Air com mais detalhes no Capítulo 14).

"JUST WALK OUT"

Como também exploramos a importância de sua loja de conveniência sem caixas de pagamento, a Amazon Go, em outros capítulos, devemos incluí-la aqui como evidência das ambições tecnológicas da Amazon para não apenas se inserir em nossas casas, nos dispositivos móveis que nos acompanham em todos os lugares ou através de sua própria cadeia de suprimentos e operações de atendimento, mas também para conquistar o espaço físico do varejo. Se os varejistas se sentiram cercados pela erosão inexorável de sua participação de mercado baseada em lojas pelo comércio eletrônico, então a Amazon Go equivale a uma ameaça existencial aos seus negócios offline e às pessoas que os empregam.

O sistema de tecnologia "Just Walk Out" da Amazon detecta quais produtos os clientes tiram ou devolvem às prateleiras, rastreando-os em um carrinho virtual para que eles sejam automaticamente cobrados pelos itens que saem da loja. Além de sua relevância quanto ao uso da IA pela Amazon em busca de proporcionar mais experiências de varejo sem atrito, ela também é uma grande demonstração de como a empresa tem usado os drivers tecnológicos da mudança para viabilizar essa experiência, eliminando a função do processo de check-out completamente.

A Amazon Go aproveita os drivers de mudança de tecnologia para atender ao consumidor "nos meus termos":

1. *Conectividade onipresente*: ver a atividade do cliente e atribuir gastos a cada ponto da jornada de compras — online ou offline.
    a) Os clientes não conseguem sequer entrar na loja Amazon Go sem primeiro registrarem os seus dados pessoais e de pagamento na Amazon.
    b) Os clientes devem identificar-se usando o aplicativo Amazon Go em seu dispositivo móvel para entrar na loja, e isso também ajuda a rastrear seus movimentos de compra.

2. *Interfaces permeáveis*: remova quaisquer barreiras às compras, como problemas técnicos que possam surgir com o uso do *scan-as-you-shop*, um sistema de autoatendimento que depende que os clientes usem seus próprios telefones celulares ou dispositivos portáteis especialmente desenvolvidos pelo próprio varejista.
    a) O uso de um aplicativo é a maneira mais fácil de garantir uma experiência tranquila com a Amazon Go quando um cliente entra na loja.
    b) A remoção de qualquer interface humana do processo na jornada de compras onde há mais ruído, ou seja, o check-out, proporciona ao cliente velocidade e simplicidade sem precedentes.
3. *Computação autônoma*: Tecnologias de visão computacional baseada em IA, fusão de sensores e *deep learning* potencializam a tecnologia "Just Walk Out" da Amazon Go.
    a) A tecnologia "Just Walk Out" opera sem intervenção manual, eliminando a necessidade de funcionários ou de hardware para check-out.
    b) Ela também elimina o furto em lojas como principal fonte de perda para os varejistas tradicionais. Os clientes são cobrados por qualquer mercadoria com que saiam, mesmo que tentem esconder o fato dos sistemas de câmeras de visão computacional da loja.

O POTENCIAL INEXPLORADO DA VOZ

Demorou algum tempo para chegar aqui. Mas agora, dentro do contexto do histórico da Amazon em capitalizar utilizando os impulsionadores tecnológicos da mudança, está claro o quão importante é a aposta feita na voz — especialmente quando você considera que um consenso das estimativas da indústria prevê uma taxa de adoção de 40% de dispositivos habilitados para voz nos EUA e 30% internacionalmente até 2020.

De fato, David Limp, vice-presidente sênior da Amazon Digital Devices, previu em 2017 que "o controle de voz nas casas será onipresente. As crianças de hoje vão crescer sem saber um dia que não era possível falar com as suas casas".[10]

A Amazon lançou seu primeiro dispositivo de hardware habilitado para voz, o Echo, com seu assistente de voz baseado em IA, Alexa, em — quem adivinharia — 2015. Assim como fez com a AWS, com o 1-click, Prime, com seu aplicativo móvel, com o Pay with Amazon, com os botões Dash, com a entrega de drones, os robôs e a Amazon Go, a Amazon agora está tentando definir um novo modo de interface de computação difusa usando sistemas de IA sofisticados que aproveitam completamente seus pontos fortes, alimentam seu ecossistema existente e o incorporam ainda mais nas funções diárias de uma casa. O objetivo da Alexa não é apenas aumentar as vendas do site por si só, mas também aprofundar a dependência de seu ecossistema entre os consumidores que tem servido tão bem até agora, e sugá-los ainda mais. É por isso que alguns disseram que a "Amazon ganhou ao perder a guerra dos smartphones".[12]

O argumento é que se o Fire tivesse sido um sucesso no lançamento em 2014, a Amazon teria ficado atolada na complexidade de atualizar o hardware do dispositivo móvel e seu sistema operacional desde então. Talvez a gerência da Amazon tenha percebido que nunca iria vencer as guerras dos smartphones com a Apple e o Google, cujos negócios principais são baseados em desenvolvimento de software e hardware de dispositivos móveis, não varejo. De qualquer forma, o lançamento inicial do dispositivo de voz Echo, seguido por sua linha renovada e expandida, revelada no final de 2017, demonstram um verdadeiro diferencial para a Amazon e o culminar da sua estratégia de *volante*, baseada em seus três pilares que, por sua vez, são construídos sobre os três drivers globais de desenvolvimento tecnológico, e que facilitam cada vez mais experiências de varejo sem atrito.

A VANTAGEM DO PIONEIRISMO

Enquanto o mercado de assistentes de voz ainda está em seu estágio inicial de desenvolvimento, a Amazon já consolidou sua vantagem de pioneira, permitindo que seus usuários assistam a vídeos na web (com a Fire TV), liguem temporizadores de cozinha, ouçam música, verifiquem o clima e, é claro, façam compras na Amazon — tudo usando apenas a voz. Também reduziu o custo do seu dispositivo Echo premium de 180 para 100 dólares no final de 2017 — tudo com o objetivo de posicionar os seus dispositivos de voz como tão indispensáveis que estão aptos a se integrar cada vez mais firmemente nas casas dos seus clientes. Também vale a pena mencionar aqui que a Black Friday e o Prime Day certamente ajudaram a empresa a vender mais dispositivos Echo. A Amazon também utiliza esses eventos promocionais artificiais para oferecer descontos exclusivos nas encomendas feitas através da Alexa, de forma que os clientes se sintam confortáveis com a ideia de compras cativadas por voz.

Voltando ao seu erro com o Fire, Shira Ovide, da Bloomberg, à época observou corretamente: "A Amazon está construindo um futuro livre do smartphone, mas com toda a inteligência de software que esse gadget possui e mais — no centro de tudo. A Amazon pode abraçar esse futuro porque perdeu no passado recente."[13] Toda venda de dispositivos incorporados à Alexa suga ainda mais esse cliente para o ecossistema de *volante* da Amazon, pois é muito difícil não interagir com ela ao usar um desses dispositivos, da mesma forma que o Google e a Apple canalizam seus clientes para seus respectivos ecossistemas e maximizam o *lock-in* removendo o atrito para garantir a integração perfeita entre seus diferentes produtos. "A opção padrão para comprar coisas através dos dispositivos da Amazon é a Amazon", acrescentou Ovide.

A sacada do ecossistema da empresa está no centro do desenvolvimento de tecnologia de voz, e assim, talvez sem surpresa, descobriu-se que as compras não são o motivo de uso do Alexa na maioria dos lares. Na verdade, é o motivo de uso menos popular para a Alexa, como a Clavis Insight descobriu. A empresa de análise de comércio eletrônico colhe mais de 10 mil termos de pesquisa por dia somente da Amazon US e também rastreia os indicadores de crescimento no uso dos clientes do assistente de voz Alexa para iniciar essas pesquisas, bem como que outros tipos de tarefas.

> **Principais comandos habilitados para Alexa**
>
> 1. Tarefas e música.
> 2. Automação doméstica.
> 3. Habilidades e compras.
>
> compilado por Clavis Insight, 2016-2018.

Essas descobertas foram apoiadas por uma pesquisa realizada no final de 2017 pela empresa de análise de comércio eletrônico da Amazon e parceira da Clavis, a One Click Retail, que descobriu um crescimento de 71% de um ano para outro nas vendas de dispositivos de automação residencial via Amazon.com que são capazes de se conectar com a Alexa. No entanto, o principal dispositivo vendido via Amazon durante esse período para consumidores que procuravam se conectar e controlar os sistemas de iluminação, segurança e aquecimento de sua casa via Alexa era seu rival, o controlador de termostato de aquecimento Nest, do Google. A Amazon posteriormente retirou os dispositivos Nest de seu site em março de 2018, demonstrando claramente como é implacável em não ter medo de matar a concorrência.

A VOZ COMO A PRÓXIMA FRONTEIRA

A principal questão em cada varejista e dono da marca é se a tecnologia de voz vai adicionar ou canibalizar as vendas feitas em outros canais.

A One Click Retail descobriu que apenas 32% dos proprietários da Alexa já usaram o seu assistente de voz para comprar um produto, mas muito menos fizeram compras repetidas. Na verdade, descobriu que os números das compras usando Alexa caem drasticamente após a primeira compra, ou seja, os clientes não estão usando-a para compras repetidas. Mais uma vez, isso pode não preocupar tanto a gigante do varejo quanto os proprietários de marcas individuais e varejistas se cada venda, independentemente do que é comprado, passar pela Amazon.com.

De fato, um estudo realizado pela Alpine.AI, em parceria com a InfoScout, revelou que, enquanto o cliente da Amazon fez, em média, cerca de dezenove compras ao longo do ano, os proprietários do Echo compraram quase 27 vezes, mostrando que o dispositivo incentiva os consumidores a fazer compras por impulso. Dos consumidores que estão usando a Alexa para compras repetidas, as categorias com maior probabilidade de ganhar com a voz surgiram como aquelas em categorias de marcas que precisam ser substituídas com mais frequência, como alimentos para animais de estimação e guloseimas, itens para assar e cozinhar, suprimentos para barbear e aparar e itens de higiene bucal. Os produtos comprados mais frequentemente foram da categoria de saúde e beleza, 53%, ao longo do período de doze meses.[14]

A outra questão que preocupa os varejistas e as marcas com a compra por voz é como isso afetará a capacidade de descoberta de seus produtos quando os bilhões gastos em marketing e publicidade não são transferíveis para a plataforma de voz. É por isso que a Alexa irá apresentar apenas dois resultados para uma consulta de pesquisa, em oposição às páginas de resultados ao usar o celular ou desktop (juntamente com os anúncios, recomendações e várias outras ferramentas de marketing que fazem parte experiência de compra). Com base em um consenso da pesquisa até o momento, há uma série de fatores que determinam quais desses dois resultados são retornados por voz (Fonte: One Click Retail):

1. Histórico de compras — Alexa irá oferecer para recompra exatamente o mesmo item comprado antes.
2. Se não houver um histórico de compras anteriores para a Alexa usar de referência, ela oferecerá uma "Amazon Choice" — uma tag dinâmica atribuída a determinados itens com base em uma série de fatores introduzidos com o lançamento de seu primeiro dispositivo Echo. Estes incluem que o produto precisa estar disponível via Prime, e assim será enviado via serviço Fulfilment by Amazon (da própria Amazon ou de um vendedor da Amazon); precisa estar em estoque e ser fácil de ser reabastecido; e precisa ter uma classificação de 4,0 ou superior.
3. Na ausência de um histórico de compras anterior ou de um Amazon Choice, a Alexa apresentará os mesmos dois principais resultados de pesquisa orgânica que a pesquisa feita via celular ou desktop mostraria.

Isso significa que, para ganhar nas compras com a Alexa, os fundamentos da pesquisa — palavras-chave, título e características do produto e descrição — ainda se aplicam. Dito de outra forma, são os mesmos conteúdos e atributos usados para descrever um produto que geram tanto taxas de cliques mais altas quanto as de conversão, a partir dos resultados das pesquisas tradicionais e por voz, que determinarão o quão alto no ranking de pesquisa esse produto aparecerá.

As empresas também se apressaram a desenvolver as chamadas "habilidades" da Alexa para integrar com suas ofertas, nada diferente da corrida para desenvolver aplicativos móveis para as lojas Apple e Android nos primeiros dias da adoção de smartphones. Na verdade, mercados online como Ocado e Peapod foram os primeiros a integrar a Alexa globalmente, ignorando o fato de que a AmazonFresh é uma ameaça crescente para seus negócios. A voz é um próximo passo natural para o comércio eletrônico de supermercados. Por exemplo, em 2017, a Peapod desenvolveu uma habilidade "Ask Peapod" para a Alexa, que permite aos consumidores solicitar por voz os itens do pedido, que são então adicionados aos carrinhos de supermercado semanais dos clientes.[15] Como já dissemos, a Peapod não é, de forma alguma, a primeira empresa a explorar as capacidades de encomenda da Alexa — os amantes da cerveja, por exemplo, podem encomendar Miller Lite dizendo, "Alexa, start Miller Time". Mas a Peapod vê o seu investimento no desenvolvimento de habilidades como válidos porque permite aos consumidores adicionar imediatamente um item à sua lista de compras, colocando o supermercado online ou a sua empresa-mãe, a Ahold Delhaize, na melhor posição para cuidar da encomenda. Caso contrário, o consumidor pode decidir comprar mais tarde em outro lugar ou esquecer de adicionar o item no seu carrinho.

Do mesmo modo, em 2018, o Google introduziu um programa concorrente chamado *Shopping Actions*, oferecendo um carrinho de compras universal para compras em celulares, computadores ou em um dispositivo habilitado para voz. Os principais varejistas, incluindo Walmart, Target, Ulta Beauty, Costco e Home Depot, assinaram o programa para listar produtos em todo o Google Search, no Google Express e Google Assistant para smartphones e alto-falantes inteligentes como o Google Home.[16]

Para os millennials e outros consumidores que utilizam cada vez mais a internet para comprar, a Peapod diz que sua função Ask Peapod é uma ótima maneira de atrair clientes que podem usar a tecnologia como sua forma preferida de encomendar muitas de suas compras. Com a Amazon fazendo maiores incursões no espaço dos supermercardos — destacadas por sua recente aquisição da Whole Foods e concorrentes como a Instacart (que ainda era parceira da Whole Foods enquanto escrevíamos esse livro, apesar da aquisição da rival Amazon) —, operadores em rápida expansão como a Peapod provavelmente estão sob tanta pressão competitiva que não têm condições de não participar dos diferentes métodos usados pelos consumidores para reabastecer seus refrigeradores e armários, independentemente da frequência com que esses clientes façam pedidos por voz. A Ocado foi o primeiro mercado do Reino Unido a abraçar essa ideia, demonstrando o poder da voz para impulsionar a "coopetição" e a importância de capitalizar a voz o mais rápido possível para os supermercados online. Alimentando-se ainda mais no ecossistema de *volantes* da Amazon, a Alexa é apenas a mais recente ferramenta competitiva baseada em tecnologia que força rivais como a Peapod a agir a partir disso a fim de permanecer relevante contra uma concorrência que está ajudando a impulsionar mudanças sem precedentes no varejo, alimentadas pela tecnologia.

Carrie Bienkowski, diretora de marketing da Peapod, disse em uma entrevista pouco antes do lançamento do Ask Peapod: "Você não sobrevive nesta indústria sem ser um pouco paranoico e olhar por cima do ombro. Há dez anos, bastava entregar as compras — isso era conveniente. Mas uma das coisas que estamos realmente internalizando é o fato de que temos que continuar a evoluir além da simples entrega de mantimentos."

Embora a Peapod possa ser aplaudida por abraçar a "coopetição" e desenvolvimento de habilidades para a Alexa, é provável que o verdadeiro vencedor como resultado de seus esforços não é o consumidor, mas a Amazon. Como Danny Silverman, diretor de marketing da Clavis Insight, ressalta: "A realidade é que, de cerca de 30 mil habilidades que estão disponíveis, apenas uma pequena porcentagem está sendo baixada — e menos ainda é usada mais de uma vez."[17] Isso explica por que a Amazon investiu para construir seu hardware Alexa para além das compras online, adicionando facilidades para chamadas e até, mais recentemente, uma tela (o que pode parecer ir contra a ideia de interfaces que "desapareçam" em segundo plano). A extensão da Home Skills API, em 2018, para controlar mais dispositivos inteligentes, de fornos a TVs, adiciona mais de oitocentas habilidades e mais de mil dispositivos que a Alexa pode controlar em casa hoje.

Spencer Millerberg, sócio-gerente da One Click Retail, aconselha, portanto, que a decisão de quanto investimento colocar na pesquisa de voz da Alexa é "questão de priorização. Se você é o CEO de uma empresa de música, então, absolutamente, essa deve ser uma de suas primeiras prioridades [de desenvolvimento estratégico]. Se você é o CEO de uma marca de consumo, haverá um pouco menos [de prioridade], porque fazer compras não é um motivo primordial para uso da

Alexa; já se você está na automação residencial, talvez precise trabalhar no meio-termo. A principal coisa em que temos de nos concentrar é nos fundamentos."[18]

Silverman acrescenta: "No fim das contas, [os fundamentos são] as mesmas coisas que impulsionam a pesquisa em desktops e dispositivos móveis. Se você tiver os dados e insights para entender o que está funcionando ou não [em relação às classificações de pesquisa na Amazon.com] e otimizá-los em relação às classificações para desktop e dispositivos móveis, você ganhará com a tecnologia de voz."

Portanto, apesar de ser difícil mapear a evolução do varejo sem atritos com os fatores de desenvolvimento tecnológico que possibilitaram esse crescimento sem incluir a Amazon no mapa, também é impossível prever a crescente influência dessa empresa sobre tal evolução.

TECNOLOGIA INTELIGENTE DE VAREJO

Mas onde essa jornada de inovação rumo a experiências de varejo verdadeiramente sem atrito deixa o resto do setor? De fato, com o mercado varejista se recuperando da última rodada de avisos de lucros e administrações, muitos olharão para a diferenciação da tecnologia digital para enfrentar tempos difíceis e preparar seus negócios para o futuro. Uwe Weiss, chefe executivo da Blue Yonder, argumentou que o "Efeito Amazon" — no sentido da contínua perturbação e evolução do varejo causada pela consumerização da tecnologia e do consumidor "nos meus termos" — agora aumentará a sua influência à medida que os varejistas lutam para manter sua parcela de mercado e a fidelidade dos clientes. Quando se trata de seu impacto sobre as marcas, por exemplo, a indústria está ansiosamente esperando para ver se a tecnologia de voz tem um impacto tangível na fidelidade à marca e nas estratégias de marketing — especialmente se os sistemas de voz permanecerem sem anúncios. A necessidade de um conteúdo sofisticado e de uma gestão orientada por atributos para os principais motores de busca pode exigir uma reorganização drástica em algumas empresas.[19]

Weiss ressaltou que, com a Amazon já usando IA para fornecer recomendações de compras personalizadas e otimizar suas cadeias de suprimentos, os varejistas tradicionais devem ser ainda mais agressivos na adoção de tecnologias de última geração para manter a participação de mercado. "Com varejistas dos mais tradicionais encerrando atividades, a inovação precisa estar no centro das atenções mais do que nunca", disse ele, que destacou, com razão, que o campo da IA está se desenvolvendo incrivelmente rápido. O sistema de recomendação da Amazon é executado em uma arquitetura totalmente baseada em aprendizado de máquina, então suas sugestões sobre o que comprar, assistir ou ler a seguir são "incrivelmente inteligentes", e a divisão DeepMind do Google agora está dando a seus algoritmos de IA uma "imaginação" para que possa prever como uma determinada situação evoluirá e tomará decisões. "Isso leva a mais conversões e *upselling* em toda a empresa, além de dar à Amazon uma visão sobre como precificar seus produtos para os clientes e quanto estoque manter", acrescentou ele.

E, com razão, embora também tenha alertado contra o uso da tecnologia pela tecnologia, especialmente em áreas onde a vantagem da Amazon, de ser antes de tudo uma empresa de tecnologia, é insuperável. Mesmo que esteja claro que o potencial da IA para aumentar os níveis de produtividade, eficiência e personalização na indústria de varejo seja promissor, Uwe Weiss aconselhou os varejistas a também serem realistas sobre o que podem esperar da IA e da autoaprendizagem. "A IA no varejo não prevê o futuro — pelo menos, ainda não!", alertou. "Ela analisa vários e vários dados comportamentais e circunstanciais complexos para identificar padrões e tendências. Estas permitem que os varejistas tomem decisões que resultam em níveis de estoque mais precisos e em preços mais adequados aos ciclos de vida dos produtos."

Weiss salientou também que, para que os varejistas tradicionais, sobretudo no setor de supermercado, possam sobreviver e competir com gigantes online como a Amazon, precisarão ajustar radicalmente a sua abordagem da tecnologia e dos dados. "Os varejistas precisam começar a pensar nos dados como um de seus ativos mais importantes e como a chave que pode lhes permitir construir melhores relacionamentos com seus clientes, otimizar sua cadeia de suprimentos e preços e competir com os concorrentes online", concluiu. Por exemplo, uma pesquisa mostrou que mais da metade de todos os Amazon Echos estão localizados na cozinha, o que significa que existe oportunidade para um maior envolvimento específico da categoria em torno da preparação de receitas e construção de cestas para produtos domésticos e mantimentos. Que pode inicialmente ser maior para operadores com empresas e marcas relevantes. A voz expande a tendência de compras "no momento" e pode até se tornar a guardiã do consumidor, especialmente para os varejistas e marcas FMCG do ponto de vista do volume de varejo.

Talvez não seja de se estranhar que os supermercados que ainda não querem aderir à Amazon tenham formado uma aliança "antiAmazon" com o Google, através de seu assistente de voz, e o gigante da internet está mais do que feliz com a parceria. Não foi surpresa que Walmart, Tesco e Carrefour tenham se inscrito para desenvolver habilidades para que os seus clientes possam encomendar produtos online utilizando o Google Assistant através do seu serviço de compras Google Express. O Carrefour, por exemplo, anunciou em 2018 que estava se associando ao Google para criar um serviço de assistência de voz online chamado "Lea" como parte dos planos de transformação digital de cinco anos e 3,5 bilhões de dólares do varejista francês. "A Lea foi concebida para tornar o dia a dia mais fácil para os nossos clientes — eles podem usá-la para gerir as suas listas de compras... usando apenas a sua voz", afirmou a gigante do varejo francês.

PAISAGEM COMPETITIVA

O Google é atualmente a única plataforma de voz alternativa viável à Alexa quanto às compras. Mesmo assim, ocupa um segundo lugar distante em relação à Amazon, com o Echo respondendo por mais de 70% das vendas em 2017 na categoria de alto-falantes inteligentes. Mas o Google Assistant pode reivindicar níveis de integração muito maiores, e o Google afirmou que agora é acessível em mais de quatrocentos milhões de dispositivos, incluindo aparelhos domésticos da LG, fones de ouvido da Bose e diversos alto-falantes de quinze empresas diferentes, bem como todos os dispositivos executando seu sistema operacional Android. Mas o suporte da plataforma de compras Google Express é relativamente pequeno em escala, escopo e velocidade de atendimento em comparação com os serviços do marketplace da Amazon, Fulfilment by Amazon e Prime Now.

Outros players também estão entrando na briga. Em 2018, a Starbucks estabeleceu uma parceria com o Grupo Shinsegae, na Coreia do Sul, para integrar o reconhecimento de voz com o Bixby, o assistente de voz da Samsung, que está disponível em dispositivos Samsung Galaxy selecionados. Essas características são uma extensão da tecnologia móvel de encomendas e pagamentos da Starbucks. O dispositivo Home Pod da Apple, que foi lançado no início de 2018 e conta com sua assistente de voz Siri, recebeu críticas mornas. Embora ofereça um controle de casa inteligente ativado por voz, controle audiovisual e integração de dispositivos, além de funcionalidades como notícias, meteorologia, calendário e mapeamento, onde é possível perguntar, por exemplo: "Qual a melhor comida vegetariana por perto?", a Apple ainda não forjou parcerias ou ecossistema necessários para que os consumidores façam compras com ela.

Se os consumidores confiam na Alexa e em seus similares para delegar tarefas de compra, no entanto, é outra questão inteiramente diferente, dada a natureza do seu funcionamento, o que significa que alguns foram desenvolvidos para estar sempre ligados e na escuta, enquanto outros requerem uma interação física com o dispositivo antes de ouvir um comando de voz — pense na Apple e na pressão demorada do botão home para ativar a Siri em um dispositivo iOS. Em vez disso, vários relatos sugerem que a Alexa pode ouvir palavras em conversas ou mesmo na TV, que considera como uma sugestão para entrar em ação. Essa ativação acidental levou a relatórios da Alexa proferindo risadas assustadoras aleatórias, ou mesmo pensando que tinha sido solicitada a gravar uma conversa de um homem e sua esposa e, em seguida, enviar a gravação para um de seus funcionários.[20]

A outra incógnita é como o uso da voz pode ocorrer em loja, algo que exploraremos com mais profundidade no próximo capítulo. Enquanto isso, a Amazon fez um acordo com a BMW para integrar a Alexa em seus carros a partir de meados de 2018, e já tem uma parceria semelhante com a Toyota. Mesmo os fabricantes de navegação por satélite estão entrando em ação, como a Garmin, cujo Speak Plus é uma câmera de quase quatro centímetros no painel de instrumentos que também vem com integração Alexa. Os usuários poderão usar comandos de voz para obter instruções, tocar música, fazer chamadas telefônicas, controlar dispositivos inteligentes em seu Connected Car e fazer pedidos de produtos e serviços, como entrega ou coleta de encomendas. Mas nos Estados Unidos, a Amazon deve competir com os sistemas próprios de comando da voz dos fabricantes de carros, bem como a tração significativa que a Apple ganhou com seu sistema CarPlay para conectar dispositivos iOS a um carro para a integração baseada em comando de navegação, música e voz.

Se aprendemos alguma coisa com nosso estudo sobre o papel fundamental da Amazon no desenvolvimento da IA e da voz na busca de uma experiência de varejo sem atritos, é que a IA tem a capacidade para melhorar o retorno sobre o investimento tanto na loja quanto online, simplificando as jornadas de compras, melhorando a precisão do inventário e otimizando a cadeia de suprimentos para apoiar o crescimento. É o culminar do desenvolvimento dos drivers tecnológicos da mudança com o uso de dados gerados pelas ferramentas de compras digitais que a inovação e o desenvolvimento tecnológico permitiram. A razão pela qual a IA se tornou tão importante dessa maneira é porque a Amazon está usando-a para fornecer mais comodidade, imediatismo, transparência e relevância para o consumidor de hoje, que quer tanto o lado funcional quanto trazer à tona as partes divertidas das compras. É claro que os varejistas devem ver a tecnologia, especificamente ferramentas digitais, dados e IA, como essenciais para ajudá-los a acompanhar os disruptores online na corrida para se adaptarem às atuais expectativas do consumidor. Entretanto, deve ser fácil compreender por que a Amazon, até agora, mostrou a eles o caminho.

Tabela 10.1 Lançamentos de hardware de tecnologia da Amazon, 2011-2018

Dispositivo da Amazon	Data de lançamento	Preço no lançamento	Funcionalidade
Kindle Fire	Novembro 2011	$199	Tablet
Fire TV	Abril de 2014	$70	Smart TV com dispositivo de *streaming* de mídia
Fire Phone	Julho 2014	$199	Smartphone
Botão Dash	Março 2015	£4.99 (reembolsável na primeira compra)	Dispositivo de reabastecimento com um clique
Echo	Junho 2015	$100	Alto-falante inteligente e assistente de voz
Echo Dot	Março 2016	$50	Mini versão de alto-falante inteligente e assistente de voz
Amazon Tap	Junho 2016	$80	Alto-falante e assistente de voz inteligentes e alimentados por bateria
Echo Look	Abril 2017	$120	Alto-falante inteligente, assistente de voz e câmera ativada por voz
Echo Show	Junho 2017	$230	Alto-falante e tela inteligentes, assistente de voz e sistema de videoconferência
Dash Wand	Junho 2017	$20	Scanner de produtos de mercado alimentado por bateria e habilitado para assistência de voz
Cloud Cam	Setembro 2017	$120	Câmera de segurança doméstica
Blink	Setembro 2017	$100	Sistema de segurança inteligente de câmera e campainha
Echo Plus	Setembro 2017	$150	Alto-falante inteligente, assistente da voz, e conectado ao Home Cube
Echo Spot	Dezembro 2017	$130	Alto-falante inteligente, assistente de voz e despertador digital
Echo Connect	Dezembro 2017	$35	Conector de telefonia para dispositivos Echo
Echo Buttons	Dezembro 2017	$20	Extensões de controle de jogos para dispositivos Echo
Amazon Fire Cube	Junho 2018	$119	Assistente de voz compatível com TV 4K e *streaming* set-top-box

11
A LOJA DO FUTURO: COMO A AUTOMAÇÃO DIGITAL VAI ENRIQUECER A EXPERIÊNCIA DO CONSUMIDOR

> "São dados com coração. Estamos pegando os dados que temos e criando lugares físicos com eles."
> **Jennifer Cast, vice-presidente da Amazon Books, 2015**[1]

Vimos como a inovação tecnológica da Amazon e a sua postura pioneira lhe deram vantagem online com o desenvolvimento dos seus serviços e funcionalidades de comércio eletrônico, bem como no ambiente doméstico, através dos seus vários dispositivos de hardware e assistente de voz Alexa. A Amazon usou ferramentas de compras digitais aplicadas com recursos baseados em IA para remover o atrito das compras online e personalizar a experiência com recomendações. Tanto é assim que a facilidade com que a Amazon pode permitir compras online e entrega gratuita no dia seguinte, ou dentro de duas horas com Prime Now, alimentou um debate constante sobre o seu papel na morte iminente da loja física. Já declaramos nossa visão de que o varejo físico está longe de estar em estágio terminal, e a maioria das vendas ainda está sendo realizada presencialmente.

No entanto, argumentaríamos que, ao longo de duas décadas após o Dia 1 da Amazon, os varejistas da cadeia têm tanto a aprender com a forma como a Amazon está trazendo suas habilidades de automação digital e inovação para o varejo físico, quanto ela tem a ganhar ao dominar o território físico de vendas que a cadeia de varejo tradicional tem dominado por mais de quarenta anos. Argumentaremos que as lições que a Amazon ainda tem que aprender sobre o varejo são baseadas nas vantagens da loja física que ela tentou superar online: a capacidade de tocar, sentir e experimentar; a gratificação de poder sair com as compras imediatamente; e a chance de interação humana oferecida por especialistas competentes tanto em atendimento quanto nos produtos. Essas vantagens são precisamente a razão pela qual tantas vendas ainda acontecem dentro de lojas, mesmo se encomendadas online, e a principal razão pela qual a Amazon teve que fazer o inevitável movimento para o offline com suas livrarias, com a compra da Whole Foods, com a Amazon Go e a Amazon 4-Star para sustentar qualquer coisa perto de seus níveis atuais de crescimento no futuro. O impacto dos serviços online e offline combinados também é muito importante na nossa análise da estratégia de atendimento da Amazon no Capítulo 13. Mas os propósitos da nossa análise sobre como a loja do futuro pode se desenvolver, seus operadores certamente poderiam aprender uma ou duas coisas com a Amazon e suas contrapartes de comércio eletrônico a respeito de como tornar a experiência de compra física mais atraente e livre de multidões, filas ou prateleiras vazias.

Ironicamente, a mudança da Amazon para o varejo offline também revela as habilidades de que ela precisa desesperadamente e que são valorizadas pelos varejistas físicos: marketing e merchandising de uma ou várias marcas em um espaço finito e a arte de curadoria através de eventos sazonais e de venda, em oposição aos resultados de pesquisa "corredor infinito" associados à experiência de compra da Amazon. com; a compra, planejamento e previsão necessários para maximizar a disponibilidade de produtos e funcionários, minimizando a exposição ao estoque e o tempo de permanência do cliente além do necessário para a compra; e a capacidade de surpreender e desfrutar da experiência geral no estabelecimento. São essas vantagens inerentes às lojas físicas, aplicadas com habilidade, que os varejistas precisam canalizar e desenvolver para competir com a Amazon, e que podem ser combinadas, aprimoradas ou aumentadas pela automação digital.

À medida que mudamos nosso foco para a loja, vemos como a Amazon está assumindo a liderança em trazer a automação digital e a inovação para os pontos comuns de atrito, como seleção e check-out de produtos, e como seus concorrentes estão explorando sua presença offline implementando tecnologia capaz de enriquecer a experiência do cliente para superar o efeito da Amazon. Nesse contexto, veremos como a Amazon influenciou os estágios de pesquisa, navegação e descoberta da jornada típica de compra em loja e, dessa forma, onde outros varejistas podem usar ferramentas digitais semelhantes em suas lojas para aprender e capitalizar o impacto do comércio eletrônico e do crescente impacto físico no varejo da Amazon.

PESQUISA ONLINE, COMPRA OFFLINE

Precisamos dar um passo atrás para entender por que a loja tradicional, com seu foco puramente transacional, está sob ameaça. Muitos consumidores na primeira onda de desenvolvimento do comércio eletrônico descobriram a internet e as compras online através de PCs e notebooks, e, como resultado, as vendas em e-commerce têm crescido e consumido as lojas tradicionais. Uma pesquisa americana de 2017[2] encontrou consumidores divididos em três grupos: aqueles que preferem fazer compras online (32,5%), aqueles que preferem ir às lojas (29,70%) e uma combinação de ambos (37,8%). Mais da metade (52%) disse que sua principal razão para fazer compras online era a conveniência e a possibilidade de comparar preços, bem como uma variedade mais ampla de mercadorias, entrega e devolução gratuitas, e acesso a informações mais detalhadas sobre produtos e opiniões de clientes. Mas não gostam do fato de não poderem interagir com a mercadoria para avaliar o tamanho e o ajuste ou a qualidade e o frescor, e de terem de esperar pela entrega, que pode ser perdida ou malsucedida.

Em todo o mundo, no entanto, a atual e as próximas ondas de consumidores estão descobrindo o comércio eletrônico primeiro via celular, onde não há fronteiras físicas para o local em que você fará compras online. Quando você adiciona mídias sociais, pagamentos móveis e aplicativos à equação, os varejistas precisam desenvolver — alguns diriam transformar — sua presença digital para competir. Eles certamente conseguiram capitalizar utilizando seus próprios canais de comércio eletrônico. Alguns até já começaram a associá-los a serviços online--para-offline, como o clique & retire. Mas é por isso que os aplicativos móveis e outras áreas de automação digital habilitadas para celulares também têm um papel central a desempenhar na loja do futuro, por sua capacidade de trazer velocidade, conveniência, transparência e relevância associadas à jornada de compras online diretamente da loja para as mãos dos clientes.

Mais uma vez, porém, quando se trata de mobilidade, a Amazon tem uma vantagem: quase metade de todos os millennials tem seu aplicativo Amazon acessível na tela inicial, de acordo com uma pesquisa de 2017 realizada por uma empresa americana de análise de mídia.[3] Outras pesquisas realizadas entre consumidores nos EUA, no Reino Unido, na França e na Alemanha em 2017 descobriram que:

- 72% usam a Amazon para encontrar informações sobre produtos antes de fazer uma compra;
- 26% verificarão preços e informações na Amazon se estiverem prestes a comprar algo em uma loja.[4]

O domínio online da Amazon nos mercados onde opera continuará exercendo forte influência na fase de pesquisa online de qualquer jornada de compras, independentemente de onde a pesquisa do consumidor é realizada, bem como potencialmente roubar essa venda de um rival offline. No entanto, pensando nos dois terços dos consumidores que gostam de fazer compras exclusivamente offline ou em combinação com a internet, a popularidade do ROBO — pesquise online, compre offline — ou *webrooming*, como também é conhecido, favorece o varejista físico. Quase metade (45%) dos consumidores que compraram offline em 2018 disse que tinha pesquisado primeiro online. A mesma pesquisa, realizada pelo Bazaarvoice, revelou que as categorias de produtos mais impactadas pelo ROBO foram eletrodomésticos (59%), saúde, beleza e fitness (58%) e brinquedos e jogos (53%). Estas foram seguidas de perto pela eletrônica (41%) e produtos para bebês (36%).[5] Assim, conclui-se que um varejista pode perder tantas vendas online para a Amazon na fase de pesquisa quanto ganhar em loja através da tendência ROBO.

---

webrooming
substantivo, informal
Definição: Quando os consumidores pesquisam itens online para que possam verificar e comparar opções, mas depois se dirigem a uma loja física para concluir sua compra, sendo, portanto, uma prática conhecida pela pesquisa online e compra offline (ROBO). Muitas vezes, os consumidores usam este método quando querem ver como o produto é realmente antes de fazer a compra final.

Com o ROBO, o varejista deve ganhar durante a fase de pesquisa da jornada de compras, superando a Amazon em preço, variedade de produtos e informações ou localização — a primeira das quais já sabemos, dada o império do gigante online, é muito mais fácil falar do que fazer. Seguindo a tendência ROBO, a Amazon estabeleceu uma vantagem inicial em relação ao preço em 2010 com a introdução do aplicativo de leitura de código de barras Price Checker. Até ofereceu um desconto único de 5% (até 5 dólares) em cada um de três itens, num total de 15 dólares em compras por dia, no final de 2011, para incentivar os consumidores a utilizarem o aplicativo. Também pede aos clientes que relatem preços anunciados no mercado e informações de localização de volta à Amazon para garantir que ofereça as ofertas mais competitivas.

A vantagem pioneira da Amazon em reconhecer o poder das classificações e opiniões dos clientes para aprimorar as informações disponíveis sobre os produtos também esclarece a mudança da empresa para o universo offline. De acordo com o estudo Bazaarvoice, 45% dos consumidores de lojas tradicionais leem comentários de clientes online antes de comprar produtos, marcando um aumento de 15% ao ano até 2018. Sendo uma precursora em seu uso preeminente de análises dos clientes quanto a produtos e vendedores em seu marketplace como um fator determinante da posição em que um produto aparece em seus rankings de busca, a Amazon tem uma vantagem óbvia sobre os varejistas com recursos equivalentes de comércio eletrônico menos bem desenvolvidos. Mas um varejista ainda pode explorar as análises online em seu próprio benefício. Um provedor de sistemas de comércio eletrônico sugeriu que cinquenta ou mais análises por produto podem gerar um aumento de 4,6% nas taxas de conversão online, enquanto um cliente tem 58% mais chances de se converter após interagir com uma análise.[6]

É fácil entender por que, então, a Amazon colocou as classificações e críticas de seus clientes no centro de sua primeira incursão no varejo físico com a estreia, em 2015, da Amazon Books em sua cidade natal, Seattle. Como abordamos no Capítulo 5, cada título é acompanhado por um rótulo, ou "contador de prateleira" em linguagem de livreiro, que apresenta uma opinião de cliente da Amazon.com e sua classificação por estrelas, além do código de barras. A ausência de preços nas prateleiras obriga os clientes a escanear o código por meio do aplicativo da Amazon para acessar essa e outras informações, ou os funcionários da loja equipados com dispositivos portáteis podem escanear os itens para você.

Acusada de matar a livraria tradicional, no entanto, alguns setores da indústria foram rápidos em apontar que a entrada da Amazon no território offline traiu a sua falta de experiência em espaços físicos de varejo. A loja foi criticada por ter prateleiras posicionadas muito próximas umas das outras, com uma configuração ilógica que não se preocupava em organizar os títulos em ordem alfabética, e os livreiros rivais questionaram como ela poderia armazenar uma seleção tão limitada de cinco a 6 mil títulos, exibidos da maneira mais esbanjadora quanto ao espaço, exibindo a capa e não a lombada.[7] Além disso, a primeira loja não era um local para receber pedidos do site, e a Amazon Books também não ofereceu preços preferenciais para os clientes Prime até a abertura de sua terceira loja, no final de 2016. Alguns descreveram o local de estreia como uma "loja sem parede", pelo fato dos clientes poderem percorrer infinitos corredores online da loja e fazer pedidos para que fossem entregues. Outros a chamaram de "despesa de marketing",[8] da mesma forma que a Apple concentra o papel de suas lojas na apresentação de seu hardware — a Amazon Books também vende suas linhas de leitores Kindle e caixas acústicas inteligentes Echo, entre outros dispositivos — mas, em comparação com as amplas e *cleans* "Town Square" da Apple, os críticos também destacaram a aparência relativamente utilitária da primeira Amazon Books.

Apoiando ainda mais a visão da Amazon Books como tendo mais valor como uma vitrine de marketing para a Amazon do que como uma livraria, quando ela inaugurou sua primeira loja física, no final de 2017, verificou-se que quase não gerava receita.[9] Em seu contexto mais amplo de marketing, é fácil ver como o objetivo da Amazon Books não era necessariamente ganhar dinheiro, mas sim testar como poderia transferir o melhor de sua experiência online para o offline e começar a construir raios offline em seu *volante*. Aqui vemos como os dispositivos móveis são fundamentais para isso, desbloqueando a ampla diversidade da Amazon para os clientes offline, ao mesmo tempo em que permite que usuários da Amazon e do Prime App associem suas preferências virtuais e histórico de compras à sua visita física à loja, dando visibilidade à Amazon em toda a jornada de compras de seus clientes para que possa medir com precisão a atribuição, tanto online quanto na loja.

Essa visão, que entendemos como uma das principais facilitadoras da proposta centrada no cliente, é de fato o verdadeiro diferenciador da Amazon Books — não os livros ou os gadgets. Da mesma forma que permite que a Amazon associe um cliente identificado pelo seu histórico de compras e preferências às ofertas e menções recomendáveis que lhe oferece online, também pode refinar a sua oferta física de acordo com a forma como os clientes realmente compram na loja, bem como o que pode oferecer a cada um, individualmente, em termos de preços, informações sobre produtos e promoções. O objetivo da Amazon tem sido criar um ambiente físico de varejo onde os clientes se identifiquem prontamente, para que possam usar iterativamente os dados que compartilham para personalizar sua experiência e adaptá-los, de modo a completar qualquer etapa em que se encontrem durante sua jornada de compras. Ao transferir preços e outras informações semelhantes para um aplicativo nos dispositivos móveis dos clientes, a Amazon pode personalizar cada oferta, recomendação e preço para cada um em tempo real, seja em uma de suas lojas ou em uma concorrente, para otimizar a conversão e cada transação.

LOCALIZAÇÃO COMO PROXY DE RELEVÂNCIA

Embora as classificações e resenhas tenham sido preservadas do comércio eletrônico *pure-play* para informar a fase de pesquisa da jornada de compras, podemos ver como a Amazon os transpôs via celular para o ambiente da loja Amazon Books, personalizando e assim melhorando a experiência do cliente. Mas também usou os dados que seus clientes geram de suas atividades de compras online para informar todos os aspectos dessas lojas — desde compras e merchandising a preços e promoções — para que possa então vincular os resultados offline à sua execução online e vice-versa no que deve se tornar um ciclo virtuoso de constante aprimoramento e melhoria.

Tenha em mente que, sob a influência do digital, os comerciantes agora veem a fase de pesquisa da jornada de compras como o "momento zero da verdade" (ou ZMOT, um termo cunhado pelo Google em 2011).[10] Pelo fato de que consumidores poderem buscar produtos anonimamente online tanto quanto podem fazê-lo dentro da loja, não deve ser surpresa ver a Amazon exportando tais recursos, o que pode influenciar positivamente este ZMOT, promovendo a conversão offline. Quando se trata de explorar a vantagem física da loja no ZMOT — para potencialmente ajudar uma venda ROBO, por exemplo — a pesquisa baseada em localização ou "perto de mim" é uma ferramenta poderosa à disposição do varejista offline que aproveita a vantagem física da loja de ser capaz de fornecer gratificação instantânea (se o produto procurado estiver em estoque). Isso porque, mesmo antes da existência da Amazon, a localização sempre foi um poderoso proxy de relevância e, portanto, os maiores varejistas do mundo têm redes de lojas tão extensas e, em alguns casos, densamente localizadas. Como o próprio Google sugeriu, a pesquisa "perto de mim" já não tem apenas a ver com localização; tem a ver com conectar as pessoas às coisas de maneira oportuna, tanto quanto com encontrar um lugar de fato. Em 2017, a gigante da pesquisa chamou a atenção para o fato de que as pesquisas "perto de mim" que contêm variantes dos termos "posso comprar?" ou "para comprar" cresceram 500% em dois anos.[11] Isso porque os consumidores muitas vezes usam pesquisas para encontrar respostas a uma necessidade imediata. Mas quando se trata de imediatismo, a loja online vai triunfar quase sempre — especialmente se o varejista também oferece a oportunidade de "salvar a venda", tornando o inventário da loja disponível para pedido online. Esta é outra razão pela qual os clientes esperam ver nas lojas tradicionais a mesma variedade e ter uma experiência equivalente à oferecida online — se a experiência digital permite algo, por que a loja física não permitiria?

Essa também é a razão pela qual a presença digital de uma loja física não deve negligenciar os requisitos básicos de otimização do mecanismo de busca (SEO) para garantir que ela e seu inventário possam ser encontrados. Outros recursos do Google, como o recurso patenteado do *Knowledge Panel* que aparece à direita dos resultados de pesquisa, são projetados para ajudar a descobrir marcas ou localizar negócios; e, como a Amazon, suas plataformas de pesquisa paga, Shopping e Express podem tornar um negócio de tradicional e/ou online detectável no momento da pesquisa, onde a faixa de entrega de duas horas da Amazon ainda não se estende. No Capítulo 13, exploramos como o Google está capitalizando ainda mais as suas vantagens do "O Que a Amazon Não Faz" (WACD) através do atendimento.

Aumentando essa pressão sobre a Amazon e outros varejistas cujos negócios estão online em primeiro lugar ou apenas online, em 2018, o Google introduziu aos consumidores o poder da pesquisa de inventário de lojas locais com uma nova ferramenta chamada See What's In Store (SWIS). Os consumidores podem pesquisar um produto específico e descobrir quais lojas locais têm esse item em estoque, ou pesquisar em todo inventário de uma única loja ao usar a barra de pesquisa principal do Google ou o do Google Maps. Selecionar a localização da loja mais próxima irá gerar uma segunda barra de pesquisa no *Knowledge Panel* do Google onde os consumidores podem pesquisar o inventário dessa loja, uma funcionalidade que a empresa oferece atualmente de forma gratuita. Os consumidores também podem digitar o nome de um produto específico na barra de pesquisa e os resultados mostrarão quais lojas locais têm esse item em estoque. No entanto, elas devem pagar para aparecer nos resultados desses anúncios.

> "O comércio eletrônico ganha muito porque as pessoas não sabem onde encontrar coisas. Essa é uma grande desvantagem que as lojas locais têm em relação à Amazon. Se você soubesse que havia algo disponível a um quarteirão de distância, ou que poderia ir buscá-lo em uma loja local sem precisar esperar pelo envio, talvez não optasse por encomendá-lo online."
>
> **Mark Cummins, CEO da Pointy, empresa de tecnologia localizada em Dublin, parceira do Google para desenvolver o SWIS**[12]

A Amazon pode não ter ainda uma extensa rede de lojas para corresponder à capacidade física de seus rivais globais de supermercados e mercadorias em geral, mas, apesar dos esforços do Google para nivelar seu poder de atuação com recursos como Anúncios de Inventário Local e SWIS, a Amazon ainda é dominante quando se trata de pesquisa de produtos. Como mencionado anteriormente, quase metade (49%) dos consumidores recorre primeiro ao site dela quando procura por produtos online, com os mecanismos de busca ficando com 36% e os varejistas em terceiro lugar, com 15%. Quando questionados, no entanto, o preço não era a razão principal (Figura 11.1), sugerindo novamente que há mais maneiras de competir com a Amazon nas guerras ROBO.[13]

Quando se trata de ganhar o ZMOT, não podemos pensar na fase de pesquisa sem considerar o advento da busca visual. O provedor de tecnologia Slyce oferece reconhecimento visual de imagens nos mecanismos de pesquisa para numerosos varejistas, incluindo Home Depot, Macy's e Tommy Hilfiger nos EUA e no Reino Unido, por exemplo. A empresa diz que a qualidade do reconhecimento de sua imagem é superior à da Amazon e do Google, pois constrói classificadores e detectores, que são o nível inicial de reconhecimento. O aprendizado de máquina é empregado para treinar o software para reconhecer fotografias de qualidade variável geradas por usuários. Os varejistas afirmam que os valores médios das encomendas aumentam 20% e que as taxas de conversão são 60% mais elevadas quando integram a tecnologia no seu próprio e-commerce ou nas pesquisas em aplicativos móveis.

A Amazon teve uma vantagem inicial em 2009, quando usou seus recursos de reconhecimento de imagem e aprendizado de máquina IA para lançar uma solução de pesquisa visual em seu aplicativo, o Amazon Remembers, com o objetivo de digitalizar os códigos de barras de livros. Estreou no aplicativo como um recurso adicional de pesquisa de câmera chamado Flow em 2014. Em seguida, ele foi integrado como um aplicativo chamado Firefly com seu malfadado telefone Fire, mais tarde naquele ano, antes de introduzi-lo no dispositivo Kindle Fire HD e expandir os recursos visuais do aplicativo Amazon para reconhecer quase qualquer item em 2016.[15] Essa funcionalidade do aplicativo de

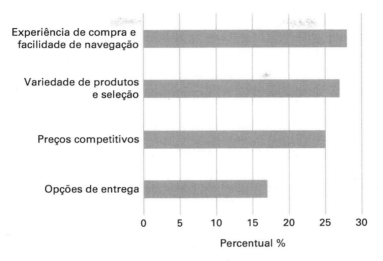

Figura 11.1 *As principais razões pelas quais os consumidores dos EUA iniciam suas buscas de produtos na Amazon*[14]

pesquisa visual continuou a crescer graças a uma parceria, em 2017, com a Samsung para incorporar a funcionalidade em um dos seus principais modelos de smartphone, o Galaxy S8. Usando a sua câmera com o assistente Samsung Bixby, os consumidores podem tirar uma foto de um item ou código de barras para encontrar resultados relevantes no catálogo de produtos da Amazon.

Recursos como a pesquisa visual podem ajudar a preencher a lacuna offline-para-online tanto remotamente quanto dentro da loja para melhorar a experiência do cliente, introduzindo a oportunidade de navegar por uma seleção de produtos semelhantes de acordo com seus atributos visuais. Não é nenhuma surpresa, então, que o motor de busca Bing da Microsoft tenha seu próprio mecanismo de Pesquisa Visual e até mesmo o Pinterest entrou em cena em 2017, com o lançamento do Lens. A questão aqui é que o varejista offline deve agora considerar como usar essas ferramentas digitais para torná-los detectáveis, onde sua localização, alcance e disponibilidade, em combinação com preço, podem ser suficientes para roubar uma venda potencial da Amazon.

A LOJA COMO UM *SHOWROOM*

Todos os empreendimentos que exploramos até agora podem ocorrer em qualquer lugar, tanto fora quanto dentro de uma loja. A importância da popularização na adoção de dispositivos móveis significa que a pesquisa pode ocorrer em qualquer lugar, mas também tem uma influência significativa na decisão de compra enquanto o cliente estiver dentro de uma loja. Enquanto o ROBO se refere às fases de pesquisa e compra de uma jornada de compras, em que a navegação é uma experiência puramente virtual, a ideia por trás do conceito de *showrooming* coloca a fase de navegação diretamente dentro da loja. Ao contrário do ROBO, porém, é o estabelecimento que perde com a venda.

> *showrooming*
> substantivo, informal
> **Definição:** Quando os clientes visitam uma loja para verificar um produto, mas depois concluem a compra online, às vezes a um preço mais baixo. Essencialmente, a loja funciona como um showroom de produtos para consumidores online.

Portanto, não é nenhuma surpresa que já em 2013, devido ao seu domínio online, a Amazon tenha sido usada duas vezes mais do que o Google como plataforma de *showrooming*.[16] Mesmo naquela época, isso representava 58% dos proprietários de smartphones, ou um terço de todos os consumidores dos EUA, em *showroom* regularmente. Desses, 56% tinham comprado artigos via celular enquanto estavam nos corredores da loja. Curiosamente, 46% dos *showroomers* também eram usuários Amazon Prime. O estudo concluiu que a Amazon é inteligente ao trabalhar com produtos e mercadorias exclusivas, oferecendo itens comparáveis e competitivos, movidos pelo seu motor de recomendações. Você pode imaginar que isso funciona particularmente bem com itens funcionais, livros ou itens de supermercado, por exemplo, que podem ser facilmente localizados por marca ou descrição, em comparação com setores como moda ou eletrônicos, onde a aparência e a sensação do item são mais importantes.

A Amazon também reconheceu essa limitação com sua oportuna patente *antisshowrooming*, concedida no mês anterior ao anúncio de sua aquisição da Whole Foods, em 2017.[17] Após explorar a tendência para seus próprios fins, sua patente foi projetada para impedir que os clientes praticassem o *showrooming* em suas lojas. Ela descreve um mecanismo para identificar o conteúdo que um consumidor está acessando através de um navegador ligado à rede Wi-Fi do varejista. Se o conteúdo for considerado como informações sobre produtos ou preços no site de um concorrente, a Amazon poderá executar diversas ações, comparando o produto procurado com o que está disponível na loja e, em seguida, enviando as informações de comparação de preços ou um cupom para o navegador do cliente, bem como sugerindo um item complementar ou até mesmo bloqueando o conteúdo completamente. Naturalmente, isso também significa que a Amazon se beneficiará de quaisquer tentativas futuras de fornecedores ou varejistas de tecnologia para desenvolver sistemas semelhantes, servindo como um lembrete de sua competitividade agressiva.

Os mesmos recursos de pesquisa visual dos aplicativos e dispositivos móveis que contêm funcionalidades e recursos de reconhecimento de imagem podem ser usados para ganhar a venda naquele "momento zero" (ZMOT) em pesquisa online, compras offline (ROBO), bem como em resposta ao *showrooming* dentro da loja. A realidade aumentada (RA) baseia-se em capacidades semelhantes de reconhecimento de imagem e de IA de aprendizagem de máquina, que os consumidores usam para pesquisas com imagem, em combinação com o desenvolvimento adicional de visão computacional e geolocalização. É chamado assim porque, em comparação com a completa imersão dos fones de ouvido e dos controladores da realidade virtual (VR), o RA sobrepõe imagens, texto, vídeo, gráficos e outras mídias que câmera de um smartphone capta do mundo real. A RA é uma área em que os varejistas e as marcas têm se empenhado até agora, mas a loja do futuro possui potencial para realmente melhorar o marketing e o merchandising durante a fase de pesquisa de compras, tanto dentro como fora da loja.

A Ikea, por exemplo, foi uma das primeiras a aplicar o RA móvel no setor doméstico. Lançou um aplicativo de RA em 2013 para visualizar modelos 3D dos seus móveis na casa dos clientes. Em 2014, combinou o aplicativo com seu catálogo de destaque mundial, permitindo que os clientes colocassem o catálogo onde queriam sobrepor a visualização do aplicativo para ver o produto em seu lugar. Em 2017, a Ikea fez uso do recém-lançado kit de desenvolvimento de software de RA (SDK) da Apple para lançar o aplicativo Ikea Place, atualizando a visualização de modelos de móveis para renderizações 3D de mais de 2 mil produtos, que poderiam ser vistos de diferentes ângulos. Ele também permite que os clientes reservem os que quiserem no aplicativo, que direciona para o site do Ikea para concluir as compras. A gigante do mobiliário doméstico agora considera combinar seus três aplicativos — para programar visitas às lojas, navegar em seu catálogo e planejar virtualmente a decoração — numa só, depois que o Ikea Place recebeu mais de dois milhões de downloads nos primeiros seis meses na App Store da Apple.

Yihaodian, da JD.com, o maior supermercado online da China, tem testado a ideia de lojas de conveniência em RA, permitindo que os clientes usem seu aplicativo móvel para fazer compras virtualmente nos locais designados. A Lego instalou pela primeira vez quiosques RA nas suas lojas em 2010, para permitir que os clientes vejam como um modelo acabado ficaria sobreposto à sua caixa quando aproximado da tela do quiosque. Em 2015, lançou o app Lego X para os entusiastas da construção de modelos de tijolo 3D no seu celular. A varejista japonesa de roupas Uniqlo trabalhou com a especialista em RA Holition em 2012 para introduzir um "Espelho Mágico" em algumas de suas lojas para que os clientes vissem como ficariam usando um item que experimentaram, mas em cores diferentes. Em 2016, a marca de cosméticos Max Factor trabalhou com a Blippar, outro fornecedor de RA, para tornar todos os seus quinhentos produtos interativos e permitir aos consumidores revelar conteúdo multimídia adaptado a cada produto usando o aplicativo Blippar.

A EXPERIÊNCIA DIGITAL DO CLIENTE

Mesmo que eles não estejam usando o aplicativo Amazon, ou "bipando" produtos na prateleira para acessar seu conteúdo de RA, os consumidores estão desenvolvendo expectativas cada vez mais sofisticadas em relação ao nível de interação digital ou autoatendimento disponível quando estão em loja, definidas por suas experiências de compra online. Aqui, o Wi-Fi é o pré-requisito para atender a essas expectativas. Sim, é verdade, facilita o *showrooming*, mas o mesmo problema surge com o acesso via dados móveis dos clientes, se a cobertura estiver disponível na loja. A diferença é que o Wi-Fi também é a conectividade essencial exigida pelos proprietários de lojas de varejo que procuram maximizar o retorno sobre o investimento de qualquer ponto de contato digital voltado ao cliente. Lembrando as razões pelas quais os varejistas adotaram o Wi-Fi em suas lojas, uma vez alguém (anonimamente) comentou que a incapacidade de acessar a internet enquanto estava dentro da loja significava que, se não oferecessem Wi-Fi, perderiam a venda para a Amazon de qualquer maneira porque o cliente deixaria a loja para receber um sinal de dados móveis, realizar sua verificação de preço e nunca mais voltar.

Além disso, embora a cobertura e as velocidades dos dados móveis continuem a aumentar à medida que novos protocolos e espectros de rede para banda larga se desenvolvem, um fator-chave para a adoção do Wi-Fi dentro de loja tem sido facilitar o acesso a mais pontos de contato digitais que podem melhorar a jornada de compra física e dissuadir o consumidor de concluir sua compra em outro lugar. Pelo menos, com o Wi-Fi, o varejista pode garantir que o ZMOT possa estar em qualquer lugar da loja, incluindo a borda da prateleira, onde pode exercer maior influência. Já falamos sobre como a função de câmera embutida de um dispositivo móvel pode ajudar os consumidores offline a encontrar produtos semelhantes ao que estão procurando online. Mas a presença dos recursos de geolocalização nesses dispositivos significa que a funcionalidade de mapeamento também já percorreu um longo caminho.

Informações precisas, em tempo real, baseadas em localização e otimizadas para dispositivos móveis sobre a loja e suas ofertas podem persuadir os consumidores a fazer uma visita, mas, uma vez lá dentro, os sites e aplicativos do varejista que incluem *wayfinding*, ou seja, sinalizações sobre o espaço físico, podem ajudá-los a navegar facilmente para a prateleira correta e encontrar com agilidade o que procuram. O Carrefour testou um serviço no aplicativo que permite que os consumidores recebam instruções, através de seus celulares, sobre promoções em uma loja — muitas vezes relacionadas a preferências individuais. Ele usou seiscentos sinalizadores Bluetooth (BLE) em seus 28 hipermercados romenos para se conectar a um aplicativo em smartphones ou carrinhos de compras equipados com tablets Samsung. O hipermercado Euralille do Carrefour em Lille, França, também instalou oitocentos LEDs Philips programáveis como parte de uma grande reforma, não só para economizar energia, mas também para usar a comunicação de luz visual Philips (VLC), que codifica ondas de luz com dados sobre produtos e promoções e transmite a informação diretamente para a câmera no smartphone do consumidor. Em seguida, um aplicativo exibe as informações direcionais, que ajudam a orientar o consumidor para a localização de um produto.

ESPAÇO INTELIGENTE

O benefício de possuir conectividade dentro de loja é a inteligência que isso pode fornecer dos dados gerados. Por exemplo, os varejistas tradicionalmente confiam em sistemas que contabilizam o total de passos, com base em imagens de câmeras infravermelhas, ou no número de consumidores que entram ou saem da loja. A loja do futuro utilizará os dados coletados por Wi-Fi e por mapeamento, bem como com outras tecnologias de monitoramento de passos, para melhorar o design e o layout da loja, de acordo com a forma como os seus clientes compram, com marcas e variedade regularmente atualizadas.

Em 2017, a Apple introduziu um kit de desenvolvimento de software RA (SDK) para seu sistema operacional móvel — ARKit para iOS — para adicionar recursos virtuais e 3D imersivos à sua funcionalidade de mapeamento e recuperar terreno quanto ao rival Google Maps. Desenvolvido com tecnologias como as do VLC e pesquisa visual, o mapeamento RA também pode ser usado para *gamificar* compras. A Shopkick foi uma pioneira nesse aspecto, trabalhando com os varejistas norte-americanos Best Buy, JCPenney, Target e Macy's a partir de 2012 para disponibilizar recompensas e ofertas baseadas em localização para os consumidores no check-in em lojas participantes e leitura de códigos de barras de itens específicos. No final de 2016, a Starbucks e o varejista de telecomunicações Sprint colaboraram com a Nintendo para adicionar "iscas" do jogo Pokémon Go RA, chamadas Pokestops, atraindo jogadores para as suas lojas.

Quando se trata de digitalizar todas as experiências de loja, as etiquetas eletrônicas de prateleira (ESLs) não são nenhuma novidade. Porém, elas tipificam a razão pela qual o Wi-Fi é essencial em uma loja do futuro que empregue tecnologia para construir pontos de contato digitais na experiência do cliente no ZMOT definitivo na fase de pesquisa na jornada de compras. Além do fato de que um estudo sobre ESLs de 2018 revelou que, para 80% dos consumidores, o preço tem a maior influência nas decisões de compra na prateleira; e para 67% dos varejistas o custo de gerenciar manualmente as mudanças de rotulagem ou sinalização relacionadas a preços e promoções corresponde de 1 a 4,99% do faturamento médio mensal das lojas, representando 104 bilhões de dólares em vendas durante 2017.[18]

Juntamente com a ineficiência dispendiosa que é trocar as etiquetas de preço nas prateleiras, que incluem uma faixa de funcionários da loja armados com as etiquetas pré-impressas ou impressoras de etiquetas presas ao cinto, as imprecisões passíveis de ocorrer ao se utilizar métodos de precificação antiquados também podem levar a violações dos regulamentos em torno da precisão dos preços[19] e da informação sobre produtos[20] se a loja estiver localizada na União Europeia, por exemplo. Mas o tempo necessário para alterar manualmente os preços também significa que a capacidade da loja tradicional de reagir rapidamente aos descontos da concorrência é severamente limitada, colocando-a em desvantagem quanto ao poder dos preços dinâmicos da Amazon impulsionados por IA, o que significa que a varejista pode alterar os preços de milhões de itens por dia. Isso é comparado a 50 mil alterações totais de preço feitas pela Best Buy e pelo Walmart em um mês inteiro.[21]

Como o estudo sobre ESLs também constatou, o preço exato é o principal tipo de informação que os consumidores desejam ver (82%), mas apenas 43% confiam que os em exibição serão os mesmos pagos no caixa, percebe-se que as ESLs podem melhorar a experiência do cliente, aumentando também a confiança dos consumidores quanto à precisão do preço de prateleira. Juntamente com os recursos aprimorados do software de visão computacional por IA, o reconhecimento facial na prateleira pode até mesmo ajudar a personalizar a experiência. A Intel apresentou sua tecnologia RealSense para ESLs em um evento da indústria em 2018, testando o software AMW Smart Shelf and Automated Inventory Intelligence em cinco lojas de empresas como Walmart, The Hershey Company e Pepsi. O software permite que a etiquetagem de prateleiras digitais reconheça quando as pessoas passam diante delas e mostre os preços. Quando ninguém está por perto, exibem imagens promocionais. A Kroger também esteve presente no mesmo evento, demonstrando sua solução de prateleira inteligente. A empresa disse que sua sinalização digital na prateleira permite que ela altere os preços e ofereça uma experiência personalizada aos consumidores. A tecnologia estava funcionando em dezessete lojas no momento que esse livro foi escrito, e a Kroger afirmou que planejava implantá-la em 140 até o fim de 2018.

A capacidade de comunicação bidirecional e sem fios necessária para atualizar as ESLs também pode ser direcionada para o cliente ao se conectar aos seus dispositivos móveis via Wi-Fi, Bluetooth ou a mesma tecnologia de comunicações por proximidade (NFC) utilizada pelos cartões de crédito e débito sem contato. No futuro, aproveitar essa conexão da prateleira para fornecer recomendações de produtos complementares, revisões e ofertas para melhorar a experiência do cliente será mais importante. Uma ESL pode impulsionar ainda mais o engajamento positivo, oferecendo informações mais detalhadas sobre preço, origem e possíveis alérgenos etc. do que é possível exibir em um rótulo tradicional. Alguns varejistas já implantaram ESLs de grande porte por sua capacidade de apresentar mais informações, acompanhadas de QR codes que direcionam os clientes para mais informações online. A varejista europeia Leroy Merlin implementou as ESLs para resolver os desafios de precisão, produtividade e velocidade de alteração nos preços já associados às etiquetas em papel. Também a utilizou para oferecer aos clientes localização automática e em tempo real de produtos dentro da loja.

PONTOS DIGITAIS DE COMPRA

Wi-Fi, sinalizadores, VLC, ESLs e RA podem transformar vários elementos da loja em pontos digitais de compra. A House of Fraser e a Ted Baker no Reino Unido testaram manequins equipados com sinalizadores que podem enviar promoções. A OfferMoments os utiliza para fazer com que os outdoors digitais mudem para mostrar o rosto de um consumidor enquanto passa ao lado de ofertas personalizadas. Seu aplicativo de microlocalização permite que os consumidores aceitem e depois resgatem ofertas em pontos de venda próximos. Entretanto, os sinalizadores também foram usados nos *drive-thru*. Os clientes podem usar a tecnologia de controle de voz do carro para fazer um pedido da Pizza Hut, e o restaurante recebe um alerta de quando ele está próximo usando os sinalizadores. O pagamento é feito via Visa, cujo sistema está integrado no painel do carro.

Outra área-chave é a sinalização digital interativa. Em 2018, a Samsung apresentou a Nexshop — sua plataforma de software para lojas digitais baseada em nuvem — com detecção comportamental em tempo real usando IP e dispositivos móveis. Além dos recursos de análise, a solução permite que os funcionários da loja interajam com os consumidores usando conteúdo armazenado em nuvem via tablets ou displays interativos, tornando a experiência mais envolvente para os clientes. No mesmo ano, a Finish Line e a Elo demonstraram a tecnologia de espelho inteligente MemoMi, que permite que os clientes tirem uma foto de si mesmos usando novos itens de vestuário e sobreponham a imagem em uma variedade de cenários. A tela pode enviar a imagem para o cliente, permitindo fácil compartilhamento social.

A 1-800-Flowers, sediada nos Estados Unidos, recentemente adicionou o comércio via voz alimentado pela IA às suas inovações em loja, aos pedidos telefônicos, ao comércio eletrônico e às mídias sociais. Foi o primeiro varejista a lançar um bot de compra do Facebook Messenger, a ter um concierge movido a IA chamado GWYN (*"Gifts When You Need"*) e fez uma parceria com a Amazon e o com o Google para permitir que os clientes façam compras apenas com a voz. Mas o uso dessa tecnologia na loja do futuro está chegando, e a Amazon e a Alexa podem ter importância significativa.

Em 2017, o varejista alemão independente HIT Sütterlin, com sede em Aachen, testou um sistema de atendimento ao cliente baseado na Alexa para se comunicar com seus clientes — oferecendo informações sobre ofertas e produtos — em conjunto com displays digitais, com base nos comandos de voz dele. O conceito "Assistente de Compras Alexa", desenvolvido apenas para o TechCrunch Disrupt 2017 Hackathon, usava hardware ativado pela Alexa, o Alexa Skill Set and Voice Service, a plataforma AWS Lambda e um aplicativo iOS, permitindo que os clientes perguntassem onde está determinado item e soubessem para qual corredor ir. O objetivo também era rastrear um cliente pela loja com base no local onde as perguntas são feitas.

A loja do futuro certamente oferecerá assistência digitalmente habilitada. Mas, com a ênfase no autoatendimento, como ficará a maior parte do pessoal da linha da frente? Um diretor de TI de varejo, que (por razões óbvias) permanecerá anônimo, esteve em um evento corporativo há alguns anos lamentando que "os clientes estavam entrando na loja munidos de mais informações em seus celulares do que nossos atendentes". A versão digital de um sistema "Black Book" usado no varejo de luxo para atender clientes de alto valor, chamado *clienteling*, pode capacitar a equipe da loja com dispositivos digitais para auxiliar em vendas de alto valor, que requerem bastante contato com o produto e que são consultivas, como nos setores de saúde e beleza, eletrônicos de consumo e automotivo. Em 2016, por exemplo, a Boots lançou o aplicativo MyBeauty para ajudar os atendentes a mostrar informações sobre produtos, classificações e análises, consultar o inventário online e fazer recomendações personalizadas aos clientes com base em análises online.

A IMPORTÂNCIA DO TOQUE HUMANO

O papel da equipe na loja do futuro será, portanto, o de tornar mais acessíveis as consultas digitais do que os serviços transacionais. Eles devem se tornar embaixadores da marca. Assim como com a clientela, também é possível implantar junto à equipe recursos para eliminar filas, usando leitores portáteis de código de barras, máquinas de pagamento com cartão e inserção de senha, especialmente para vendas sem dinheiro. No entanto, deve-se prestar atenção prática ao processo de remoção de etiquetas e ao armazenamento. Mais amplamente utilizados nos supermercados são os sistemas de autoescaneamento e check-out. Esses recursos, ao mesmo tempo em que aumentam a velocidade e a produtividade do cliente no check-out, também transferem para ele todo o ônus da jornada de compras, o que é agravado quando se solicita aos clientes que escaneiem os cartões de fidelidade como parte do processo de pagamento, mesmo antes de saírem da loja! De fato, a expressão "item inesperado na área de embalagem", utilizada nos self check-outs da Tesco deu origem a muitos memes na internet, apontando uma forte antipatia dos consumidores pelos sistemas, enquanto os varejistas tiveram de aceitar o aumento no risco de roubos que o uso desses recursos acarreta. O Walmart abandonou seu app "Scan & Go" em 2018 por sua baixa aceitação, enquanto havia rumores do aumento no número de roubos. No entanto, o Sam's Club e a Costco ainda oferecem aplicativos semelhantes, e a Starbucks permite o pagamento usando a funcionalidade de cartão pré-pago com seu aplicativo; os clientes também podem fazer pedidos antecipados para coletá-los rapidamente.

Assim, a fase final da jornada de compras concentra-se em check-out e pagamento, sendo o próximo estágio de desenvolvimento o de check-out autônomo em lojas sem equipe, além de compras sem esta etapa. Nesse ponto, a China lidera o caminho. A loja conceito F5 Future em Cantão, utiliza pagamentos móveis e atendimento robótico. Os clientes solicitam e pagam produtos num terminal especial ou sem fios utilizando seus smartphones. A recuperação das mercadorias e a limpeza das mesas é feita exclusivamente por braços robóticos acoplados aos aparelhos. Outros protótipos não tripulados incluem as lojas Auchan China's Minute e BingoBox e as lojas Wheelys MobyMart, que dependem que o cliente use um aplicativo para acessar a loja e pagar pelas mercadorias, escaneando QR codes ou utilizando visão computacional que debita a conta do cliente na saída. Há também o conceito 7-Eleven Signature na Coreia do Sul.

Esses rivais da Amazon estão estabelecendo o padrão, mas é improvável que vejamos a loja do futuro dominada por caixas autônomos e operados por robôs. O alto custo tecnológico envolvido os limita a pequenas participações; os formatos de conveniência e o toque humano serão sempre mais valorizados em setores que requerem vendas mais consultivas. Mas o Walmart e a Sonae Portugal também testaram carrinhos de compras autônomos para clientes com mobilidade reduzida.

Quando se trata do papel dos robôs na loja, exemplos como o Simbe's Tally, testado pela Target, podem assumir a tarefa repetitiva e trabalhosa de auditoria de prateleiras para identificar itens fora de estoque, armazenamento baixo e itens extraviados, além de erros de preço. Outros, como o LoweBot, testado pelo varejista americano Lowe's, são capazes de interação limitada com o cliente. O LoweBot pode entender vários idiomas e usa um scanner 3D para detectar pessoas nas lojas. Os consumidores podem consultar o robô para procurar qualquer produto, seja falando com ele ou digitando itens em uma tela *touchscreen* em seu peito. Em seguida, o robô os guia aos produtos utilizando sensores laser inteligentes. O robô Pepper da Softbank foi implantado em várias situações de atendimento ao cliente, incluindo pedidos da Pizza Hut na Ásia, e o varejista de eletrônicos MediaMarktSaturn, que implantou um robô chamado Paul para cumprimentar e orientar os clientes. O varejo alemão também está entre aqueles ao redor do mundo testando veículos autônomos de entrega desenvolvidos pela Starship, uma startup de propriedade dos fundadores do Skype, da Ahti Heinla e da Janus Friis. Mesmo assim, os robôs não substituirão completamente os humanos no futuro próximo.

DO SELF CHECK-OUT À AUSÊNCIA DE CHECK-OUT

Chegamos, então, à Amazon Go, que abriu suas portas em Seattle em 2018. A loja, equipada com visão computadorizada e alimentada por IA usa a tecnologia patenteada "Just Walk Out" para permitir que os clientes saiam com suas mercadorias sem precisar passar por qualquer processo de check-out. Os clientes precisam utilizar seu aplicativo Amazon Go para conseguir entrar na loja e registrar uma forma de pagamento onde os itens serão cobrados ao sair, de acordo com o que os sistemas de visão computacional detectam que foi retirado das prateleiras. A beleza disso é que a Amazon sabe exatamente quem está em sua loja e o que fazem a cada movimento, enquanto a tecnologia elimina o roubo. O sucesso do modelo sem check-out, particularmente por atrair compras repetidas, de acordo com a vice-presidente da Amazon Go, Gianna Puerini,[22] significa que provavelmente mais lojas estão sendo planejadas para São Francisco, Chicago e Londres. Porém, dificilmente no modelo sem funcionários, pois a equipe precisa estar à disposição para reabastecer as prateleiras e preparar itens frescos, e o modelo depende muito de locais densamente povoados e de alto tráfego para fazer com que seu formato compense os custos da alta tecnologia.

No entanto, a Amazon Go dificultou o jogo para os varejistas rivais. A Ahold Delhaize também anunciou, em 2017, que estava testando um conceito sem check-out, em que a compra é feita tocando um cartão sem contato nas ESLs para verificar as transações. Enquanto isso, a Sainsbury's testou a capacidade dos clientes de contornar o caixa e pagar suas mercadorias usando o celular, enquanto a rival britânica Tesco está testando a tecnologia *scan and go* para permitir que os clientes paguem pelas compras através de seu aplicativo Scan Pay Go em suas lojas de conveniência Express e em sua própria sede em Welwyn Garden City. A gigante da tecnologia Microsoft está trabalhando em um conceito de loja que funciona anexando câmeras a carrinhos de compras para acompanhar os clientes enquanto andam pelos corredores. A JD.com realmente superou sua rival americana ao abrir a já mencionada BingoBox como a primeira loja automatizada e sem funcionários em parceria com a Auchan, em 2017 (embora o atendimento remoto ao cliente esteja disponível, e a loja seja reabastecida manualmente todos os dias). A primeira D-Mart sem equipe e sem check-out foi aberta na sede da empresa JD nesse mesmo ano. Chamada de Smart Store, é equipada com um conjunto de tecnologia responsiva da Intel que inclui prateleiras e câmeras inteligentes, *gateways* e sensores, contadores inteligentes para compras sem check-out e sinalização digital inteligente. A solução JD oferece flexibilidade de personalização de baixo custo por atacado e, aos poucos, permitirá que os proprietários de lojas de varejo tradicionais atualizem suas operações de forma "*low touch*" e econômica. Também segue as ambições do fundador e CEO da JD.com, Richard Liu, de abrir uma loja de conveniência moderna em todas as vilas da China nos próximos quatro anos.[23]

Os movimentos offline tanto da JD.com quanto da Alibaba merecem mais crédito do que o concedido à Amazon Go pelo fato de oferecerem experiências digitais mais acessíveis. Com um foco também em produtos frescos, conveniência e serviço de alimentação, o conceito JD.com's 7fresh e Alibaba's Hema Supermercados também misturam o melhor do mundo físico com QR codes, pontos de contato digital baseados em aplicativos, incluindo ESLs, e opções de pagamento. Mais uma vez, o pagamento móvel desempenhará um papel fundamental na viabilização da loja do futuro, onde — se os varejistas estiverem empenhados em automatizar essa parte final da jornada de compras, onde há mais atrito — também conseguirão vincular a identidade do cliente à transação final e à cesta. Tanto a Visa como a MasterCard apresentaram recentemente pagamentos biométricos para permitir que os clientes contornem as filas de espera na saída. O KFC na China, em cooperação com a Ant Financial Services, propriedade da Alibaba, lançou recentemente o primeiro sistema de pagamento *"smile-to-pay"* na China. Os clientes da Alipay podem autenticar seus pagamentos através de uma combinação de varredura facial e inserção de números de telefone celular, o que significa que não precisam mais pegar suas carteiras — ou mesmo seus smartphones. A loja 7-Eleven's Signature em Seul utiliza o "HandPay", um sistema de verificação biométrica que analisa os padrões das veias das mãos.

Enquanto muitos varejistas famosos com lojas físicas estão enfrentando a realidade de desacelerar as vendas e de estar ultrapassados, outros players digitais reconheceram a importância crítica de ganhar presença física. As lojas ajudam a apoiar a proposta *omnichannel*, oferecendo flexibilidade extra em termos de coleta de pedidos, devoluções, serviço e um ambiente físico para mostrar a marca. Portanto, os varejistas devem trazer interfaces tecnológicas difundidas, conectividade onipresente e computação autônoma digital e móvel para que a loja possa garantir o fluxo de todas as etapas da jornada de compras, online e offline, desde navegação e pesquisa até as fases de decisão final e pagamento, de maneiras que combinem com velocidade, acessibilidade e disponibilidade da internet.

As lojas de players digitais desempenham um papel diferente do da loja tradicional, que simplesmente vende produtos. Acreditamos que estes players, com suas fortes habilidades e capacidades em tecnologia, são os que realmente impulsionarão a visão da loja digitalizada e automatizada para o futuro, aprimorando seu papel como um ponto de engajamento poderoso e tangível dentro de seus ecossistemas de clientes.

12
A LOJA DO FUTURO: DO TRANSACIONAL PARA O EMPÍRICO

> "Estamos em um momento de transição absoluta. Todos temos de pensar em como reinventar, reagir e ganhar. Temos que fazer grandes e poderosas estratégias de relacionamentos ao redor do mundo... e vamos nos mover o mais rápido que pudermos porque olhamos para nossos amigos na Amazon e se eles podem se mover tão rápido, por que uma empresa como a nossa não poderia...?'
> **Richard Baker, Presidente, Hudson's Bay, 2017**[1]

Os capítulos anteriores tiveram como objetivo ilustrar como a experiência da loja offline se tornará hiperpersonalizada e com menor atrito através da tecnologia. Abordar os problemas do cliente, como a experiência de navegação e a espera na fila de pagamento, permitirá aos varejistas levar a loja física para o século XXI, alcançando um nível de conveniência e facilidade tradicionalmente associado apenas aos players do comércio eletrônico.

A urgência de os varejistas reinventarem o espaço físico será reforçada à medida que mais categorias estiverem online. Os consumidores podem comprar literalmente qualquer coisa online hoje em dia e, graças ao Prime, geralmente estão com seus produtos no dia seguinte. A Amazon retirou todos os esforços das compras. No futuro, isto irá um pouco mais longe, à medida que certos produtos domésticos forem sendo simplificados e reabastecidos automaticamente. À medida que as nossas casas ficam mais inteligentes, a vida dos consumidores fica mais fácil. O adulto médio atualmente toma 35 mil decisões por dia, mas no futuro nossas casas conectadas farão todo o trabalho de reabastecer os produtos domésticos mais mundanos, liberando tempo para nos concentrarmos em tarefas mais divertidas.[2] Os clientes não precisarão percorrer os corredores dos supermercados quando ficarem sem água sanitária ou papel higiênico. Gastarão menos de seu tempo valioso comprando o essencial e acreditamos que o impacto nas lojas físicas será imenso; os varejistas de hoje devem repensar o layout da loja, as viagens de entrega e o propósito maior do estabelecimento.

No futuro, veremos uma maior divergência entre compras funcionais e por prazer. Ninguém é tão funcional quanto a Amazon, então os concorrentes devem se concentrar no elemento diversão. Vencer no varejo hoje significa superar os pontos que a Amazon não pôde e, portanto, focar menos no produto e mais na experiência, nos serviços e na especialização.

WACD — O Que a Amazon Não Faz — tornou-se um acrônimo reconhecido na indústria de varejo, com concorrentes buscando desesperadamente maneiras de sobreviver. Mesmo a própria terminologia — palavras como "varejista" e "loja" — deve ser reconsiderada: a Apple quer que suas lojas sejam chamadas de *town squares*, "praças urbanas" em português, e a cadeia de ciclismo Rapha, de *clubhouses*. Na mesma linha, muitos shoppings estão abandonando a palavra *mall* em favor de termos como *village*, *towncentre* e *shoppes*.[3] Outros levaram a noção de varejo experiencial ao extremo — o varejista britânico de lojas de departamentos John Lewis deixa os consumidores pernoitarem em um apartamento dentro da loja, enquanto o varejista americano de móveis residenciais West Elm se ramificou em hotéis.

Nem todos os varejistas terão os meios ou incentivos para chegar a tais extremos, mas uma coisa é certa — as lojas devem ser reposicionadas como destinos genuínos. Já não pode ser apenas sobre o produto; em vez disso, os varejistas devem aproveitar a comunidade e o lazer, proporcionando uma experiência suficientemente atraente para abandonarmos nossas telas. Angela Ahrendts, vice-presidente sênior de Varejo da Apple, observou em 2017 que "enquanto as pessoas estão mais conectadas digitalmente do que nunca, muitas se sentem mais isoladas e sozinhas". A loja física está na posição de atender a um desejo crescente dos consumidores por conexão social na atualidade digital.

Nós já conversamos bastante sobre a tendência para uma experiência de varejo mais combinada, uma vez que online e offline continuam a se fundir. Mas o varejo tradicional também ficará mais integrado no sentido de que o seu espaço não será apenas sobre varejo. O futuro, particularmente para shoppings e lojas de departamento, é o desenvolvimento de uso misto, que abrirá portas para a colaboração com todos os tipos de parceiros não convencionais. Estes conceitos não são inteiramente novos: o *retailtainment* (ou teatro de varejo) e o posicionamento do setor como uma atividade de lazer têm figurado nas cartilhas dos varejistas desde o século passado. O próprio Harry Gordon Selfridge disse uma vez que "uma loja deveria ser um centro social e não apenas um local de compras".[4]

Este é um bom conselho para os varejistas de hoje. Apesar de todas as vantagens, fazer compras na Amazon ainda é uma experiência muito utilitária. Isso representa uma oportunidade para os concorrentes se distanciarem, injetando alguma personalidade e alma nas suas lojas, o que ofuscará ainda mais as linhas entre varejo, hospitalidade e estilo de vida.

Acreditamos que a loja do futuro não será apenas um lugar para comprar coisas, mas também para comer, brincar, descobrir novidades e até trabalhar. Será um lugar para fazer empréstimos e aprender, mas também, essencialmente, um lugar para os varejistas apaziguarem o consumidor "nos meus termos" através da retirada e devolução no estabelecimento, bem como da entrega no mesmo dia. Em um mundo cada vez mais digital, o papel da loja física não poderá ser outro senão passar de transacional para experiencial.

DA LOJA AO ESTILO DE VIDA: GARANTINDO O ALINHAMENTO DOS VALORES DA MARCA

Para aqueles dispostos a abraçar a mudança, este é um momento fantástico para o varejo. Ao se tornarem mais experientes e orientados por serviços, os varejistas podem adicionar uma dimensão social à sua marca, permitindo-lhes simultaneamente aproveitar as mudanças nos gastos dos consumidores e diferenciar-se dos rivais online.

No entanto, é vital que essa diversificação esteja alinhada com a marca do varejista. Pode parecer óbvio, mas você só precisa se lembrar de 2012, quando a Tesco começou a encher suas lojas com cafés artesanais, restaurantes, padarias de luxo, estúdios de yoga e até mesmo academias. Em 2016, tinham vendido todas as empresas em que tinham começado a investir apenas alguns anos antes: Harris + Hoole, Giraffe e Euphorium.

Havia várias razões para utilizar essa estratégia de 180 graus: um novo CEO com prioridades muito diferentes das de seu antecessor; a necessidade de racionalizar os ativos não essenciais a fim de reverter o negócio principal de alimentos; além disso, essas concessões eram em grande parte deficitárias. Gostaríamos de argumentar que a estratégia era fundamentalmente falha, pois a posição das marcas parceiras estava desalinhada com os valores da Tesco enquanto supermercado de baixo custo e apelo às massas. Depois de comprar um *piccolo macchiato* recém-moído, os consumidores se viravam para enfrentar uma sequência de cartazes vermelhos e amarelos gritando sobre ofertas de três por dois.

A Tesco pode ter falhado em reinventar o conceito de *superstore*, mas certamente aprendeu muito com a experiência. Hoje, preencheram com sucesso o excesso de espaço em parceria com outros varejistas como Holland & Barrett, Arcadia Group (Dorothy Perkins, Evans e Burton), Dixons Carphone (Currys PC World) e Next. Claro, há alguma sobreposição nas categorias de produtos — as concessões da Dorothy Perkins tendem a ser colocalizadas com as linhas F+F da marca própria da Tesco — mas criam um ponto de diferenciação para a empresa, enquanto as outras marcas se beneficiam da presença regular do supermercado.

Há uma década, a Tesco não teria sonhado em se unir à concorrência, mas hoje todos têm na Amazon um inimigo em comum. A coopetição permite que eles atendam melhor ao cliente e, em conjunto, defendam-se da gigante de Seattle. Apesar do desalinhamento anterior da marca, as intenções da Tesco de transformar as suas lojas em um destino de compras, lazer e serviços sob o mesmo teto não estavam muito longe da realidade. Talvez tenham sido apenas alguns anos cedo demais para um plano de reinvenção tão radical.

UM LUGAR PARA COMER

COMIDA: A ATRAÇÃO DA MODA

> "Embora uma tela forneça produtos, em última análise as pessoas continuarão querendo experimentar coisas, sentir o tecido e experimentar um serviço que é único na loja, e não há melhor forma de trazer as pessoas para a loja do que a comida."
> **Richard Collasse, presidente da Chanel Japan**[5]

Hoje, os varejistas estão lutando por sua sobrevivência e para redefinir o espaço do setor. Um método testado e comprovado para aumentar o tempo de permanência é através da adição de cafés e restaurantes. Desde o McDonald's nas lojas Walmart até os elegantes salões de alimentação nas KaDeWe de Berlim, o serviço de alimentação sempre foi uma extensão natural do varejo. Isso é particularmente verdade para as lojas de departamentos e outros conceitos de *big-box* como a Ikea, por exemplo, cuja culinária sueca se tornou tão famosa quanto sua estante de livros Billy.

"Sempre chamamos as almôndegas de *o melhor vendedor de sofás*", diz Gerd Diewald, chefe das operações alimentícias da Ikea nos EUA, "porque é difícil fazer negócios com clientes famintos. Quando você os alimenta, eles ficam mais tempo, podem falar sobre suas compras [potenciais], e tomam uma decisão sem sair da loja".[6]

Então, o que há de novo? A lista de varejistas está crescendo, assim como a amplitude de suas ofertas. No início do livro, discutimos como os varejistas de moda foram os mais afetados pelo aumento dos gastos experienciais, à medida que os consumidores priorizam cada vez mais uma refeição fora ou uma viagem ao cinema do que um novo par de jeans. Além disso, eles estão sob pressão constante de cadeias de moda online mais ágeis. Só a ASOS adiciona 5 mil novos produtos por semana. Que varejista comum pode competir com isso?

Não é de surpreender então que muitas cadeias de moda estão agora se voltando para experiências com comida e bebida como uma maneira de se diferenciar de seus rivais online e seduzir os consumidores. A Urban Outfitters, favorita dos millennials, foi pioneira nessa tendência em 2015, quando adquiriu o grupo de restaurantes Vetri Family, da Filadélfia. A decisão inovadora chamou atenção na época, mas desde o acordo, mais e mais varejistas de moda em todo o mundo adicionaram opções de restaurantes às suas lojas. Os consumidores da Uniqlo em Manhattan e Chicago podem comprar um café Starbucks. No Reino Unido, a Next está adicionando pizzas e *prosecco* às suas lojas. Enquanto isso, até as cadeias de *fast fashion* estão entrando na onda — o restaurante Flax & Kale à Porter, da H&M em Barcelona, apresenta uma variedade de comida orgânica e vegetariana.

> "Até que inventem replicadores reais como no Star Trek, o comércio eletrônico não é uma ameaça para o negócio dos restaurantes."
> **Jeff Benjamin, cofundador da Vetri Family (cadeia de restaurantes vendida à Urban Outfitters)[7]**

Os varejistas de luxo também aproveitaram essa tendência, ampliando suas próprias marcas ou se alinhando a restaurantes de ideais semelhantes, como o Nobu, por exemplo. Gucci e Armani têm agora cafés e restaurantes em todo o mundo. Em 2016, a Burberry abriu seu primeiro café, o Thomas's, na sua emblemática loja de Londres. O cardápio reflete a postura essencialmente britânica da marca de luxo, servindo de chá cremoso a lagosta e batatas fritas. Da mesma forma, o Ralph's Coffee & Bar da Polo Ralph Lauren faz jus à sua herança americana com ostras, sanduíches e cheesecake.

> "Queríamos criar um espaço onde os nossos clientes pudessem passar o tempo relaxando e desfrutando do mundo da Burberry num ambiente mais social."
> **Ex-CEO da Burberry Christopher Bailey[8]**

As lojas de departamentos também estão levando a sério o jogo nessa área. A Saks Fifth Avenue planeja abrir uma versão do restaurante francês e ímã de celebridades L'Avenue em sua emblemática loja, enquanto o concorrente Neiman Marcus fez parceria com o chef de celebridades Matthew Kenney para abrir um café vegano em 2016. "No passado, os restaurantes eram feitos para manter os clientes na loja por mais tempo e gastar mais", disse Marc Metrick, presidente da Saks Fifth Avenue. "Agora são uma forma de atrair pessoas para a loja."[9]

COMIDA: ALÉM DA MODA

Olhando para além da moda agora, acreditamos que a incorporação de experiências com alimentos e bebidas também será uma ferramenta poderosa (e uma extensão lógica) para os supermercados. Os varejistas de supermercados ao redor do mundo devem se inspirar em empresas como a Eataly e a Whole Foods Market, flexibilizando suas credenciais com empórios de alimentos, aulas de culinária e iniciativas de "cultive--seu-próprio...". Na China, gigantes online estão redefinindo o supermercado físico para o consumidor moderno com lojas de tecnologia que enfatizam o frescor dos alimentos e a experiência. Por exemplo, a cadeia Hema da Alibaba permite que os clientes selecionem seus próprios frutos do mar vivos que serão preparados por chefs dentro da loja, enquanto os restaurantes de loja representam cerca de metade das vendas do supermercado 7Fresh da rival JD.com.[10]

Enquanto isso, na Itália, a "loja do futuro" da Co-op conta com um restaurante que cozinha apenas com produtos de marca própria, garantindo tanto a qualidade quanto a procedência. Supermercados mais sofisticados, como Waitrose e Publix, há muito capitalizaram em seu posicionamento de ponta e reputação de experiência com aulas de culinária. Enquanto isso, a Metro, sediada na Alemanha, tornou-se a primeira varejista na Europa a implementar um sistema de agricultura dentro de loja e a Whole Foods Market experimentou estufas nos telhados.

O conceito Markthalle da Real, também propriedade da Metro, é um exemplo fantástico de como hipermercados e superlojas podem se distanciar de seus rivais online e suas políticas de desconto através de um foco maior em alimentos frescos e hospitalidade. O objetivo da loja é transmitir a atmosfera de um mercado tradicional e, como tal, a divisão alimentar/não alimentar passou de 60/40% para 70/30%. Uma área de jantar interna e um jardim de inverno podem hospedar quase duzentas pessoas e os clientes conseguem desfrutar de refeições sazonais preparadas na frente deles. Alguns alimentos, como massas, são feitos na loja e os consumidores também podem participar de atividades relacionadas à culinária, como oficinas de sushi. Também são oferecidos pontos de carregamento de dispositivos habilitados para USB, incentivando os consumidores a passarem mais tempo na loja, seja socializando, fazendo compras ou até mesmo trabalhando.

UM LUGAR PARA TRABALHAR

O varejo não é o único setor que está sendo redefinido pela tecnologia. O local de trabalho está evoluindo rapidamente à medida que o aumento da conectividade libera os funcionários da rotina tradicional das 9h às 18h em escritórios. Até 2020, espera-se que haja mais de 26 mil espaços de escritórios compartilhados nos EUA, utilizados por 3,8 milhões de pessoas — o que é fenomenal, considerando que a tendência era praticamente desconhecida em 2007.[11]

> "Nas cidades, temos prestado especial atenção às novas formas de utilização do espaço e do tempo, que estão mudando radicalmente os comportamentos dos consumidores. Os limites entre trabalho, cultura e diversão estão desaparecendo, criando uma nova forma de viver."
> **Jean Paul Mochet, CEO de bandeiras de conveniência do Grupo Casino, 2018[12]**

O aumento do trabalho à distância, dos espaços de coworking, do *hot desking* (compartilhamento de mesas por turnos) e dos *third spaces* (espaços que não são nem o lar, nem o trabalho, mas uma terceira opção para troca de ideias e construção de relacionamentos, como cafés, bares e igrejas) estão transformando a vida dos consumidores — e criando oportunidades para os varejistas no processo. Como no exemplo da Real, os grandes varejistas europeus de produtos alimentares têm se tornado mais hospitaleiros em uma tentativa de aumentar o tempo de permanência, oferecendo Wi-Fi gratuito e pontos de carregamento de dispositivos, melhorando simultaneamente as suas opções de serviços de alimentação. Em 2017, o Carrefour Itália deu um passo adiante ao introduzir, em Milão, um novo conceito de loja — a Carrefour Urban Life — que contou pela primeira vez com um espaço de coworking. A própria empresa descreve a loja, que também possui uma sala de reuniões e um *lounge bar* que serve mais de duzentas cervejas italianas e internacionais, como uma solução inovadora para os ocupados habitantes das cidades "que procuram mais do que nunca combinar prazer, trabalho e socialização".[13]

No futuro, acreditamos que conceitos de lojas híbridas como o Carrefour se tornarão comuns em áreas urbanas de todo o mundo. De acordo com a ONU, dois terços da população mundial viverão em cidades até 2050, e hoje, nos EUA, muitas cidades estão crescendo mais rápido do que seus subúrbios, à medida que os millennials abandonam o sonho de uma casa tradicional em favor de um estilo de vida urbano sem restrições.[14]

Conforme a urbanização se desenvolve, os espaços físicos devem se adaptar, tornando-se menores, mais convenientes e multidimensionais. "A tendência da urbanização é algo que todos nós devemos reconhecer e entender", diz Adam Neumann, CEO e cofundador da WeWork, empresa provedora de espaços de coworking. "Pessoas de todas as fases da vida estão buscando espaços nas grandes cidades que permitam conexões humanas. Não há razão para que o varejo não faça parte desse movimento."[15]

WEWORK: UMA TÁBUA DE SALVAMENTO PARA LOJAS DE DEPARTAMENTO?

A colaboração com fornecedores de coworking, como a WeWork, ajudará especialmente a trazer as lojas de departamentos para o século XXI. Como discutido anteriormente, o maior desafio para essas grandes lojas hoje é fazer uso do espaço excedente à medida que os gastos se deslocam para o universo online. Em uma tentativa de reduzir custos, a maioria das lojas de departamento hoje busca racionalizar os portfólios das lojas ou reduzir o tamanho dos seus pontos de venda — Macy, Kohl's, Nordstrom, Debenhams, M&S, House of Fraser, a lista continua.

De acordo com a empresa de serviços imobiliários JLL, 30% dos imóveis corporativos serão espaços de coworking até 2030 — em comparação com menos de 5% em 2017.[16] A WeWork é agora a maior dona de escritórios no centro de Londres. Em apenas oito anos, a empresa foi avaliada em 20 bilhões de dólares e abriu mais de duzentos espaços em todo o mundo. Escolheram as carcaças das lojas de departamentos enfermas, mas também estão provando ser uma tábua de salvamento para as marcas que estão dispostas a firmar parceria através do *downsizing* e ampliando seu escopo.

Converter o espaço morto das lojas de departamento em áreas de coworking é óbvio. Não só fornece uma fonte alternativa de renda, mas também gera tráfego, aumenta o tempo de permanência e, como é o caso de outros serviços, como clique & retire, há uma grande chance de gastos adicionais uma vez dentro da loja. Além disso, o espaço de coworking é uma extensão natural dos serviços encontrados na maioria das lojas de departamento — como cafés e Wi-Fi gratuito.

A WeWork já foi vinculada à Debenhams no Reino Unido (John Lewis também está explorando a opção de espaço de coworking) e se instalaram em Paris, na antiga sede da Galeries Lafayette. Mas foi a aquisição de 850 milhões de dólares do icônico edifício da Lord & Taylor em Manhattan que eliminou qualquer dúvida de que o coworking é parte do futuro do varejo. O negócio, anunciado em 2017, fará com que a loja na Quinta Avenida encolha para cerca de um quarto do seu tamanho no edifício de 201 mil metros quadrados. Os andares superiores serão ocupados pela WeWork — tanto como sede quanto com espaço para escritórios.

Como parte do contrato, a WeWork alugará espaço nas lojas de departamento da Hudson's Bay em todo o mundo, começando pelas lojas em Vancouver e Toronto e na Galeria Kauhof em Frankfurt. "Nesses três locais, alugaremos os dois andares superiores e eles pagarão aluguel de mercado por andares que ninguém pensou que tivessem valor", disse Richard Baker, presidente executivo da Hudson's Bay. "...Levaremos esses millennials porta adentro e criaremos entusiasmo e interesse em torno de nossos espaços... Temos nos concentrado em reinventar as antigas lojas que compramos, e uma das maneiras de fazer isso é trazer novos usos para elas."

UM LUGAR PARA BRINCAR

A Hudson's Bay pode estar à procura de um espaço de coworking para dar vida nova às suas lojas de departamento — mas entende que essa é apenas uma pequena engrenagem em uma roda muito grande. Talvez inspiradas por estratégias de marketing experiencial de marcas fitness como Lululemon e Sweaty Betty, as lojas de departamento agora também estão olhando para o *instore* fitness como uma forma de aumentar o fator lazer.

Em 2017, a Hudson's Bay converteu 48 mil metros quadrados de uma loja da Saks em The Wellery, um centro fitness de luxo com dois estúdios de ginástica, salas de terapia com sal e até um salão de manicure vegano. Do outro lado, a Debenhams também vem experimentando academias *instore* com a especialista Sweat! em uma tentativa de proporcionar uma "experiência de lazer legítima". Sem nunca deixar de impressionar, a Selfridges lançou a primeira academia de boxe do mundo dentro de uma loja de departamentos. Enquanto isso, lojas extintas (como as da BHS, por exemplo) estão voltando à vida não apenas como academias de ginástica, mas também como pistas de boliche, centros de golfe, cinemas e até mesmo galerias de arte.

E se Elon Musk conseguir o que pretende, as suas estações Tesla *supercharger* para carros elétricos nos EUA oferecerão lojas de conveniência de luxo ao lado de paredes de escalada, cinemas ao ar livre e restaurantes drive-in ao estilo 1950 com funcionários à espera sobre patins — dando aos clientes algo para fazer durante os trinta minutos necessários para recarregar os seus veículos.[18] Musk não está colonizando Marte, mas certamente está embaralhando os limites entre varejo e entretenimento.

Enquanto isso, algumas empresas de varejo estão se voltando para a realidade virtual para criar experiências *instore* divertidas e imersivas. A North Face realizou uma campanha que permitiu aos seus consumidores usar óculos de realidade virtual e visitar o Parque Nacional Yosemite e o deserto de Moab ao lado de atletas profissionais. Em 2017, a Topshop transformou suas vitrines em uma cena interativa com uma piscina e permitiu que os consumidores passeassem em um tobogã virtual pela Oxford Street.

Os shoppings também estão procurando maneiras pouco convencionais de preencher espaços, com hotéis, entretenimento (de *laser tags* a casas de show) e experiências orientadas a crianças como a KidZania ou a Crayola Experience. Alguns até se posicionam como destinos no estilo resort, onde os consumidores podem passar um dia inteiro com sua família. Rushden Lakes, por exemplo, é o primeiro centro comercial do Reino Unido combinado com uma reserva natural. O centro de Northamptonshire, que abriu em 2017, apresenta um cenário à beira do lago, onde os consumidores podem fazer canoagem ou explorar as trilhas naturais adjacentes a pé ou de bicicleta. "Acreditamos genuinamente que estamos redefinindo o panorama do varejo no Reino Unido — onde mais se pode ir às compras de canoa?", afirmou Paul Rich, diretor do centro comercial de Rushden Lakes. Em 2019, o centro irá acrescentar mais atividades de lazer, incluindo golfe, trampolim e escalada *indoor*.

Do outro lado do Atlântico, Miami se tonará o lar do maior shopping center do país. Com um milhão de metros quadrados, o complexo "American Dream" terá um parque aquático com uma piscina gigante coberta, parede de escalada de gelo, pista de esqui artificial, passeios de "submarino", 2 mil quartos de hotel e até 1.200 lojas.

Enquanto isso, no Canadá, o espetáculo está chegando aos centros comerciais. O novo conceito CREACTIVE do Cirque du Soleil permitirá que os consumidores participem de uma série de atividades recreativas acrobáticas, artísticas e outras inspiradas no Cirque du Soleil, como *bungee jumping*, *parkour* aéreo, tirolesa e trampolins, design de máscaras, malabarismo, atividades circenses e dança. O primeiro será aberto no final de 2019 na área da Grande Toronto.

Também com inauguração prevista para 2019 em Las Vegas está a Area15, outro novo conceito de shopping que está sendo anunciado como um "bazar imersivo do século XXI". Espera-se que o complexo híbrido de entretenimento e varejo de 38 mil metros quadrados ofereça atrações como salas de fuga e realidade virtual, instalações de arte, festivais, eventos temáticos e ao vivo (de concertos a Ted Talks).

CURADORIA PARA OS PEQUENOS CONSUMIDORES

Ninguém está melhor posicionado para abraçar o fator diversão do que os varejistas de brinquedos. O problema é que atualmente eles são poucos e estão distantes. Ao longo da última década, vimos a famosa loja FAO Schwarz, na Quinta Avenida, fechar, além da morte de cadeias inteiras como a KB Toys e, mais recentemente, a icônica marca Toys R Us. Enquanto isso, a Mothercare, varejista de artigos para bebês e brinquedos, reduziu pela metade o número de lojas nos últimos anos.[19]

Seria fácil culpar os outros pelos problemas dos especialistas em brinquedos (como o Efeito Amazon). Supermercados e varejistas de grande porte vêm se destacando nos negócios especializados há décadas; hoje, a Hasbro e a Mattel geram, cada uma, quase um terço de suas vendas via Walmart e Target.[20] Enquanto isso, no Reino Unido, uma recém-combinada Asda-Sainsburys-Argos criará uma potência de varejo de brinquedos — que os ajudará a afastar a crescente ameaça da Amazon que, antes da fusão, estava no caminho certo para ultrapassar a Argos como a maior vendedora de brinquedos do país.[21]

A internet, é claro, presta-se ao varejo de brinquedos. É uma *commodity* em que, como nos livros e DVDs, os consumidores geralmente sabem o que estão recebendo sem precisar ver o produto pessoalmente. Um Hatchimal é um Hatchimal independentemente de onde o comprar. Além disso, o uso de realidade aumentada está ajudando a incutir ainda mais confiança nos consumidores online. Por exemplo, o aplicativo Argos permite que os consumidores vejam versões completas de brinquedos Lego selecionados antes de comprá-los. Não é nenhuma surpresa então que a categoria de brinquedos tenha uma das maiores taxas de penetração online — e continue a crescer. Até 2021, a Kantar prevê que 28% de todas as vendas de brinquedos nos EUA serão realizadas online, contra 19% em 2016.[22]

Quando você considera a tendência crescente para a entrega no mesmo dia, os varejistas offline perdem sua única proposta de venda exclusiva restante — o imediatismo. Hoje, no varejo de brinquedos, você precisa ser barato, conveniente ou divertido. Os varejistas online e em massa podem entregar os dois primeiros, mas ainda há muito espaço para os especialistas injetarem alguma diversão na oferta.

Foi aqui que a Toys R Us errou. Em um setor em rápida evolução, eles ficaram para trás em cada uma dessas áreas, deixando-os presos em uma terra de ninguém. Como especialista, a experiência da Toys R Us tinha alto potencial para ser mágica, com eventos nas lojas, áreas dedicadas à recreação e demonstrações de produtos. Mas na realidade era uma loja sem alma com pouquíssima inovação ou tecnologia para atrair os consumidores. O fundo de investimento foi um grande fator aqui — sobrecarregada com dívidas, eram simplesmente incapazes de se adaptar a um ambiente de varejo em constante mudança. Também vale a pena mencionar, já que este é um livro sobre a Amazon, afinal de contas, que outra armadilha em que a Toys R Us caiu foi terceirizar seu comércio eletrônico para a Amazon logo no começo, dando a um de seus maiores concorrentes uma visão incrível sobre os hábitos de compra de brinquedos de seus clientes. Coopetição nem sempre é boa para os negócios.

O desaparecimento da Toys R Us deve servir como um lembrete dos perigos da complacência. Lojas de departamentos como a JCPenney nos EUA e a Marks & Spencer no Reino Unido — que não têm poucos problemas — desde então começaram a acrescentar seções de brinquedos às suas lojas, numa tentativa de captar uma parte das receitas perdidas da Toys R Us nos seus respectivos mercados.

Acreditamos que há uma oportunidade para devolver a alegria e a magia às lojas de brinquedos — ou a qualquer tipo de varejo voltado para crianças e famílias. Parece ser bom senso. Por que a Mothercare não oferece diversão para as crianças? Por que a Tesco não oferece aulas para mães e bebês nas suas grandes lojas? Por que a Toys R Us não criou zonas de recreação para permitir que as crianças interagissem com os brinquedos que os pais iriam comprar? Na verdade, começaram a testar isso em 2015, mas já era tarde demais.

Nos EUA, a Disney está redesenhando suas lojas para que os consumidores sintam que estão de férias — desfiles diários na Disneyland na Califórnia e no Walt Disney World na Flórida são transmitidos ao vivo em telas de cinema. Durante os desfiles, os clientes podem sentar-se em tapetes, comprar algodão doce e acender as orelhas do Mickey Mouse, como se estivessem dentro do parque temático.

No Reino Unido, a The Entertainer regularmente realiza eventos onde as crianças podem conhecer personagens famosos como a Poppy e o Branch de *Trolls*, enquanto a Smyths oferece demonstrações de Magformers e dias de vestir a Barbie. A Hamleys tem um miniparque temático em sua loja de Moscou, enquanto a Lego permite que clientes pequenos e adultos brinquem dentro da loja, oferecendo espaços criativos e imaginativos que não podem ser replicados em um ambiente digital. Enquanto isso, no Canadá, a Nations Experience é um conceito inovador descrito como parte supermercado, parte restaurante de serviço rápido e parte parque de diversões. Sua loja de Toronto, inaugurada em uma antiga loja Target em 2017, possui mais de três mil metros quadrados de espaço de entretenimento, incluindo um playground de mil metros quadrados somente para crianças, 135 jogos de fliperama e cinco salões de festas que podem ser alugados.

ESTUDO DE CASO: O Destino 2028 do Westfield

Os centros comerciais do futuro serão "microcidades hiperconectadas", impulsionadas pela interação social e pela comunidade, segundo Westfield.

Em 2018, a empresa de shoppings center líder nos EUA apresentou a sua visão para o futuro do varejo com um conceito chamado Destino 2028. Corredores com infusão de IA e jardins sensoriais suspensos em um ambiente projetado para atender à crescente importância que os consumidores darão à experiência, ao lazer, ao bem-estar e à comunidade. Novas tecnologias, de IA aos drones, se misturarão perfeitamente com conceitos básicos, como o "varejo de sala de aula", disponibilizando cursos para os clientes. Os criadores e o processo por trás de qualquer produto estarão no centro das atenções — desde os artesãos que criam uma obra-prima diante de uma multidão até artistas que pintam em galerias. Novas áreas das lojas receberão uma série de atividades e eventos interativos.

A tecnologia permitirá que o centro comercial do futuro se torne mais simples e personalizado. Chamados de "extraperiência" pelo Westfield, scanners oculares trarão informações sobre as compras anteriores de um visitante e recomendarão faixas rápidas personalizadas em todo o shopping. Espelhos mágicos e vestiários inteligentes permitirão que os consumidores vejam um reflexo virtual de si mesmos usando novas roupas, enquanto outras inovações, como banheiros inteligentes que podem detectar níveis de hidratação e necessidades nutricionais, melhorarão a experiência geral.

O bem-estar é um tema chave do Destino 2028. Uma "zona de melhoria" permitirá que os clientes tenham um momento de reflexão durante um workshop de *mindfullness*, enquanto salas de leitura estarão disponíveis para os clientes descontraírem em um espaço verde tranquilo tanto no interior como no exterior. A adição de lotes e fazendas dará aos consumidores a oportunidade de selecionarem os seus próprios produtos para as suas refeições, enquanto uma rede de córregos navegáveis oferecerá não só uma via alternativa em torno do centro comercial, mas também acesso a esportes aquáticos — uma das muitas atividades de lazer disponíveis.

O conceito "Destino 2028" da Westfield também destaca a ascensão da economia compartilhada, com o "varejo de aluguel" tornando-se a norma para os pós-millennials que buscarão alugar tudo, desde vestuário a equipamento de exercício. Pop-ups, varejo temporário e espaços de coworking também podem surgir no futuro do varejo, de acordo com Westfield.

◇◇

UM LUGAR PARA DESCOBRIR, UM LUGAR PARA APRENDER

Os varejistas não devem ignorar a importância da descoberta enquanto procuram criar uma conexão mais significativa com os consumidores. A necessidade de surpreender e encantá-los nunca foi tão grande, seja utilizando métodos convencionais como a caça ao tesouro ao estilo Costco ou ações de alta tecnologia como a realidade aumentada e virtual.

Uma marca que abandonou as normas tradicionais do varejo e abraçou a arte da descoberta é a Story, sediada em Nova York, que se descreve como "o lugar que tem o ponto de vista de uma revista, transforma-se como uma galeria e vende coisas como uma loja". Como o próprio nome indica, o foco está nas histórias — não nos produtos. A cada seis ou oito semanas, a loja de seiscentos metros quadrados é reformada com um novo design, curadoria na seleção e novas mensagens de marketing. "Se o tempo é o derradeiro luxo e as pessoas querem maior retorno sobre o investimento de seu tempo, você precisa dar-lhes uma razão para estar em um espaço físico", disse a fundadora da Story Rachel Shechtman.[23] O conceito é simples, inovador e totalmente relevante para o consumidor moderno, que quer fazer mais do que apenas negócios quando entra em uma loja física. Em 2018, a Story foi adquirida pela Macy's.

COMPRAS PESONALIZADAS E LOJAS SEM MERCADORIAS

Uma forma cada vez mais popular de explorar a arte da descoberta é através dos *personal stylists*. Uma vez reservadas apenas aos consumidores de elite, as compras com personais tornaram-se democratizadas, tanto online quanto offline. A ascensão de serviços de *styling* online como Stitch Fix e Trunk Club levaram os principais varejistas como Amazon e ASOS a criar suas próprias versões de "experimentar antes de comprar". As iterações da Amazon e da ASOS atualmente carecem do elemento de estilo pessoal — são muito mais sobre incutir confiança na compra de roupas online — mas isso seria um movimento lógico no futuro para ambos os varejistas.

Agora, todos, da H&M à Agent Provocateur, oferecem *personal styling* em loja; no entanto, alguns varejistas chegaram ao extremo de se livrar completamente dos produtos para se concentrar na experiência e no atendimento ao cliente.

A marca de moda masculina Bonobos, anteriormente uma varejista online *pure-play*, queria permitir que os seus consumidores experimentassem antes de apresentarem o conceito de *guideshops*. Funciona assim: os consumidores fazem uma visita personalizada, onde são medidos e recebem essas medições individuais. A Bonobos mantém todos os tamanhos, cores, ajustes e tecidos (apenas um item de cada variação) em estoque — mas os clientes não podem sair com nenhuma mercadoria. É possível pagar pelas compras e então enviá-las, ou fazer o pedido online ao chegarem em casa.

A Bonobos obteve tanto sucesso que foi adquirida pelo Walmart em 2017. No mesmo ano, a Nordstrom lançou um conceito igualmente revolucionário — o Nordstrom Local. Com apenas noventa metros quadrados, as lojas não possuem estoque, embora você possa obter itens vindos de lojas completas nas proximidades em poucas horas. O que as lojas Nordstrom Local carecem em mercadorias, certamente compensam com as comodidades — consultas de estilo pessoal, ajuste de roupas, manicures e um bar que serve cerveja, vinho e suco. As lojas também são destinadas a servir como um ponto conveniente para coleta e devolução de pedidos online, o que será fundamental para a Nordstrom enquanto esse modelo se prepara para responder por metade de suas vendas até 2022.

O modelo sem estoque soa maluco, mas certamente tem algum mérito. Sem grandes quantidades armazenadas, esses *showrooms* podem ser negociados a um preço significativamente menor — o que implica em aluguéis mais baratos também. E sem prateleiras para reabastecer, os funcionários podem dedicar mais atenção ao cliente com o objetivo final de impulsionar as vendas e diminuir o número de devoluções. Enquanto isso, o cliente obtém o ajuste perfeito e não tem de se preocupar em levar roupas para casa.

EDUCAÇÃO, ORIENTAÇÃO E INSPIRAÇÃO

> "Como as nossas lojas, o maior produto da Apple, poderiam fazer para enriquecer mais vidas? Este tornou-se o nosso sonho — que elas se tornassem centros vitais onde todos pudessem se conectar, aprender e criar".
> **Angela Ahrendts, vice-presidente sênior da Apple Retail**[24]

Quando pensamos nos varejistas como educadores, as oficinas da Apple imediatamente vêm à mente. A empresa estava fazendo um varejo experimental bem antes dele se tornar popular; no entanto, até mesmo eles estão aumentando sua participação nessa área. Você lembra do conceito de *town square*? O projeto da Apple para o futuro do varejo enfatiza ainda mais a experiência e a educação, pois a chefe Angela Ahrendts acredita que os centros comerciais do futuro serão 80% experiência e 20% compras. As lojas Apple oferecem agora aulas de programação para crianças e organizam workshops e eventos educacionais, tais como sessões de fotografia, música, jogos e desenvolvimento de aplicativos.

Em 2018, a John Lewis abriu sua primeira "sala de descobertas", em sua loja no shopping London Westfield. Nela os consumidores podem aprender novas habilidades ou obter conselhos sobre uma variedade de assuntos — como escolher a câmera certa, iluminar um ambiente, melhorar seu jardim ou ter uma noite de sono perfeita. A mesma loja também conta com um estúdio de duzentos metros quadrados onde os consumidores podem fazer consultas individuais ou em grupo, receber conselhos de beleza e maquiagem e tomar um chá da tarde.

Em Paris, o Grupo Cassino associou-se à L'Oreal em 2018 para abrir "… le drugstore parisien", um conceito inovador posicionado como "a loja urbana de beleza interior, mimos práticos e serendipidade [a arte de fazer descobertas inesperadas]".[25] A loja possui desde produtos farmacêuticos de beleza e bem-estar a produtos farmacêuticos de venda livre, kits de costura, snacks e guloseimas saudáveis. Com o consumidor urbano em mente, também apresenta uma série de comodidades como Wi-Fi gratuito, pontos de recarga de celular, cabeleireiros, limpeza a seco, pontos de coleta de encomendas, áreas de terapia de luz, troca de chaves e entrega Glovo em até uma hora para determinados produtos.

O varejista de beleza ética Lush, por sua vez, criou uma experiência completamente sensorial através do uso de cheiro e cor, enquanto a falta de embalagens permite que os consumidores se envolvam diretamente com os produtos. As demonstrações são uma característica central da experiência da loja, pois os funcionários são incentivados a mostrar como os produtos funcionam (e justificar a etiqueta de preço de 14 dólares que vem em um frasco de xampu).

Além das famosas demonstrações de bombas de banho, os funcionários da Lush são treinados para reconhecer e responder aos comportamentos individuais dos clientes, permitindo-lhes oferecer uma experiência superior e personalizada. Por exemplo, se um cliente parece inquisitivo, a equipe vai gastar tempo para conhecer suas necessidades, explicando as origens dos produtos e demonstrando como funcionam; no entanto, espera-se que a equipe também identifique e sirva aqueles que querem entrar e sair rapidamente. Pode parecer simples, mas a capacidade de distinguir entre dois tipos de clientes muito diferentes em um ambiente de descoberta é vital.

Conhecidos por ir mais longe, os funcionários da Lush também têm o poder de tomar suas próprias decisões para se conectar melhor com o cliente, seja oferecendo uma amostra gratuita ou alterando o mix de merchandising para refletir o clima (ou seja, colocar produtos mais coloridos e alegres num dia chuvoso). O resultado é uma experiência mais significativa e memorável — e que certamente vai além da compra pura.

UM LUGAR PARA FAZER EMPRÉSTIMOS

Por fim, acreditamos que a loja do futuro será um lugar para fazer empréstimos. A economia de compartilhamento já perturbou o transporte e o turismo, mas ainda precisa deixar a sua marca no setor varejista — as lojas naturalmente querem vender, em vez de emprestar, aos seus clientes. Bem, os tempos estão mudando.

Estamos entrando em uma era em que o acesso superará a propriedade. Isso se deve à combinação de uma população crescente, conectividade sem precedentes e mudanças nos valores e nas prioridades dos consumidores. Nós não somos mais definidos por nossas posses materiais; em vez disso, optamos por gastar menos em coisas e mais em experiências. Isso é particularmente pertinente entre os millennials e as gerações mais jovens que estão cada vez mais — embora não necessariamente de boa vontade — renunciando à propriedade de casas, carros, bicicletas, música, livros, DVDs, roupas e até mesmo animais de estimação. O Fórum Econômico Mundial prevê que, até 2030, os produtos se tornarão serviços e a noção de compra se tornará uma "memória distante".[26]

> "Nós temos uma sociedade baseada em propriedade agora, mas estamos caminhando para uma sociedade de acesso, onde você não é definido pelas coisas que você possui, mas pelas experiências que tem."
> **Cofundador e CEO da Airbnb, Brian Chesky**[27]

Como isso afeta o varejo? Sites como Rent the Runway e Bag, Borrow or Steal dão hoje aos consumidores acesso a itens de luxo sem ter que desembolsar 2.500 dólares por uma bolsa Anya Hindmarch. No Reino Unido, a Westfield lançou o primeiro Style Trial pop-up de varejo independente em 2017. De acordo com um estudo do grupo de centros comerciais, quase metade dos jovens entre 25 e 34 anos estão interessados em alugar moda e cerca de um quinto estaria disposto a gastar duzentas libras ou mais por mês em assinaturas ilimitadas de aluguel de roupas.[28]

Fora da moda, o varejista de produtos elétricos Dixons Carphone falou de um esquema de associação em que os consumidores pagariam pelo acesso a uma máquina de lavar roupa, por exemplo, incluindo a instalação e as reparações — mas sem realmente possui-la.

No futuro, será essencial criar relações mais profundas com os clientes à medida que o foco muda de produto para serviço. Isso explica por que um varejista como a Ikea adquiriu o TaskRabbit em 2018. O mercado online conecta 60 mil *taskers* freelancers com consumidores que procuram contratar alguém para fazer tarefas como a montagem de móveis. Agora você pode comprar um guarda-roupa Stuva sem a ansiedade de montá-lo.

Da mesma forma, o Walmart uniu forças com a Handy para serviços de instalação e montagem de televisores e móveis. É assim que os varejistas podem sobreviver na era da Amazon — eliminando o atrito e estabelecendo um relacionamento significativo com o cliente que transcende a loja física (uma pequena observação: a Amazon está expandindo sua própria divisão de serviços domésticos, que vem sendo implantada nos EUA desde 2015, e foi expandida para o Reino Unido em 2018).

Acreditamos que há uma oportunidade para hipermercados e superlojas, com amplo espaço e clientela regular, para considerar concessões no estilo biblioteca onde os consumidores poderiam pedir itens selecionados emprestados. Isto seria adequado para produtos que são caros de comprar, pouco usados e/ou difíceis de armazenar — por exemplo, máquinas de costura, tendas e brocas.

No sudeste de Londres, a Biblioteca das Coisas é uma empresa social de "espaço de empréstimo" que armazena tudo, desde utensílios de cozinha a roupas de mergulho. A adesão é gratuita e os membros podem pedir até cinco itens emprestados por semana, a maioria dos quais pode ser alugada por menos de quatro libras.[29] Uma "biblioteca de coisas" pode ser parte da solução para os varejistas que estão lutando para preencher espaço morto. Não apenas direcionaria tráfego até as lojas, porém, mais importante ainda, permitiria aos varejistas explorar a comunidade local e desenvolver um vínculo muito mais profundo com os clientes.

EM RESUMO

Hoje, o varejo realmente está em toda parte — nas lojas, em nossos telefones, em nossas casas, em objetos, até mesmo na mídia.

Varejistas online como a Amazon podem ter dado aos consumidores acessibilidade inigualável e gratificação quase instantânea, mas, ao fazer isso, tiraram o toque e a sensação das compras. O varejo convencional deve evoluir para servir a um propósito que vai além da simples troca de produtos. As lojas precisam se tornar especiais e gratificantes novamente. Precisam contar uma história e apaziguar um desejo crescente de conexão humana em um mundo cada vez mais digital. As lojas precisam estar focadas na comunidade e proporcionar uma experiência sensorial, imersiva e memorável que não pode ser replicada online. O objetivo deve ser fazer com que o espaço físico seja tão atraente que os consumidores estejam dispostos a pagar um ingresso para entrar, como fazem quando vão a um parque de diversões ou ao teatro.

O setor também se tornará mais colaborativo à medida que os varejistas reconhecerem a importância de trabalhar juntos para se destacar. Mas nem todas as lojas precisam de se tornar uma versão que canta e dança. Haverá ainda um lugar para os varejistas oferecerem a melhor relação qualidade/preço, conveniência ou uma variedade única de produtos. A Aldi e a Primark, por exemplo, não serão muito diferentes daqui a dez anos.

Para a maioria deles, no entanto, a evolução é necessária para a sobrevivência. Os varejistas devem pensar em suas lojas como ativos e não como passivos. Precisam quebrar os silos e mudar suas métricas — o crescimento das vendas da mesma loja e as vendas por metro quadrado não são mais medidas válidas de sucesso. Tais indicadores de desempenho intrinsecamente medem a loja física *em relação ao* comércio eletrônico. Os varejistas estão mudando as engrenagens para medir o sucesso da loja física *ao lado do* comércio eletrônico, com indicadores de desempenho como impressão de marca, intenção de compra digital, porcentagem de pedidos online atendidos pela loja, inspiração por metro quadrado, retorno sobre o atrito, conveniência para associados e experiência do cliente. Agora, vamos continuar a explorar como a loja do futuro também está evoluindo para se tornar um centro de realização.

13
O ATENDIMENTO NO VAREJO: CONQUISTANDO O CLIENTE NA ÚLTIMA MILHA

> "Você não quer dar à Amazon uma vantagem de sete anos."
> **Warren Buffett, magnata de negócios dos EUA**[1]

Nos Capítulos 11 e 12, vimos como a loja do futuro terá de evoluir para simultaneamente reduzir o atrito e tornar-se mais experimental. A influência do digital na jornada de compras também viu cada vez mais a loja se desenvolver como um centro de atendimento online. Antes do comércio eletrônico, a única logística da cadeia de abastecimento com que um varejista precisava se preocupar era com a entrega dos produtos dos fornecedores aos centros de distribuição, e depois às suas lojas.

A PROMESSA DE ENTREGAR

Nos primeiros dias do e-commerce, executivos de varejo recordavam as ligações exasperadas de gerentes de loja que exigiam saber se as devoluções online que tinham que aceitar na loja "sairiam de suas metas". Foi então que os varejistas offline mais tradicionais que faziam suas primeiras incursões online começaram a perceber o verdadeiro impacto do comércio eletrônico em suas lojas. Eles reconheceram que poderiam transformar o fato de que não tinham previsto devoluções online impactando sua presença offline em uma vantagem sobre a Amazon, gerenciando tanto o processo de atendimento quanto as devoluções em loja. Ficaram felizes por abraçar este novo papel de loja se isso significasse que os consumidores assumiam os custos de entrega quando chegavam para a coleta, que de outra forma seriam responsabilidade dos próprios varejistas, especialmente quando precisavam reagendar entregas perdidas. Este é um desafio particular para os operadores de comércio eletrônico quando se considera que as taxas de retorno podem atingir os 40% em setores como a moda, e um estudo concluiu que 1% ou mais de todas as receitas podem ser perdidas apenas devido à fraude na entrega.[2] Mal sabiam eles quão populares se tornariam os chamados serviços "clique & retire".

Muitos países europeus foram os primeiros a ver a ampla adoção do sistema "clique & retire". Isso se deve a vários fatores: taxas de entrega de comércio eletrônico proibitivamente altas; a densidade geográfica de suas populações, que nunca estiveram longe de uma cadeia varejista; alto acesso à internet de banda larga e móvel; e a aceitação relativamente madura dos consumidores às alternativas ao pagamento em dinheiro, com transações sem cartão e pagamento na entrega, facilitando o modelo de compra remota do comércio eletrônico. As operações de "clique & retire" dos supermercados e outros varejistas franceses dão a 80% da população acesso em dez minutos a cerca de 4 mil pontos de coleta. Conhecido como "clique & dirija", o método de atendimento já representa 5% das vendas de supermercados na França, e espera-se que atinja os 10% na próxima década.[3] Os consumidores do Reino Unido são também entusiastas do "clique & retire". Um estudo sobre esse método de venda prevê que ele representará 13,9% do total de gastos online no Reino Unido até 2022.[4]

Nos Estados Unidos, território doméstico da Amazon, o impacto da realização de pedidos "clique & retire" na loja desenvolveu-se utilizando adições de *drive-thru* aos grandes formatos existentes, como aconteceu na França. Target, Walmart e Kroger expandiram ou planejaram expandir suas localizações "Drive Up", "Curbside pickup" e "ClickList" para mil cada até 2019. A introdução de quiosques automatizados pelo Walmart para o atendimento de pedidos de supermercados leva esse desenvolvimento à sua fase mais sofisticada. O gigante dos EUA empregou aprendizados da sua subsidiária britânica Asda, que utiliza conceitos similares de quiosques, para reduzir as despesas operacionais associadas à entrega do comércio eletrônico. Estes quiosques maiores são projetados para atender pedidos de supermercado acima de 35 dólares, que são coletados e embalados pela equipe da loja. Os edifícios de 15 metros quadrados estão localizados em áreas de estacionamento do supercentro do Walmart.

Como todos os serviços de "clique & retire", os quiosques do Walmart também servem para equilibrar seu crescimento do comércio eletrônico, incentivando as visitas às lojas e o potencial adicional de visitas. Os varejistas descobriram que os clientes do tipo "clique & retire" podem gerar ganhos e gastos incrementais através do aumento das taxas de conversão e de cesta maiores. Uma pesquisa de 2015 da UPS com consumidores europeus descobriu que 47% dos entrevistados tinham utilizado um serviço de coleta em estabelecimentos comerciais e, destes, 30% tinham feito compras adicionais durante a visita à loja para o "clique & retire".[5]

Em comparação, antes mesmo de poder pensar em adquirir uma cadeia de supermercados física, a Amazon fez sua primeira incursão em "clique & retire" utilizando *lockers*.

Os primeiros Amazon Lockers apareceram em Seattle, e em Nova York e Londres, em 2011. Os clientes podem escolher qualquer local do *locker* para a sua entrega e recebem um código de coleta único via e-mail ou mensagem de texto para recuperar as suas encomendas, que devem digitar no *touchscreen* do *locker* que lhes foi atribuído para abrir a porta. A Amazon escalou o seu serviço de *lockers* em parceria com proprietários de varejo para colocá-los em centros comerciais e nas lojas como a 7-Eleven e a Spar, bem como a Co-op e a Morrisons no Reino Unido. A Amazon Lockers também pode ser encontrada no Canadá, na França, na Alemanha e na Itália, enquanto a empresa não se opõe ao uso de locais menos tradicionais para os *lockers*, incluindo bibliotecas públicas[6] e condomínios, com o seu serviço Amazon Hub baseado em *lockers*.[7] Em 2018, o serviço estava em mais de cinquenta cidades, em mais de 2 mil locais.

CONVENIÊNCIA DE COLETA REMOTA

A beleza dos *lockers* é que eles eliminam problemas específicos de atendimento de última milha, como roubo, entregas perdidas e necessidade de reenvio, bem como os custos adicionais associados. Os clientes também podem devolver mercadorias indesejadas usando o sistema. Mas nem todos os vendedores terceirizados da Amazon podem usar a opção de *locker* se a transportadora que usam depender de um sistema que exige assinatura para confirmar o recebimento da entrega (embora os *lockers* de entrega da Amazon Hub aceitem pacotes de todas as transportadoras). Há também o fato de que os Amazon Lockers são inadequados para produtos perecíveis. Com um mercado maior de compras online, a Europa tem liderado o desenvolvimento de armários "clique & retire" com temperatura controlada. Nesse quesito, a Emmasbox é digna de nota. A empresa com sede em Munique, na Alemanha, fornece suas estações de coleta refrigeradas para atender a pedidos de alimentos online para a autoridade de transporte público do país, a Deutsche Bahn, bem como outros locais de trânsito, como o Aeroporto de Munique e os varejistas de supermercados Edeka e Migros. O varejista francês Auchan introduziu 250 armários "clique & retire" com temperatura controlada para compras na área de Saint-Etienne em 2017, pouco depois que a Lidl instalou três pontos de coleta para pedidos de compras online na Bélgica. Outros modelos, como o Packstation da DHL/Deutsche Post na Alemanha, o Cityssimo de La Poste na França e o ByBox no Reino Unido, baseiam-se no fornecimento de locais de coleta completos dentro ou perto de centros de transporte ou de outras zonas urbanas de grande fluxo, o que rivaliza com o papel dos correios tradicionais ou dos pontos de venda da FedEx e UPS. Até os clientes da Amazon UK podem recolher as suas encomendas nas mais de duzentas localizações da Doddle, por exemplo.

Quando se trata de metas, muitos varejistas medem o impacto do comércio eletrônico levando em conta a localização do pedido em vendas regionais ou na loja. É por isso que o consenso da indústria ainda credita entre 80 e 90% das vendas globais de varejo como sendo "concluídas" em uma loja. Um cliente pode encomendar e pagar por um produto online, mas depois optar por recebê-lo em uma loja em uma área de terceiros no momento que seja mais conveniente para eles, além de frequentemente permitir que renunciem ao ônus de uma taxa de entrega. Quando se trata de taxas de entrega, a Amazon foi uma das primeiras a usar a entrega gratuita como isca para mais clientes, em 2002. Introduziu a sua oferta de remessa Super Saver, baixando o limite de 100 para 25 dólares. Fora de seu esquema de associação Prime, hoje oferece frete gratuito em pedidos de 35 dólares ou mais em produtos selecionados.

Portanto, o varejo precisou se tornar cada vez mais obcecado ao longo da "última milha" desde que o acesso à internet se tornou onipresente e as interfaces difundidas, e conforme a demanda por atendimento quase instantâneo disparou. Tradicionalmente, um termo utilizado pelos fornecedores de redes de telecomunicações para designar a infraestrutura que chega fisicamente às instalações do usuário final, a "última milha" foi adotada pelos varejistas para se referir à última fase do processo de atendimento do produto ou serviço. Reabastecimento para armazenar, entrega em domicílio, ou um híbrido dos dois: atendimento na loja com o "clique & retire" ou *lockers* em instalações de terceiros, por exemplo. A pesquisa que realizamos na PlanetRetail RNG revelou que existem mais de 2.500 permutações no processo de atendimento ao varejo hoje (ver Figura 13.1).

Isso ocorre quando se considera a proliferação de opções que o consumidor agora tem, juntamente com a tradicional ida às compras, em que o cliente escolhe, embala e retira suas próprias mercadorias em uma loja. Os recursos da cadeia de suprimentos tiveram de evoluir rapidamente para além dos tradicionais centros de distribuição e de atendimento, para redes de lojas que permitem que os clientes acessem os produtos, no entanto, onde e quando quiserem. Os "termos", como os referimos neste livro, quanto aos consumidores "nos meus termos" são ditados pelo pedido (Figura 13.2).

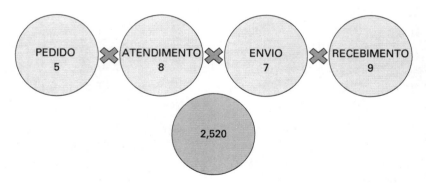

Figura 13.1 *Novas opções de atendimento que aumentam a complexidade das cadeias de suprimentos varejistas*

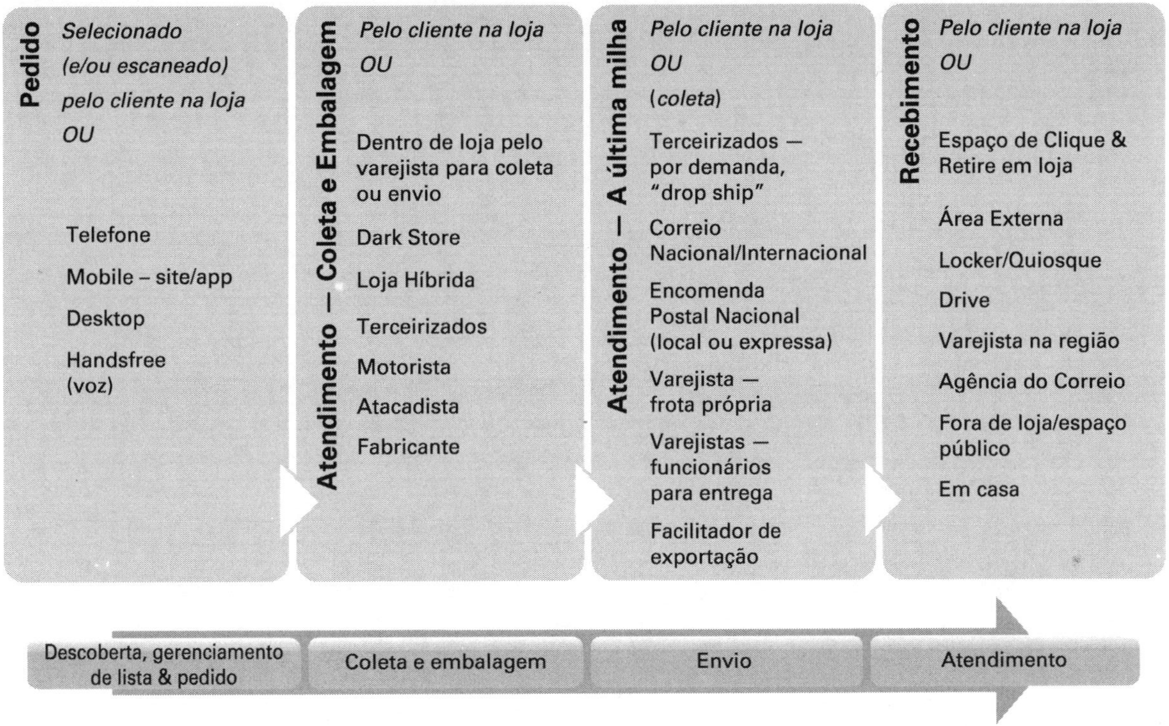

Pedido

Selecionado (e/ou escaneado) pelo cliente na loja

OU

- Telefone
- Mobile – site/app
- Desktop
- Handsfree (voz)

Atendimento — Coleta e Embalagem

Pelo cliente na loja

OU

- Dentro de loja pelo varejista para coleta ou envio
- Dark Store
- Loja Híbrida
- Terceirizados
- Motorista
- Atacadista
- Fabricante

Atendimento — A última milha

Pelo cliente na loja

OU

(coleta)

- Terceirizados — por demanda, "drop ship"
- Correio Nacional/Internacional
- Encomenda Postal Nacional (local ou expressa)
- Varejista – frota própria
- Varejistas – funcionários para entrega
- Facilitador de exportação

Recebimento

Pelo cliente na loja

OU

- Espaço de Clique & Retire em loja
- Área Externa
- Locker/Quiosque
- Drive
- Varejista na região
- Agência do Correio
- Fora de loja/espaço público
- Em casa

Descoberta, gerenciamento de lista & pedido → Coleta e embalagem → Envio → Atendimento

Figura 13.2 *A crescente complexidade do atendimento de pedidos do comércio eletrônico*

Com o consumidor no controle, as variações da cadeia de abastecimento tradicional estão se multiplicando rapidamente. Essas variações estão aumentando a complexidade das cadeias de suprimentos de varejo e manufatura. Mas, historicamente, ela tem sido considerada um centro de custo para muitas organizações. Ao considerar o "Efeito Amazon", agora mais do que nunca, os modelos da cadeia de suprimentos — que ditam onde um pedido será coletado, embalado e atendido na última milha, em apoio a novos caminhos para a compra — serão um dos facilitadores de crescimento mais importantes para as organizações varejistas e fabricantes. Isto ocorre porque a Amazon já está conquistando a última milha há algum tempo.

DESENVOLVER A ÚLTIMA MILHA

Ganhar a última milha determina cada vez mais quem ganha a corrida geral para alcançar o consumidor — sucesso significa também vencer a concorrência com frequência, relevância e lealdade. A infraestrutura de atendimento da Amazon é seu motor competitivo, a serviço da velocidade e conveniência que impulsionam seu *volante*. Sem ela, seus dois maiores geradores de crescimento baseados na cadeia de suprimentos — Prime e Fulfilment by Amazon (FBA) — não poderiam ter sucesso. Ao ganhar a última milha, a Amazon é bem conhecida por desejar a entrega no mesmo dia e, em algumas áreas, a norma é a entrega em até uma hora, onde a proposta do cliente também facilita a encomenda. Eis um disruptor genuíno.

Tomemos, por exemplo, o youtuber Rob Bliss, que decidiu usar o Prime Now da Amazon para entregar mercadorias para a comunidade sem-teto de Nova York. Ele perguntou a cada pessoa o que precisavam e fez os pedidos. As doações incluíam meias, sapatos, sacos de dormir, roupas íntimas e outros artigos de higiene. Em poucas horas, os itens foram entregues, enquanto seus vídeos e ideias se tornaram virais.[8]

No Capítulo 6 vimos o quanto de sua estratégia de última milha também foi construída sobre os alicerces que está usando para ganhar terreno dos supermercados. Mas vale a pena reafirmar como a enorme capacidade computacional da AWS alimenta os algoritmos complexos que orquestram sua extraordinária capacidade logística e gerencia a complexidade de ter um pedido processado, selecionado, enviado e embalado em uma esquina no centro de Manhattan em questão de minutos. O pilar da AWS sustenta os mecanismos de entrega da Amazon no sentido mais literal.

Se você observar isoladamente a parte final do processo de compra, ela começa a partir do momento em que o cliente decide comprar um item e fazer um pedido online. Isso se eles estão usando seu próprio dispositivo para realizá-lo e concluir a compra ou se estão utilizando algum dispositivo do varejista, incluindo caixas com integração ao comércio eletrônico, quiosques ou outras aplicações de "corredor infinito". Aqui, já vimos como a Amazon tem atraído os associados Prime para suas livrarias com preços preferenciais. Também destaca a facilidade de usar suas contas online para acelerar o pagamento, assim como define o padrão para compra com um clique, o que simplifica as partes mais trabalhosas do processo de check-out online — preenchendo as informações de entrega e pagamento. Como reconhecemos anteriormente, a Amazon influenciou diretamente a ampla adoção desse recurso com sua patente de 1-clique; enquanto seus Botões Dash e Dash Wand, bem como sua assistente de voz Alexa integrado à sua linha de hardware de tecnologia, todos podem executar os estágios de pesquisa, navegação e descoberta do processo de compras online, desde o pedido até colocar itens na cesta para check-out.

Quando se trata de check-out, a Amazon também construiu algo importante. A Amazon Payments, seu *gateway* de pagamentos online, oferece aos clientes do site a opção de pagar com suas contas em sites de comerciantes externos. Assim como seus rivais Google Check-out e PayPal, a Amazon Payments permite que os clientes usem uma conta de um provedor confiável para todos os seus pagamentos online, enquanto os comerciantes recebem uma porcentagem e uma taxa de transação. Um dos motivos pelos quais comerciantes utilizam terceiros como a Amazon Pay é que seus clientes nunca saem do site durante o processo de check-out e podem pagar usando qualquer método disponível pela Amazon. Também é um dispositivo independente e os comerciantes recebem o nome e o e-mail do cliente, verificados no check-in. Também criou integrações de API para algumas das plataformas de comércio eletrônico mais populares entre os comerciantes de médio porte, como BigCommerce, Magento e Shopify, para que seus usuários possam ativar um plug-in gratuito e adicionar a opção Amazon Payment aos seus check-outs.

Na disputa pelo espaço de pagamentos online, porém, a Amazon Payments não pode reivindicar domínio de mercado, embora sua base de clientes a torne um grande player. Ela pode acessar mais de trezentos milhões de contas de clientes ativos, enquanto o *gateway* de pagamentos rival, do PayPal, tem cerca de duzentos milhões. Mas a Apple declarou publicamente, em 2014, que tinha oitocentos milhões de contas do iTunes, que exigem informações de pagamento, enquanto as estimativas do setor colocam as contas do Google Play em torno do mesmo número. Entretanto, a concorrência das redes sociais está aumentando. O Facebook disse no início de 2018 que tinha mais de 1,45 bilhão de usuários ativos diários e, embora sua receita de processamento de pagamentos seja uma pequena proporção de seus ganhos em comparação com suas receitas de publicidade, declarou em 2017 711 milhões de dólares em pagamentos e outras taxas de fontes como Facebook Payments e marketplace.[9] Mas você não precisa necessariamente registrar os detalhes do pagamento para usar a rede social, ao contrário de alguns dos demais. Apesar disso, enquanto a maioria dos outros — com exceção do PayPal — tem bases de usuários maiores, a Amazon é o único varejista com essa capacidade estendida (embora a Apple tenha lojas de varejo para vender seus produtos e serviços eletrônicos de consumo, e também ofereça o Apple Pay). O único verdadeiro rival online em termos de dimensão, escala e setor neste contexto é a AliPay, da Alibaba, que tinha 520 milhões de usuários registrados em 2018.

SEM CHECK-OUT

A principal razão para considerar a compra como parte do processo de atendimento e sua influência na última milha é colocar o conceito de loja Amazon Go em contexto apropriado aqui. Eliminar completamente a necessidade de check-out e do pagamento aponta o caminho para armazenar os conceitos futuros mais focados no atendimento. Os dois capítulos anteriores abordaram como os varejistas podem reduzir o atrito em cada etapa da jornada de compras — da busca e navegação à descoberta. Porém, em termos dos processos que podem desencorajar a conversão em loja, o check-out e o pagamento aparecem em destaque; os varejistas devem pegar a dica da Amazon e enxergar as lojas como uma forma de permitir que os clientes se apropriem dos produtos que desejam com o mínimo de esforço e inconveniência.

O mercado britânico Waitrose experimentou lojas sem caixas de pagamento em seu formato "pequeno Waitrose", enquanto o Walmart e a Kroger certamente atenderam à ameaça da Amazon Go nos EUA, desenvolvendo serviços de compras sem pagamento, mas com sinas diferentes. Em 2014, o Walmart inicialmente testou seu aplicativo móvel "Scan & Go", que permitia aos clientes ler os códigos de barras de produtos selecionados e depois verificá-los sem precisar fazer uma parada adicional em um caixa — embora esses clientes tivessem uma fila expressa dedicada para sair da loja com suas compras, por motivos de segurança. Então, pouco antes de a Amazon Go ser aberta ao público em Seattle, no início de 2018, o Walmart anunciou que estava expandindo seu teste de 25 para cem lojas nos EUA depois de implementar com sucesso um serviço semelhante em sua cadeia de atacado, o Sam's Club. Mas, tão repentinamente quanto fez seu anúncio, seis meses depois, disse que estava abandonando os testes devido à baixa aceitação. Alguns membros do setor disseram que os clientes achavam difícil gerenciar seu dispositivo, o produto que estavam escaneando e sua cesta, carrinho ou sacola de compras; e que o roubo também era um problema. O Walmart disse que continuará a oferecer seu serviço de Scan & Go usando dispositivos próprios de escaneamento portáteis, sem risco que a bateria acabe, e carrinhos apropriados. A Kroger se saiu um pouco melhor, lançando um aplicativo móvel semelhante e um serviço baseado em scanner portátil chamado "Scan, Bag, Go", para quatrocentas lojas em 2018, depois de testar o conceito pela primeira vez um ano antes. Uma última nota aqui é que Waitrose foi a primeira a lançar aparelhos de escaneamento portáteis próprios... em 2002!

Portanto, a estratégia de pagamento e check-out da Amazon certamente garante que ela tem um papel a desempenhar nos processos de pedidos e pagamentos de outros varejistas, pois continua a revolucionar essa parte da jornada também de uma perspectiva física. Embora não inclua esses serviços nas finanças do marketplace de terceiros, não vamos esquecer essa parte do *volante* ao considerar o papel da Amazon no processo de pedido, pagamento e atendimento, onde fornece todo o *front-end* de comércio eletrônico e serviço de compras online para comerciantes terceirizados.

Onde todas as partes da infraestrutura, oferta e ecossistema da Amazon reforçam seu objetivo principal, vender "mais coisas", sua proposta de última milha reforça muito mais os valores centrais de sua oferta: escolha, conveniência e velocidade. A última milha da Amazon estende-se desde o reabastecimento automático até o Prime e sua oferta de entrega gratuita e ilimitada de até dois dias ou no mesmo dia, dependendo do local de entrega.

Vale a pena considerar como a Amazon se sai bem ao usar a mecânica da assinatura para aumentar as vendas entre os associados. Certamente, liderados pelo exemplo da Amazon com o Prime, os serviços de assinatura têm crescido em popularidade há algum tempo. Por exemplo, uma pesquisa recente revelou que os consumidores britânicos estavam gastando em média mais de 2 bilhões de libras anualmente em assinaturas de entrega.[10] Naturalmente, o serviço mais popular foi o Amazon Prime, com 61,4% dos participantes inscritos. Outras assinaturas populares reveladas foram: a empresa de lanches saudáveis Graze (12,3%), o varejista de moda e utilidades domésticas *nextunlimited* (9,7%), a especialista em *fast fashion* ASOS Premier (8,8%), a Pact Coffee (8,5%) e a loja de beleza Glossybox (7,8%). Os entrevistados também disseram que tanto a conveniência (45%) quanto a relação custo-benefício (60%) foram os principais impulsionadores por trás de sua inscrição, enquanto quase metade (48,9%) admitiu ter comprado itens que de outra forma não teriam comprado se não tivessem o serviço de assinatura. É fácil ver por que a Unilever estava disposta a pagar 1 bilhão de dólares pelo Dollar Shave Club em 2017.[11] A aquisição de ação direto-ao-consumidor (D2C) deu à gigante marca uma fonte de receita recorrente e a demanda previsível de uma base de clientes fiéis.

RECEITAS RECORRENTES

Melanie Darvall, diretora de marketing e comunicações da Whistl, empresa britânica de distribuição postal que patrocinou a pesquisa acima, comentou que a chave para lançar um serviço de assinatura bem-sucedido é encontrar o equilíbrio certo para tornar a oferta benéfica para ambas as partes — varejista e consumidor. "Garantir que a qualidade do produto ou o valor do desconto sejam suficientemente elevados para tornar sua base de clientes leais e capaz de considerar gastar dinheiro com o que é essencialmente um serviço mensal de '*degustação*' certamente pode ser um desafio, mas uma vez que você entenda esse lado das coisas, vai colher as recompensas, e espero que mantenha uma base de clientes satisfeitos", comentou.[12] Para Darvall, uma recente campanha publicitária da Amazon utilizou o slogan "Amazon Prime entrega mais" em referência aos vídeos e *streaming* gratuitos que os membros Prime têm acesso, juntamente com a entrega gratuita, entre outros benefícios.

A Amazon também elevou as apostas quanto ao atendimento de pedidos com a introdução do Prime Now, que, como discutido anteriormente, introduziu a entrega de uma hora para assinantes em áreas urbanas selecionadas. O Prime Now serve como um poderoso exemplo da capacidade do gigante de desenvolver suas inovações, mas também de quão potente pode ser a sua velocidade de comercialização. Agora, a crescente base de assinantes Prime da Amazon está impulsionando suas demandas de capacidade de atendimento.

Assim, no resto deste e no próximo capítulo, veremos como ela está construindo sua proposta de logística de atendimento de última milha, incluindo a inovação atual e futura através do Prime Now, *lockers* e entrega ultrarrápida por drones, bem como o FBA, e também como sua estratégia de cadeia de suprimentos está evoluindo para abranger capacidades adicionais online-para-offline (O2O) em uma variedade crescente de outros setores, incluindo moda e, é claro, supermercados.

CONSTRUINDO A ÚLTIMA MILHA

A Amazon foi, na verdade, uma retardatária quanto ao espaço de entrega imediata. No lançamento, os observadores da indústria questionaram se ela poderia se dar ao luxo de gastar dinheiro em uma guerra com a onda de startups sob demanda para desafiar os modelos tradicionais de satisfação do varejo em resposta ao insaciável apetite dos consumidores por gratificação instantânea. Outros sugeriram que não havia outra escolha senão enfrentar empresas como Postmates, Shipts, Instacarts e Delivs, concorrentes que não possuem produtos e atendem pedidos de clientes em nome dos varejistas que também estão tentando se recuperar do atraso quanto às entregas no mesmo dia, incluindo a iniciativa Walmart-to-Go e a entrega de uma hora da Tesco com a Quiqup em Londres.

Os concorrentes diretos também reagiram rapidamente: o eBay, por exemplo, diferenciou seu serviço de entrega no mesmo dia, acrescentando oitenta pequenas empresas do Brooklyn ao programa eBay Local. Isto foi visto como um reconhecimento do fato de que a Amazon estava potencialmente cortando seus comerciantes do marketplace durante seu novo desenvolvimento de última milha usando as seleções Prime e Prime Now para favorecer suas novas linhas de marcas próprias, que incluem fraldas e outros itens essenciais do cotidiano. Mas destaca algumas parcerias com varejistas locais, como a Spirited Wines, Morrisons and Booths no Reino Unido e a New Seasons Market, por exemplo.

O eBay tinha, de fato, comprado a startup responsável pela entrega de comércio eletrônico mais rápida do mundo — a Shutl — por uma quantia não divulgada, em 2013, um ano antes do lançamento do Prime Now. A Shutl expandiu suas entregas para compras feitas nos sites dos principais varejistas, incluindo Argos e B&Q Tradepoint, bem como marcas de moda como Karen Millen, Oasis, Coast e Warehouse — em apenas noventa minutos em onze cidades em 2011. Após sua primeira entrega em 2010, a Shutl afirma que seu menor tempo foi de quinze minutos, tornando-a desenvolvedora inicial dos algoritmos necessários para combinar as lojas independentes, entregadores terceirizados e pontos de coleta baseados no custo, localização e capacidade. No entanto, o eBay levou três anos para incorporar totalmente a startup em suas operações, lançando um novo serviço de entrega para os vendedores do Reino Unido em 2017, com base em uma plataforma construída a partir do zero pela Shutl. Os comerciantes não ficaram satisfeitos com o fato de não poderem optar por não utilizar os seus serviços de entrega expressa. Uma anotação em um quadro de avisos de um comerciante dizia: "A Shutl pode ser um recurso se for redesenhada e fizerem com que funcione eficientemente, é outro exemplo do eBay lançando um serviço antes que esteja totalmente pronto. É claro que é apenas um agente de reservas como o P2Go, um intermediário entre o vendedor e o transportador local. Uma etiqueta por folha de papel, falta de opção, compensação limitada são problemas neste momento."

CONTEXTO COMPETITIVO

O Google, em comparação com o eBay, foi mais rápido ao lançar um serviço de entrega no mesmo dia e durante a noite de varejistas locais e nacionais dos EUA em 2013, o Google Shopping Express, que mais tarde foi renomeado Google Express. A entrega é feita por veículos das marcas e empresas de transporte terceirizadas e os clientes devem ter uma conta Google Play. Embora os varejistas possam adicionar sobretaxas, as entregas custam 5 dólares por parada, e as janelas de entrega não chegam nem perto daquelas da Prime Now, sendo feitas de três a cinco horas. Mas a expansão tem sido gradual, em parte porque a integração de seu assistente de voz oferece aos varejistas uma boa alternativa à Alexa, levando a acordos com Walmart, Costco, Target e Carrefour.

Dada a aparente falta de velocidade ou capacidade do Google e do eBay para aumentar rapidamente os seus esforços de atendimento rápido, é mais fácil de compreender a relativamente bem-pensada entrada da Amazon na entrega expressa com Prime Now em 2014. No seu lançamento, o editor sênior da CNET, Dan Ackerman, apontou para as enormes despesas de manutenção e expansão do Prime Now. Ele mostrou que "a mão de obra, a infraestrutura para não apenas colocar algo em uma caixa e enviá-lo, mas para realmente colocá-lo na mochila de um mensageiro de bicicleta em uma cidade e enviá-lo".[13] Nesse mesmo ano, o transporte gratuito (e entrega rápida Prime) que a Amazon usa para encantar seus clientes e superar a concorrência custava mais de 4,2 bilhões de dólares ou quase 5% das vendas líquidas. Stephenie Landry, vice-presidente do Amazon Prime Now, falou sobre o custo do serviço em um evento do setor em 2017.[14] "As compras ultrarrápidas são uma proposta cara", admitiu. "Não é fácil de fazer, mas a única maneira de aprender é estando no jogo." Mas, no verdadeiro espírito de viver os Princípios de Liderança da Amazon, Landry acrescentou: "Como líder deste negócio, não gasto muito do meu tempo pensando em custos de entrega; eu realmente penso sobre o amor do cliente — como faço para que um cliente ame este produto? Eu aceitaria um problema com custos em vez de um problema de amor do cliente a qualquer dia."[15]

EXPANSÃO DO CONSUMO DE ALIMENTOS

Além de consolidar os benefícios mais amplos do Prime dentro do ecossistema da Amazon — alimentando o *volante* — a Amazon também adicionou a entrega de restaurantes aos serviços disponíveis com o

Prime Now. Lançado no verão de 2015, oferecendo entrega gratuita de duas horas e de uma hora por 7,99 dólares, o Amazon Restaurants é um serviço de pedidos de comida online disponível em vinte áreas urbanas nos EUA e em Londres, Inglaterra. Em 2018, o serviço contava com mais de 7.600 restaurantes oferecendo entrega através do serviço Prime Now. Além de restaurantes independentes, o serviço inclui cadeias como Red Robin, Applebee's, Olive Garden e P.F. Chang's. A Amazon Restaurants está disponível no aplicativo do Prime Now e no site da empresa. A entrega de uma hora é gratuita quando os usuários atingem certo valor mínimo, determinado pelo restaurante usando um modelo de negócio comparável ao do Just Eat, Delivery Hero, Foodpanda, Foodora e uma série de outros intermediários de entrega de comida. Curiosamente, o rei dos gigantes da fast-food, o McDonalds, tem operado o seu serviço McDelivery em 25 países. O serviço de entregas foi lançado pela primeira vez nos EUA em 1993, antes da corrida do ouro na entrega rápida de alimentos. O mais recente desenvolvimento do McDelivery, no entanto, mostra como os intermediários de entrega terceirizada se tornaram disruptivos, lançando-se no Reino Unido via Uber Eats em 2018.

A Deliveroo merece uma menção aqui, não só pelo fato de compartilhar semelhanças no seu modelo de entrega rápida de comida em restaurantes com o Just Eats, mas por também assumir parte da produção alimentar. Fundada em Londres em 2013, a sua frota de entregas independentes, mas de marca, oferece tarifas exclusivas para restaurantes em duzentas cidades, em doze países. Mas a Deliveroo passou a lançar suas cozinhas ocultas pop-up no mercado doméstico em 2017. As chamadas cozinhas "RooBox" preparam alimentos de marca para empresas como a cadeia tailandesa Busaba Eathai, os restaurantes à moda norte-americana MeatLiquor e pizzarias Franco Manca, em locais como parques industriais e parques de estacionamento fora de uso, para reduzir os custos de instalação em comparação com um restaurante de serviço completo.

Além disso, assim como a Deliveroo, a Instacart vem aprendendo com os clientes que atende. Brittain Ladd, consultor da indústria e ex--executivo da Amazon, escreveu:

A Instacart tem acesso completo e sem restrições a todos os detalhes e custos dos varejistas que assinaram seus serviços. Ela tem aumentado ativamente a quantidade de capital que angaria para se tornar uma varejista, atacadista e fabricante de produtos de marca própria. Os varejistas de supermercados que viam a Instacart como sua salvadora ensinaram a ela seus negócios, incluindo seus pontos fortes e fracos. À medida que expande seu modelo de negócios, será capaz de usar seu conhecimento sobre os clientes de supermercado em benefício próprio.[16]

IMPULSIONANDO A DEMANDA DA ÚLTIMA MILHA

Assim, podemos ver como a expansão dos serviços, incluindo Amazon Restaurants, AmazonFresh e Pantry, respondem às crescentes oportunidades do setor por meio de mecanismos do Prime Now. A escalada da Amazon pode dar um impulso significativo ao seu *volante*, mas é preciso competir contra rivais cada vez mais diversificados.

Uma área onde a Amazon tem procurado estar à frente da concorrência quando se trata da diferenciação do Prime Now é, naturalmente, a verdadeira experiência de compra online. Um bom exemplo disso é a capacidade de rastreamento introduzida pela primeira vez nos EUA com um lançamento discreto em 2017, e que a Amazon começou a aumentar silenciosamente no ano seguinte. Ela fornece aos clientes um mapa em tempo real da jornada de suas entregas, bem como quantas outras paradas ou entregas seu mensageiro fará antes da sua. No entanto, relatórios anteriores sugerem que o sistema só é compatível com as encomendas servidas por sua própria rede logística e não com as tratadas pelos serviços postais dos EUA, pela UPS ou pela FedEx. No entanto, o fato de que o recurso de rastreamento também elimina entregas perdidas e fraudes significa que é um sistema que a Amazon provavelmente vai querer implantar para mais usuários Prime no futuro.

14
A INFRAESTRUTURA DA ÚLTIMA MILHA

> "A Amazon faz dinheiro de forma diferente de uma editora convencional. É um player de infraestruturas."
>
> **Nick Harkaway, romancista**[1]

Tendo visto como o Prime e o Prime Now expandem o alcance da Amazon em todas as categorias e atuam como um canal para a introdução de novos serviços que fortalecem seu efeito *volante* e alimentam seu rápido crescimento, é importante pensar sobre como o custo de satisfazer tal demanda impaciente e variada afeta a estratégia logística mais ampla de atendimento da Amazon. Considere, por exemplo, que o primeiro centro de atendimento do Prime Now (FC) da Amazon foi no centro de Manhattan, em frente ao Empire State Building, e que as equipes dedicadas trabalham para atender aos pedidos por diferentes métodos. "Estamos tirando partido da experiência operacional que desenvolvemos nos nossos mais de cem centros de atendimento em todo o mundo, e trazendo isso para Nova York para alimentar este serviço", declarou Kelly Cheeseman, porta-voz da Amazon Communications, na inauguração. "Os entregadores irão caminhar, tomar transportes públicos, andar de bicicleta ou dirigir para fazer entregas aos clientes."

As localizações do Prime Now FC são "Hubs" em miniatura, em vez de FCs completos da Amazon. Eles são menores: por exemplo, o hub Prime Now Kenosha, em Milwaukee, cobre sete mil metros quadrados, o que equivale a cerca de duas vezes o tamanho de um supermercado urbano médio. Compare este tamanho com o FC em Dunfermline, na Escócia, com seu megaespaço de trezentos mil metros quadrados ou com o FC de quase 12 milhões de metros quadrados em Phoenix, no Arizona, que é suficientemente grande para acomodar 28 campos de futebol. Na ausência de uma rede física substancial de lojas num determinado local, estes hubs FC reduzem os custos de atendimento da última milha em áreas urbanas densamente povoadas, onde os tempos de trânsito podem ser severamente afetados pelo tráfego. Mais importante ainda, também servem como a melhor forma de competir com a gratificação instantânea dada pela visita a uma loja de varejo local, com a vantagem de suas compras serem levadas até você. De acordo com a Cooper Smith, analista da empresa de pesquisa Gartner L2, a Amazon "agora tem armazéns a menos de trinta quilômetros de metade da população dos EUA".[2] Isso fecha o hiato da última milha para as populações urbanas mais densas, mas ainda é comparativamente mais distante do que a distância média de um consumidor americano a um Walmart, que é de dez quilômetros.[3]

Os "selecionadores" Prime Now, assim chamados na indústria de logística porque selecionam e embalam pedidos em FCs, usam dispositivos portáteis de leitura de código de barras para localizar itens. O espaço é economizado por meio de um sistema de "armazenamento aleatório", em vez de áreas de estoque designadas que os sistemas de administração de depósito mais automatizados exigem. Embora isso possa levar ao armazenamento de alguns itens incongruentes um ao lado do outro, os itens colocados nos corredores das prateleiras são deixados para os selecionadores para maximizar o uso do espaço. Um porta-voz da Amazon relatou que o armazenamento aleatório aumenta a precisão da seleção; pode ser mais fácil cometer um erro se muitas versões diferentes do mesmo item forem armazenadas no mesmo local.

Os Prime Now FCs também apresentam "paletes de alta velocidade" facilmente acessíveis para itens comprados com frequência, como papel higiênico e bananas, e unidades de geladeira e freezer para produtos refrigerados e congelados que também podem ser pedidos através dos serviços domésticos e de supermercado da AmazonFresh e Pantry. Após a coleta, as encomendas são preparadas para expedição através daquilo que a Amazon chama de linha "SLAM", que é um acrónimo de *scan, label, apply, manifest*. Os pedidos são então atendidos usando uma série de métodos de entrega; os experimentos com bicicleta da empresa em Manhattan receberam muita publicidade e alimentaram rumores sobre uma mudança para entrega expressa nas semanas anteriores ao lançamento do Prime Now.

O TRABALHO DE PARTO DA ÚLTIMA MILHA

Do ponto de vista dos custos de mão de obra da última milha, o Prime Now difere do resto da infraestrutura de atendimento da Amazon por uso intensivo de selecionadores, bem como em seu sistema de armazenamento aleatório. Isso o torna mais dependente de mais mão de obra humana do que seus FCs maiores, onde os sistemas de classificação robotizada de armazéns Kiva assumem mais das tarefas tradicionais de coleta e embalagem. O seu uso de serviços de correio expresso para entregar encomendas Prime Now também é mais uma despesa extra de mão de obra intensiva que a Amazon precisa absorver pelo preço de ter a última milha mais rápida e extensa. É por isso que a empresa também acompanhou rapidamente o lançamento inicial do Prime Now com a introdução do Amazon Flex, uma plataforma para contratantes independentes fornecerem serviços de entrega, no final de 2015. A plataforma capitaliza a economia de terceirização (*gig economy*) popularizada pela Uber e outros rivais de entrega expressa para atender primeiro à demanda do Prime Now, mas agora também gerencia entregas regulares na Amazon.[4] Da mesma forma que a Uber combina motoristas com o que ela chama de "passageiros" e a Instacart combina clientes com "consumidores", o aplicativo Android da Amazon Flex direciona "Flexers" para locais de entrega dentro de um raio próximo a eles.

O Flex é interessante por duas razões principais: a primeira é que sua entrada na *gig economy*, empregando contratados independentes em sua última milha, não se provou exatamente a solução mais centrada no cliente para entrega expressa que a Amazon poderia ter esperado. É verdade que oferece controle de ponta a ponta à Amazon, onde pode compartilhar sua visibilidade de última milha com os clientes por meio de seu recurso de rastreamento de entregas do aplicativo. Mas o fato de os Flexers usarem seus próprios veículos e inicialmente não usarem nada que os identificasse como trabalhando para a Amazon levou a uma preocupada reação inicial das vigilâncias de bairro, que ficaram "assustadas" com esses estranhos batendo em suas portas.[5] Tal como a Uber, a Amazon também teve de enfrentar processos trabalhistas de ex-Flexistas, que argumentaram que ganhavam menos do que o salário mínimo após descontar os custos associados à utilização de seus próprios veículos. Alguns queixosos, que foram subcontratados pela Amazon.com através da Amazon Logistics e de empresas de correio locais, afirmaram que a Amazon deveria pagá-los como funcionários em tempo integral, porque trabalhavam fora dos seus armazéns e eram altamente supervisionados pela empresa, que também lhes fornecia formação em serviços de apoio ao cliente.[6]

Talvez os funcionários trabalhando nas Whole Foods pudessem realizar entregas após o trabalho para diminuir o risco litigioso dos modelos baseados na *gig economy*, assim como o Walmart disse que estava testando em 2017. Em mais um teste para reduzir os custos de atendimento do comércio eletrônico, o Walmart pode explorar não apenas sua extensa área de lojas para promover o clique & retire, mas também começou a procurar sua base de funcionários de grandes lojas para realizar entregas em domicílio. O varejista estava se oferecendo para pagar à equipe valores extras para utilizar um aplicativo que poderia direcioná-los para entregar até dez pedidos de clientes por trajeto. "Faz sentido", disse Marc Lore, presidente e CEO do comércio eletrônico do Walmart US, em um post de blog. "Já temos caminhões transferindo encomendas dos centros de atendimento até as lojas para retirada. Esses mesmos veículos poderiam ser usados para levar pedidos de entrega domiciliar até uma loja perto do seu destino final, onde um funcionário participante pode se inscrever para entregá-los na casa do cliente."[7]

CUSTOMIZAÇÃO DE OPERADORAS TERCEIRIZADAS

A segunda razão para destacar o Flex é que a iniciativa da Amazon baseada em *gig economy* revela uma estratégia de logística que procura diminuir sua dependência do Serviço Postal dos EUA, da FedEx e dos serviços de entrega de encomendas de terceiros da UPS. Tenha em mente que vinte parceiros diferentes enviam atualmente cerca de seiscentos milhões de encomendas da Amazon por ano, com o Serviço Postal dos EUA, a FedEx e a UPS sendo os serviços mais solicitados. O gerenciamento de custos é uma prioridade óbvia, onde a Amazon pode obter eficiência ao ganhar visibilidade de ponta a ponta sobre toda a sua cadeia de suprimentos. Confiar a última milha a terceiros cede controle sobre a parte mais visível da cadeia voltada ao cliente e está em contradição com a ética da Amazon. O uso do Serviço Postal dos EUA também esteve recentemente na linha de fogo dos protestos patéticos de Donald Trump no Twitter, que alguns viram como ataques velados a Jeff Bezos e seu jornal *The Washington Post*, que tem criticado as ameaças do Presidente dos EUA contra jornalistas que fornecem coberturas que ele considera desfavoráveis. No que Trump chamou de "esquema dos correios da Amazon", ele tuitou, "Há relatos de que os Correios dos EUA perderão 1,50 dólares em média por cada pacote que entregarem para a Amazon".[8] Embora isso e os impostos que a empresa paga tenham sido criticados por Trump e possam acabar se tornando parte de um movimento antitruste mais amplo do presidente republicano, o consenso da indústria coloca os problemas do Serviço Postal dos EUA em razões que têm pouco a ver com a Amazon. Algumas estimativas mostram que ele está cobrando abaixo da taxa de mercado pela entrega de pacotes, onde a Amazon sem dúvida tem a escala para negociar o melhor preço possível; mas suas receitas em queda são realmente atribuíveis à desaceleração da demanda por mala direta em vez de entregas de pacotes.[9] A Amazon também tem discutido com a FedEx e a UPS sobre a quantidade de negócios que faz com seu rival. Mas eles criticaram a quantidade de custos fixos exigidos por lei[10] para cobrir as receitas de seus competitivos negócios de encomendas — a FedEx e a UPS argumentam que pelo menos 5,5% não é suficiente, quando seus negócios atualmente representam 30% da sua receita total, contra 11% uma década atrás.

Outros desafios competitivos de destaque vieram de rivais de varejo direto, Walmart e Target. No final de 2017, surgiram relatórios de que o Walmart havia dito a várias de suas operadoras contratadas que poderia optar por não fazer negócios com elas se também estivessem fazendo negócios com a Amazon,[11] tal é a demanda por capacidade de atendimento de terceiros impulsionada pelo crescimento das vendas de e-commerce nos EUA. O Walmart adotou uma postura semelhante com os fornecedores que usam a AWS. A aquisição pela Target do marketplace da Shipt, com entrega do mesmo dia, por 550 milhões de dólares no fim do mesmo ano foi vista como um desafio direto à capacidade da Amazon de realizar entregas no mesmo dia, além de oferecer à cadeia de varejo maior habilidade para superar os desafios de estoque associados ao clique & retire. Em um blog da empresa sobre a compra, John Mulligan, diretor de operações da Target, citou a aquisição como parte de uma série de medidas destinadas a "tornar as compras na Target mais fáceis, mais confiáveis e mais convenientes" para seus clientes, incluindo a expansão dos recursos de expedição para mais de 1.400 lojas em todo o país, lançando seu serviço de entrega de produtos essenciais para o dia seguinte, o Target Restock, além do Drive Up, serviço de atendimento no automóvel, e adquirindo a Grand Junction, empresa de tecnologia de transporte de última milha.[12] O objetivo declarado da Target era levar a entrega no mesmo dia a cerca de metade das suas lojas no início de 2018.

> "Tenho 1.800 miniarmazéns em todo o país. Destes, 460 possuem salas de apoio convertidas em centros de atendimento de encomendas on-line. Os funcionários, que são treinados de forma cruzada para trabalhar na área de vendas e nas salas de apoio, selecionam pedidos on-line das prateleiras das lojas ou do estoque e os embalam na loja. A UPS recolhe as encomendas e as entrega nos centros de distribuição *hub-and-spoke*."
>
> **Brian Cornell, CEO da Target, 2018[13]**

Já vimos como o Prime e o Prime Now impulsionam o *volante*, e como novas adições como Amazon Prime Pantry, AmazonFresh e Amazon Wardrobe adicionam escala e amplitude ao ecossistema mais amplo da empresa. Mas também começamos a explorar como essas novas adições também colocam maior pressão na sua cadeia de suprimentos e logística de atendimento. Toda esta expansão deve ser alimentada por uma rede de distribuição e atendimento cada vez maior.

A Amazon lançou as bases para o Prime com um modelo de rede tradicional de FC e logística, utilizando operadoras terceirizadas, como já discutido. Mas ela continuou a inovar, usando o substancial poder de computação da AWS para aumentar a capacidade de orquestrar sua enorme rede de logística, e permitindo que ela gere maiores níveis de automação, eficiência e produtividade. Iniciou o seu negócio com dois FCs em Seattle e Delaware e ao longo das duas décadas seguintes aumentou esta propriedade para mais de 23 milhões de metros quadrados de *data center* e espaço FC em todo o mundo.

AUMENTANDO A INFRAESTRUTURA DE TI

Olhando para a propriedade do *data center*, esse vasto recurso de computação raramente é discutido, mesmo sendo o negócio da Amazon, o conjunto de ferramentas do desenvolvedor e o tráfego da internet que são importantes para as pessoas. Com algumas das maiores redes sociais e de mídias do mundo, serviços de *streaming*, editores e varejistas, todos funcionando na Nuvem AWS, é muito difícil estimar quanto do tráfego de internet do mundo flui por ela. Uma estimativa da DeepField Networks colocou a proporção em um terço do tráfego de internet do mundo — isso em 2012.[14] A Amazon também é particularmente discreta sobre sua infraestrutura de *data center* da AWS, nunca oferecendo visitas guiadas a qualquer uma das suas instalações. Seu site oferece apenas localizações aproximadas dos seus *data centers*, divididos em "regiões", cada uma delas contendo, no mínimo, duas "zonas de disponibilidade" que abrigam um punhado desses locais. Eles ficam o mais próximo possível dos pontos de intercâmbio da internet, que transferem o tráfego de conteúdo, e constroem as suas próprias subestações elétricas de acompanhamento, cada uma das quais pode gerar até cem megawatts ou mais — o suficiente para alimentar dezenas de milhares dos servidores mais densos por site, ou milhões globalmente. Depois de configurar seu primeiro *data center* da AWS no norte da Virgínia, EUA, em 2006, como o centro dessa infraestrutura, até 2018 ela contava com cinquenta zonas de disponibilidade em todo o mundo. A empresa opera grande parte desta propriedade através de uma subsidiária, a Vadata Inc.

A ASCENSÃO DA AMAZON LOGISTICS

Da mesma forma que criou seus serviços da AWS ao escalar rapidamente sua infraestrutura global de *data center*, a Amazon usou táticas de blitz semelhantes para criar e dar suporte a sua rede física de última milha de atendimento por meio de suas operações da Amazon Logistics.

Embora os seus dois primeiros FCs tenham sido criados em 1997, a empresa aumenta intensamente a sua cadeia de abastecimento e a sua pegada logística desde 2005 com o lançamento do Prime. E agora mais de 80% do seu patrimônio imobiliário global total é dedicado a centros de dados e cerca de 750 instalações de armazenamento. A sua estratégia de implementação do FC norte-americano entre 2008 e 2010 pode ser comparada com a dos estados que oferecem os incentivos fiscais mais favoráveis para as vendas a varejo.

Mas, em 2013, quando cada estado começou a implementar políticas de justiça tributária, a Amazon mudou seu foco para atender mais áreas urbanas a fim de minimizar os custos de transporte ao longo de sua última milha e nutrir suas ambições com o Prime Now. Marc Wulfraat, presidente e fundador da empresa de consultoria em cadeia de suprimentos, logística e distribuição MWPVL International Inc., comentou em um e-mail para as autoras: "Se você classificar a população metropolitana dos EUA em sequência descendente, verá que a Amazon começou claramente a construir FCs próximos aos principais mercados metropolitanos". Ela opera uma variedade de diferentes tipos de centros de atendimento e distribuição, incluindo os que lidam com pequenas mercadorias, grandes itens agrupáveis, itens grandes não combináveis, vestuário especializado, calçados, pequenas peças, e artigos de devolução, bem como as suas instalações terceirizadas de logística. Também possui uma rede de centros de distribuição climatizados para atender suas operações da Amazon Pantry e AmazonFresh.[15]

Também em 2013, a empresa e muitos outros varejistas nos EUA que competiam pelos gastos de última hora no Natal não conseguiram entregar os pacotes a tempo devido ao fato de muitos terem adiado os prazos de encomenda até as 23h de 23 de dezembro, ficando sobrecarregados por uma demanda que representou um aumento de 37% em relação ao ano anterior nos pedidos feitos no último fim de semana antes do feriado.[16] Muitos culparam a UPS, responsável pela entrega da última milha de uma proporção justa dos aproximadamente 7,75 milhões de pacotes que enviou através da sua rede aérea na segunda-feira anterior ao Natal.

Os padrões de *leasing* da Amazon também enfatizaram os armazéns de última milha que aproximam o consumidor na última fase da expansão de sua rede de armazéns, em resposta aos aprendizados de 2013 e à demanda subsequente pelo Prime Now. A Amazon agora divide seu investimento em armazéns logísticos entre quatro tipos de instalações:

- Centro de Atendimento (FC): um grande armazém (normalmente de aproximadamente 92 mil metros quadrados) que recebe itens a granel, os armazena e os envia individualmente.
- Centros de Triagem de Entrada e Saída (SCs): após o desastre de remessa em 2013, a Amazon começou a adicionar SCs que pré-classificam pacotes para operadoras, como UPS e FedEx, bem como as entregas do Serviço Postal dos EUA nos sábados e domingos (Os SCs são normalmente adjacentes e/ou conectados através de uma correia transportadora a um FC.) Estas instalações classificam os pacotes por código de área para o transportador responsável pela entrega final dos pacotes individuais. A partir daí, a transportadora faz a entrega da última milha ao cliente. Os centros de abastecimento também enviam pacotes para a rede de estações de entrega da Amazon, que representa o nó final na rede de distribuição. Os centros de triagem podem manusear pacotes para uma área regional em nome de um ou mais centros de triagem.
- Redistribution Fulfilment Centre (RFC) ou Rede Inbound Cross Dock (IXD): em algumas regiões, a Amazon abriu instalações B2B para alimentar uma rede de FCs individuais. Por exemplo, o armazém conhecido como "ONT8", na Califórnia — a Amazon nomeia suas instalações usando códigos de aeroportos próximos e a ordem numérica em que são construídas — é um RFC para outros ONT e para os FCs da Califórnia. Essas instalações estão localizadas próximas aos principais portos para minimizar as despesas de transporte terrestre de entrada do porto para a instalação.

- Prime Now Hubs e a Rede de Estações de Entrega: por vezes, um FC está suficientemente perto de uma área metropolitana para apoiar o Prime Now (por exemplo, Atlanta, na Georgia). Em outras regiões, a Amazon abre um hub Prime Now específico (por exemplo, Chicago, em Illinois). Os Hubs também complementam um subconjunto adicional instalações metropolitanas da Estação de Entrega para prestar assistência a uma Rede de Estações de Entrega. Esses locais menores, de nove metros quadrados, destinam-se à triagem e envio de pacotes por meio de empresas de entrega locais e de entregadores Amazon Flex.

A introdução de SCs regionais em 2014 nos EUA aumentou o controle sobre a saída de transporte de pacotes dentro de sua própria rede de distribuição. Os especialistas reconhecem que esses edifícios são essenciais para deixar de depender da UPS e da FedEx, para que os pacotes podem ser entregues pelo Serviço Postal dos EUA, pelos correios locais e pela Amazon.

DEMANDA IMOBILIÁRIA

O crescimento do comércio eletrônico, impulsionado pela expansão inexorável da Amazon nos EUA e na Europa em particular (e que se estende agora à Ásia e ao subcontinente indiano), está aquecendo o mercado imobiliário industrial. O Relatório de Tendências Emergentes do Urban Land Institute para 2018 listou os centros de atendimento e armazéns como os dois principais setores com potencial de investimento, e seu tamanho médio aumentou de sete para dez metros de altura para atender ao desempenho do comércio eletrônico. A Amazon disse que seus armazéns podem transportar mais de um milhão de itens por dia durante as movimentadas temporadas de férias e que uma entrega típica da Amazon requer apenas um minuto de trabalho humano.[17] Dito isso, ela também é alvo de críticas por suas condições de trabalho em seus armazéns, como procedimentos de triagem e rastreamento, longas horas e distâncias percorridas por turno com ida aos banheiros e intervalos de trabalho altamente regulados, e níveis relativamente baixos de remuneração. Tanto que, em 2013, os sindicatos alemães pediram greve por causa dos salários dos trabalhadores dos armazéns da Amazon.[18]

> "A fábrica [ou armazém] do futuro terá apenas dois empregados: um homem e um cão. O homem estará lá para alimentar o cão. O cão estará lá para impedir que o homem toque no equipamento."
> **Warren Bennis**[19]

Não esqueçamos que, como falamos em nossa exploração do desenvolvimento de automação, a Amazon comprou a Kiva Systems, empresa que fabrica os robôs, por 775 milhões de dólares em 2012. Após a aquisição, para se preparar para a época de férias de 2014, acrescentou cerca de 15 mil robôs a dez centros de atendimento nos EUA. As estimativas atuais sugerem que eles agora constituem um quinto da força de trabalho da Amazon e reduzem os custos operacionais do armazém em 20%. Os robôs são responsáveis por mover *pods* de prateleiras ao longo de uma grade predefinida até estações de trabalho onde a equipe de coleta da Amazon recolhe, empacota e prepara os itens para embarque, carregando-os em uma rede de esteiras transportadoras que podem processar cerca de quatrocentos pedidos por segundo. O seu software de gestão de armazéns combina a caixa de tamanho certo com cada encomenda e trata da aplicação de etiquetas de expedição.

As partes do processo gerenciadas pelo sistema Amazon Robotics são consideradas cinco a seis vezes mais produtivas do que a coleta manual, e eliminam a necessidade de corredores em escala humana, ocupando metade do espaço de um armazém tradicional não automatizado. A sua flexibilidade também significa que podem ser utilizados para reconfigurar constantemente o espaço com base nos dados de vendas, para que os itens de grande saída possam ser coletados mais rapidamente. Os robôs, no entanto, só podem manusear itens relativamente pequenos que cabem nas cápsulas que transportam, em comparação aos armazéns tradicionais de varejo e atacado, que dependem do transporte e empilhamento da maior parte do estoque em paletes com empilhadeiras. Para itens maiores, os braços mecânicos conhecidos como *robo-stows* (fabricados pela Thiele Technologies) os manuseiam, movendo e embalando caixas em FCs maiores da Amazon. Outra característica da tecnologia de armazenagem é o sistema de visão que pode descarregar e receber um trailer inteiro de estoque em até trinta minutos. Em 2017, a empresa criou uma equipe para orientar o uso dos veículos sem motorista, para a implantação de empilhadeiras, caminhões e veículos similares que possam aproveitar os esforços de automação existentes.

Com uma cadeia de suprimentos tão grande, uma rede logística tão completa e um esforço constante para melhorar o desempenho e reduzir custos e prazos de entrega, talvez fosse inevitável que a Amazon também entrasse no mercado de transporte. De fato, o transporte e a logística podem ser a próxima oportunidade de bilhões de dólares para as empresas de comércio eletrônico, de acordo com uma pesquisa da indústria.[20] O mercado global de remessas, incluindo frete marítimo, aéreo e rodoviário, vale 2,1 trilhões de dólares, de acordo com dados do Banco Mundial, Boeing e Golden Valley Company. Com tanto em jogo, as empresas de transporte mais tradicionais, que foram capazes de capitalizar o boom na entrega de encomendas à medida que os gastos com comércio eletrônico aumentaram, estão sob crescente pressão da Amazon e de empresas como Alibaba, JD.com e Walmart. A Amazon e seus rivais têm, até o momento, se concentrado em desenvolver habilidades de atendimento logístico de última milha, mas estão cada vez perseguindo a milha média e a primeira milha da cadeia de suprimentos.

A Amazon começou oferecendo consolidação terceirizada para vendedores internacionais em 2014, aproveitando descontos em massa para taxas de importação mais baratas nos EUA. No final de 2015, surgiu a notícia de que estava negociando a locação de vinte jatos Boeing

767 para seu próprio serviço de entrega aérea, que havia se registrado para prestar serviços de frete marítimo na China e que tinha comprado milhares de trailers de caminhão para enviar mercadorias entre as instalações de distribuição.[21] A Amazon China registrou-se então para fornecer serviços de frete marítimo, forçando os vendedores locais a utilizarem os seus serviços para enviar aos clientes da Amazon US e dando-lhe controle sobre as rotas comerciais significativas entre a China e os EUA. A Amazon Maritime, Inc. é titular de uma licença de operação da US Federal Maritime Commission como transportadora comum não proprietária de navios (NVOCC).

A AMAZON COMO TRANSPORTADORA

Em 2016, a Amazon recebeu ofertas para comprar até 19,9% das ações da Air Transport International e iniciou operações programadas com vinte aeronaves Boeing 767. Um ano depois, revelou seu primeiro avião de carga de marca própria e anunciou que a Amazon Air faria do Aeroporto Internacional de Cincinnati/Norte do Kentucky o seu principal hub. Também recebeu incentivos fiscais no valor de 40 milhões de dólares para a construção de uma instalação de mais de 3,5 milhões de metros quadrados com um centro de triagem de trezentos mil metros quadrados e espaço de estacionamento para mais de cem aeronaves de carga a um custo total estimado de 1,5 bilhão de dólares. De acordo com os planos apresentados para uma instalação de triagem no local, mais de 1,5 milhão de metros quadrados estão programados para serem concluídos em 2020, enquanto os dois milhões de metros quadrados restantes serão desenvolvidos até 2025-2027 durante uma segunda fase, altura em que está prevista a movimentação de carga de cem aeronaves com base no hub e a operação de mais de duzentos voos diários. Esta medida também complementa o conjunto de instalações de manuseio de carga construídas em aeroportos menores para permitir a ligação entre o Air Sortation Centre em Hebron, Kentucky e as grandes cidades com FC.

A MWPVL International Inc. refere-se a estes locais como "hubs de classificação aérea". Situam-se perto das pistas dos aeroportos com o objetivo de manipular e receber pacotes de frete sendo enviados para o Hebron Air Hub.

Além dos movimentos disruptivos com entrega no mesmo dia e em uma hora, gerenciando sua própria frota de correios, caminhões, navios de carga e aviões e reduzindo sua dependência de terceiros, em 2017 a Amazon também lançou seu primeiro aplicativo para caminhoneiros, projetado para facilitar a coleta e entrega de pacotes em armazéns da da empresa.[22] Com o acesso direto a milhões de motoristas de caminhão em todo o país, acredita-se também que ela esteja trabalhando em um aplicativo semelhante que os conectaria com a carga. Outra inovação, um pouco mais atípica, é a patente que a Amazon registrou em 2015 para caminhões de entrega equipados com impressoras 3D que permitiriam fabricar produtos a caminho do destino do cliente.[23] Ela registrou mais uma patente 3D em 2018, cobrindo a eventualidade de cortar totalmente o fabricante da equação e aceitando encomendas personalizadas de itens impressos em 3D para que sejam feitos e entregues ou recolhidos pelo cliente.[24]

ATENDIMENTO PELA AMAZON

Se a Amazon realmente está procurando cortar os intermediários do processo de atendimento e assumir o controle de ponta a ponta de sua cadeia de suprimentos, é impossível ver qualquer movimento para expandir sua pegada logística global como algo diferente de uma extensão de seu serviço "Fulfilment by Amazon", que armazena, seleciona, embala e envia produtos e manipula devoluções vendidas por comerciantes terceiros no site, e também inclui o Amazon Pay. O serviço é vendido como a melhor maneira de otimizar a experiência de compra do cliente final, mas também pode servir para atender aos seus rigorosos prazos de envio e entrega, além de considerar a inclusão na lista de produtos elegíveis ao Prime. A notável expansão do FBA incluiu lançamentos para a Alemanha em 2010, Canadá em 2012, Espanha em 2013, Índia em 2015 e, mais recentemente, Austrália em 2018.

Estimulado em parte pela velocidade e escala cada vez maiores que a Amazon tem dedicado à sua última milha com o Prime Now, o número de comerciantes que vendem ativamente via marketplace e usando o FBA aumentou em 70% entre 2015 e 2016, embora a empresa não divulgue a receita gerada pelo serviço Fulfilment by Amazon. Enquanto isso, o número de itens vendidos em nome de vendedores terceirizados dobrou no mesmo período. Do ponto de vista B2B, devemos considerar também o impacto do Amazon Business (conhecido como AmazonSupply, desde seu lançamento em 2012 até sua renomeação em 2015). Este competitivo mercado de produtos B2B na Amazon.com atende às necessidades de negócios de compras em várias categorias de produtos, como laptops, computadores, impressoras, suprimentos de escritório, móveis de escritório, ferramentas manuais e elétricas, equipamentos de segurança, utensílios essenciais de cozinha de escritório e suprimentos de limpeza. Um ano depois, a empresa revelou que a Amazon Business havia gerado 1 bilhão de dólares em receita, atendendo 400 mil clientes empresariais. Nessa perspectiva, dado o grande volume de produtos manuseados pela FBA e pela Amazon Business e, com suas mais recentes movimentações em carga aérea, transporte terrestre e frete marítimo, a Amazon já é um importante player global de logística.

Ainda assim, porém, a Amazon experimentou serviços para tornar os produtos disponíveis para entrega rápida diretamente dos comerciantes, a fim de evitar sobrecarregar seus próprios armazéns com estoque adicional. O serviço, chamado Stellar Flex em seu lançamento em 2017, foi testado na Índia e na costa oeste dos EUA, e leva o alcance logístico da Amazon para além de seus FCs até os de seus comerciantes. A última iteração, o FBA Onsite, que surgiu em 2018, dá à Amazon mais flexibilidade e controle sobre a última milha, economizando dinheiro com descontos por volume e evitando congestionamento do FC. Isso ocorre depois que alguns especialistas da indústria sugeriram que a Amazon foi vítima de seu próprio sucesso e do sucesso do FBA, reduzindo os pedidos até o final de 2017 devido a problemas de capacidade. Ao mesmo tempo, algumas estimativas sugerem que a economia de ter vendedores com mercadorias em suas próprias instalações pode chegar aos 70%. Assim, estender o FBA às instalações dos vendedores pode ser outra forma de aumentar a capacidade e a escala de suas crescentes demandas logísticas.

A Amazon também experimentou o processo de devoluções, que mencionamos anteriormente como tendo um impacto significativo nos resultados de todos os players de comércio eletrônico. Estimativas da indústria sugerem que até 30% de todos os produtos comprados online são devolvidos. Em um programa piloto anunciado no final de 2017, a Amazon fez uma parceria com a Kohl's, para que a loja de departamentos dos EUA vendesse dispositivos de hardware da Amazon, mas também para aceitar devoluções dos seus clientes. Os funcionários da loja do varejista embalam e enviam itens elegíveis de volta para um centro de atendimento da Amazon gratuitamente.[25] O presidente e CEO de Kohl, Kevin Mansell, comentou alguns meses após a parceria: 'Uma coisa é certa: a experiência é incrível e as pessoas estão usando o serviço. Se o cliente responder, ele acha que é uma ótima experiência, usa o serviço, mas, o que é mais importante, gera tráfego incremental, então vamos procurar expandir o negócio.'[26]

CORRIDA PARA A ÚLTIMA MILHA

Em comparação, a expansão das operações de transporte e logística do Walmart é impulsionada em grande parte pela economia de custos, necessária para equilibrar o gasto crescente do atendimento de seu comércio eletrônico com sua vasta rede global de lojas. O supermercado começou a alugar contêineres de transporte marítimo para transportar bens manufaturados da China e está fazendo maior uso de *lockers* e opções de retirada no interior do estabelecimento, opções mencionadas anteriormente para reduzir os custos de entrega. Em 2017, Cristy Brooks, diretor de Desenvolvimento de Inovações do Walmart US, destacou como a empresa também está lidando com a disponibilidade em prateleira em suas lojas maiores. Produtos fora de estoque têm sido uma questão que o varejista tem tratado com urgência nos últimos anos. O chamado sistema Top Stock armazena o estoque nas prateleiras superiores da área de vendas. Isso, afirma o Walmart, permite manter "prateleiras mais cheias enquanto mantém uma melhor leitura instantânea do inventário". Os benefícios incluem a redução do uso de reboques temporários alugados pelo Walmart e a liberação de espaço nos bastidores, o que permitiu ao varejista também integrar serviços como a coleta online, de acordo com Brooks. Este espaço livre também está sendo utilizado para fornecer treinamento à equipe. Brooks cita sua loja de Morrisville, NC, que reduziu seu estoque de *back-room* em 75% dois meses após a implementação do Top Stock e que está usando o novo espaço para abrir um centro de treinamento de associados.[27] O Walmart também roubou uma marcha sobre a Amazon e seu programa de devoluções do Kohl, atualizando seu próprio processo de devoluções online em suas lojas com melhorias do aplicativo Walmart no final de 2017. Isso significou que alguns de seus itens para venda online, como produtos de saúde e beleza, estavam disponíveis para reembolso instantâneo sem a necessidade de visitar uma loja.[28]

A Amazon já oferece reembolsos instantâneos em algumas compras de terceiros, e os itens abaixo de um determinado valor não precisam ser devolvidos fisicamente. Mas o Walmart procurou manter o ritmo de atendimento com essa iniciativa, que se baseia em coleta online, torres de coleta e serviços gratuitos de remessa em dois dias — o último dos quais enfatiza que está disponível sem uma taxa de associação.

A Alibaba começou a alugar contêineres em navios, semelhante à iniciativa de frete marítimo da Amazon. Isto significa que a Alibaba Logistics pode facilitar o envio de primeira milha para comerciantes terceirizados em seu mercado. Vale comparar o modelo logístico da Alibaba com o da Amazon. Em 2003, a chinesa lançou conjuntamente a China Smart Logistic Network, também conhecida como Cainiao, com outras oito empresas de serviços financeiros e de logística. Hoje a rede logística da Cainiao é composta por mais de quinze grandes empresas de logística ou 3PL, enquanto a Alibaba assumiu o controle acionário, aumentando sua participação na empresa de 47 para 51% em 2017, com um investimento de 807 milhões de dólares. A gigante disse na época que iria investir 100 bilhões de yuan (15 bilhões de dólares) em sua capacidade logística global nos próximos cinco anos. O objetivo é desenvolver essa capacidade usando drones e tecnologia robótica para fazer entregas em qualquer lugar da China dentro de 24 horas e em qualquer lugar do mundo dentro de 72 horas.

Considerando que Cainiao realiza 57 milhões de remessas por dia, o domínio absoluto da Alibaba em seu mercado interno significa que pode exercer um poder significativo sobre a rede logística da região. Assim como a Amazon, ela baseia esse poder em investimentos em tecnologia que fornecem visibilidade da cadeia de suprimentos e a integração de dados necessária para orquestrar com eficiência os processos de atendimento em toda essa rede. Apesar de os EUA, como a maior economia consumidora do mundo, fornecer uma base para as suas operações globais, a participação de mercado da Amazon é uma fração do já maduro mercado de comércio eletrônico dos EUA. Em comparação, a participação de mercado de Alibaba na China é superior a 60%, onde o comércio tradicional ainda representa mais de 78% da segunda maior e mais rápida economia de consumo do mundo.

O rival da Alibaba, JD.com, também tem estado ocupado construindo sua própria rede logística. Seguindo um modelo semelhante ao usado pela Amazon até o final de 2017, ela criou uma rede de sete centros de atendimento e 486 armazéns em toda a China e milhares de pontos de entrega e coleta locais. A JD.com também está considerando abrir um FC em Los Angeles como um posto avançado para uma expansão logística nos EUA. Notavelmente, na primavera de 2018 ela lançou um trem de carga Europa-China para transportar mercadorias que podem ser comercializadas aos seus clientes nacionais assim que são registradas e embarcadas. O primeiro trem da China Railway Express, que percorre 10 mil quilômetros de Hamburgo, na Alemanha, até Xi'an, a capital da província de Shaanxi, no centro do país, onde a JD opera um de seus mais importantes centros de distribuição para importações internacionais, demorou 35 dias a menos do que o frete marítimo a um custo 80% mais barato do que o transporte aéreo.

Liu Han, diretor-geral da cadeia de abastecimento internacional da JD Logistics, declarou certa vez: "Através da utilização de um trem da Alemanha para a China totalmente dedicado ao transporte de mercadorias, estamos reduzindo drasticamente o tempo de comercialização para os varejistas e fornecedores europeus e fornecendo aos nossos consumidores ainda mais opções de produtos a preços mais baratos. Com a demanda por importados aumentando na JD, esperamos lançar um serviço regular ainda este ano, e esperamos ver esse trem fazer muito mais viagens nos próximos anos".

WHOLE FOODS E O FUTURO

Após examinar o efeito da entrega expressa e seu impacto na demanda e capacidade de atendimento em diferentes continentes, chegamos à grande área final da estratégia de atendimento da Amazon, e isso nos leva de volta ao começo do capítulo — onde a Amazon não tinha uma presença física significativa no varejo fora de sua rede de livrarias, e assim não podia oferecer extensos serviços online-offline, como clique & retire, como seus rivais americanos Walmart e Target ou outros na Europa e Ásia. Isso durou até a aquisição da Whole Foods Market em 2017 e, por extensão, não só de suas mais de 450 lojas, mas também da rede de distribuição do varejo de alimentos que a Whole Foods atende.

> "Quando você pensa em [lojas] duplicando-se como armazéns, elas já são lucrativas, já estão lá, o produto está chegando até elas em quantidades completas de caminhões. É a forma mais eficiente de fazer com que o produto avance."
> **Mark Lore, CEO da divisão de comércio eletrônico do Walmart US**[29]

Conforme discutido no Capítulo 7, a aquisição da rede de distribuição da Whole Foods, que é amplamente focada em mercadorias perecíveis para as suas lojas de varejo em cada uma das principais regiões de mercado atendidas, apoiará a concretização de mais linhas de produtos de marca própria e de terceiros, enquanto a sua rede de lojas lhe dará exposição direta a locais de varejo mais urbanos. Alguns relatórios, no entanto, destacaram como os clientes existentes estavam descontentes com o fato de o estacionamento de algumas lojas ter sido alocado para os veículos de entrega Prime Now e que os trabalhadores que atendiam pedidos no chão de fábrica estavam competindo por produtos e espaço com os clientes.

Vale a pena mencionar aqui que, enquanto escrevemos, a Whole Foods ainda atende pedidos através do Instacart. No momento da aquisição, a Whole Foods representava quase 10% do negócio da Instacart e detinha uma participação minoritária no provedor de entrega terceirizado. Mas sendo a Whole Foods agora uma subsidiária do maior rival da Instacart, nos perguntamos se a Amazon venderá a participação da Whole Foods na Instacart ou talvez apenas vá adquiri-la também? Dado o sucesso inicial online-para-offline de que desfrutou com esta aquisição, bem como as vantagens de distribuição e atendimento das últimas milhas que a acompanharam, não é de se admirar que também haja especulação de que possa estar à procura de uma aquisição semelhante na Europa que proporcionaria mais 1.300 lojas "duplicando-se como armazéns", como diria Marc Lore. A especulação é ainda mais alimentada pelos acordos de atendimento que celebrou com vários varejistas europeus, incluindo a marca Casino Banner Monoprix na França, as farmácias Morrisons e Celesio no Reino Unido, o Dia na Espanha e a cadeia de farmácias Rossmann na Alemanha.

Mas com a sua atual estratégia de cadeia de abastecimento e rede de lojas, em que passa a movimentar uma oferta cada vez maior de mercadorias, incluindo moda e supermercado, e os meios para impulsionar a demanda com reposição automática e Alexa, qual o próximo passo para o atendimento da Amazon? Uma coisa é certa, é provável que continue inovando para manter recordes ao longo da última milha, diminuindo as janelas de entrega e encantando os clientes ao entregar suas compras cada vez mais rápido.

INOVAÇÃO REMOTA

Ainda não havíamos mencionado, mas, após explorar as ambições de última milha da Amazon, podemos agora pensar em outras áreas interessantes de desenvolvimento que envolvem não apenas satisfação, mas também gratificação instantânea fora do formato tradicional de loja. O Amazon Treasure Truck oferece aos usuários do aplicativo Amazon acesso a descontos diários e produtos exclusivos, registrando-se para ser avisado quando um dos caminhões está perto. Ele foi lançado em Seattle em fevereiro de 2016 e desde então se expandiu para trinta grandes cidades nos EUA e Reino Unido. Duas outras iniciativas de atendimento expresso lançadas em 2017, a AmazonFresh Pickup e a Amazon Instant Pickup, também podem agora ser entendidas em seu contexto completo. A primeira delas promete ter pedidos prontos em menos de quinze minutos para pessoas que pagam 15 dólares extras por mês pelo "Fresh Add-on" à sua assinatura anual do Amazon Prime, conforme discutido no Capítulo 7. Quanto à última, ela aumenta ainda mais as apostas ao disponibilizar itens prontos para coleta em um local do Amazon Locker em até dois minutos após realização de um pedido. Novamente, os clientes devem ser membros Prime, que podem atualizar seu aplicativo perto de um local de coleta instantânea Amazon para ver os itens disponíveis. Isso inclui pequenos itens essenciais, como carregadores de telefone, bebidas e lanches, e produtos da Amazon, como o Kindle e o Echo, que são colocados em um armário da Amazon por um funcionário da empresa em até dois minutos após o pedido ser feito. O primeiro desses armários de Coleta Instantânea foi colocado perto dos campi universitários para atender a sua constante rotatividade de visitantes. Em ambos os casos, a patente de remessa antecipada da Amazon — discutida anteriormente no livro como um exemplo do desenvolvimento da IA da companhia — pode ser crucial para o seu sucesso, especialmente quando combinada com o desenvolvimento do Prime Now Hub e da Delivery Station Network.

Além disso, em 2017, a Amazon introduziu entregas em casa e no carro com a Amazon Key. Ela oferece aos membros Prime em 37 áreas urbanas norte-americanas elegíveis a opção de fazer com que os contratados do Amazon Flex deixem entregas em suas casas usando um código de entrada único. No lançamento, os clientes precisavam ter fechaduras inteligentes de fabricantes específicos e uma versão funcional da câmera de segurança Cloud Cam da Amazon. Para confirmar a entrega e se proteger contra possíveis reclamações de fraude, a câmera registra como o mensageiro usa o código único para entrar e até que saiam, enviando uma imagem da atividade para o smartphone do cliente. O aplicativo Amazon Key também permite o bloqueio e desbloqueio remoto de portas, bem como a emissão de chaves virtuais. Mas em 2018, a Amazon reforçou o seu compromisso neste e no espaço de Casas Conectadas com a aquisição do fabricante de câmeras e campainhas inteligentes, Ring, por 1 bilhão de dólares. É provável que o investimento acelere os esforços para aumentar o alcance de sua iniciativa de entrega em domicílio, em uma tentativa de um dia talvez consignar as entregas perdidas aos livros de história e conectar a câmera e o equipamento de áudio nas campainhas da Ring ao seu prolífico ecossistema de casas conectadas por voz Alexa.

A Amazon Key In-Car permite que os proprietários de veículos compatíveis recebam suas encomendas no porta-malas de seus veículos, desde que estejam nas mesmas áreas servidas pela entrega do Amazon Key. Os clientes devem estacionar numa área acessível ao público, mas não precisam utilizar hardware adicional. Assim como na entrega em domicílio, os clientes recebem em uma janela de entrega de quatro horas.[30] Resta saber se a entrega em casa ou no carro será suficientemente popular para superar quaisquer preocupações quanto à privacidade e segurança. Mas, como uma extensão do conceito de *lockers* e das suas vantagens de última milha, a Amazon tem desenvolvido a tecnologia necessária há vários anos e pode explorar uma vantagem como pioneira. Os desenvolvimentos futuros poderão levá-la a capitalizar alianças que possa forjar para incorporar a Alexa nos sistemas operacionais dos carros.

A fronteira final, no que diz respeito à jornada da Amazon para atender pedidos cada vez mais rapidamente, é a tecnologia de drones. Jeff Bezos revelou planos para comercializar a entrega via drones no final de

2013. No final de 2016, a Amazon anunciou que a Prime Air tinha concluído a sua primeira entrega com drones totalmente autônoma. Voando sem piloto a partir de um centro de atendimento Prime Air na área de Cambridge, demorou treze minutos desde o pedido até a entrega.[31] Os itens elegíveis devem pesar menos de dois quilos, serem suficientemente pequenos para caber na caixa de carga do drone e serem entregues a menos de quinze quilômetros de uma CAF participante. Além do centro de Cambridge, no Reino Unido, a empresa tem centros de desenvolvimento nos EUA, Áustria, França e Israel. Os planos revelam a escala das ambições de atendimento da Amazon, mas ainda são apenas um conceito, pois os prováveis obstáculos regulatórios ainda são desconhecidos.

Enquanto isso, o aplicativo de entrega de alimentos da Alibaba, o Ele.me, começou recentemente a usar drones para entregas na China, enquanto a JD.com está no caminho certo para explorar a escala geográfica do vasto continente para aumentar o uso de drones também. Em 2017, a JD anunciou que estava planejando construir 150 aeroportos para entregas aéreas não tripuladas, representando um compromisso estratégico significativo com a tecnologia. Atualmente, seus drones podem carregar até cinquenta quilos, embora se diga que estão trabalhando em drones que podem carregar quinhentos quilos. No entanto, o investimento apoiará apenas a sua aplicação limitada na remota e montanhosa província de Sichuan, onde as comunicações radiocontroladas de longo alcance são mais eficazes. A vida útil da bateria também melhorou o suficiente agora para que os drones voem quase que continuamente. Mas, na prática, os drones mais avançados projetados para uso comercial hoje podem voar por, em média, até cerca de cem minutos com um alcance de voo de cerca de 35 km. Mesmo com tais limitações, é fácil ver por que a JD.com está avançando com a entrega de drones, dado que seu objetivo para este método de atendimento é ajudar a reduzir os custos de frete em 70%.

Quem quer que ganhe a corrida para implantação em massa de drones, uma coisa é certa — não será a última inovação na corrida para possuir a última milha mais barata e mais rápida.

15
Conclusão: o pico da Amazon?

> "A Amazon é agora uma grande empresa e espero que sejamos avaliados."
>
> **Jeff Bezos, 2018**[1]

Desde o Dia 1, a incansável missão da Amazon de colocar o cliente no centro de tudo o que faz, levou-a a oferecer quase tudo aos seus clientes. A Amazon aproveitou o advento de interfaces tecnológicas difundidas, conectividade onipresente e computação autônoma adotadas pelo consumidor "nos meus termos" para se tornar uma das forças de varejo mais dominantes que o mundo já viu.

Nosso exame do modelo de *volante* e do ecossistema digital da Amazon demonstrou o papel central que ela teve em expor as deficiências dos líderes de varejo rivais. Lojas com excesso de espaço, baixo desempenho e digitalmente estéreis, com canais de comércio eletrônico mal-integrados, continuarão a separar os vencedores dos perdedores, alimentando apenas as ambições competitivas da Amazon.

Mas o astronômico crescimento da Amazon até agora certamente não passou despercebido em Washington, onde o tema do domínio do varejista está ficando cada vez mais importante. Até o próprio Bezos reconhece que é normal que um império em expansão como o seu atraia um maior escrutínio governamental.

De acordo com Lina Khan, autora do influente artigo *Amazon's Antitrust Paradox*, publicado no *Yale Law Journal* em 2017, a Amazon já havia evitado essa atenção dos legisladores porque a atual lei antitruste "avalia a concorrência em grande parte com vistas aos interesses de curto prazo dos consumidores, não dos produtores ou da saúde do mercado como um todo; a doutrina antitruste considera que os baixos preços ao consumidor, por si só, como evidência de uma concorrência sólida."[2]

Com a Amazon, é difícil demonstrar qualquer dano causado aos consumidores na forma de preços mais altos ou qualidade inferior. O roubo de consumidores dificilmente leva à missão da Amazon de se tornar a empresa mais centrada no cliente que existe. Essa estratégia não teria apoiado seu crescimento para valer mais de duas vezes e meia mais do que seu maior equivalente comercial, o Walmart, em 2018. A diferença na valorização de mercado ocorre apesar de o Walmart gerar aproximadamente três vezes a receita anual e o lucro líquido da Amazon em 2017. "É como se Bezos traçasse o crescimento da empresa, primeiro traçando um mapa das leis antitruste e, em seguida, traçando rotas para contorná-las suavemente. Com seu zelo missionário pelos consumidores, a Amazon marchou em direção ao monopólio, cantando a melodia do antitruste contemporâneo", disse Khan.

O domínio da Amazon tem um custo — um que a maioria dos varejistas normais não poderia suportar — e agora há crescentes apelos para que a legislação existente seja reescrita para a era digital. Os tweets de Trump podem receber toda a publicidade, mas a Amazon enfrenta agora uma reação bipartidária. Na extrema-direita, o ex-conselheiro de Trump, Steve Bannon, pediu que os gigantes da tecnologia fossem regulados como serviços públicos, uma vez que se tornaram tão essenciais para a vida no século XXI; enquanto os líderes do Partido Democrata pressionaram por uma repressão antitruste mais ampla em 2018 como parte de sua plataforma econômica "Better Deal". "Estamos vendo esta empresa cada vez maior se envolver em quase todas as áreas do comércio e acho que é importante olhar para o poder e influência que a Amazon tem", disse o senador democrata Bernie Sanders em 2018.[3]

Khan argumenta que os preços predatórios e a integração vertical são altamente relevantes para analisar o caminho da Amazon para o domínio — e que a doutrina atual subestima o risco de tais práticas. O campo de jogo tem sido adulterado desde o primeiro dia, a partir do momento em que Bezos convenceu seus primeiros investidores de que uma estratégia de crescimento sobre lucros produziria resultados em longo prazo. A Amazon sempre jogou com seu próprio conjunto de regras. O resultado hoje? É inalcançável.

Sua vantagem competitiva só se aprofunda à medida que a Amazon se diversifica incansavelmente em novos serviços e destrói setores inteiros. Esta é, afinal, toda a premissa do *volante* da Amazon. Mas quanto é demais? Não só para os reguladores, mas também para os consumidores. Nenhum outro varejista se incorporou com tanto sucesso na vida e no lar do consumidor. A Amazon tornou-se onipresente. Através do seu ecossistema, a Amazon é um recurso indispensável, um modo de vida para muitos consumidores — mas à medida que avança para novos setores voltados para o consumidor, como supermercado, moda, saúde e bancos, a elasticidade da sua marca será testada. Os consumidores sacrificarão muitas coisas por conveniência (preço e privacidade, por exemplo), mas acreditamos que o sentimento mudaria rapidamente se a Amazon se tornasse poderosa demais, generalizada. Talvez estejamos perto do pico da Amazon?

Ao mesmo tempo, sua plataforma se tornou uma facilitadora dominante de comércio eletrônico. A Amazon é o maior motor de busca de produtos do mundo. Os seus algoritmos promovem seus próprios produtos. Os seus vários dispositivos — desde os alto-falantes Echo aos botões Dash — canalizam facilmente as compras até a sua plataforma. A Amazon tem acesso a dados diferentemente de qualquer outro varejista no mundo. Durante décadas, não esteve sujeita às mesmas leis fiscais que os seus homólogos offline. Seu negócio de varejo é subsidiado por segmentos de margem mais alta como a AWS e, no futuro, a publicidade continuará a crescer para se tornar outro fluxo de receita altamente lucrativo. Você não precisa ser um guru antitruste para reconhecer que ela tem colhido as recompensas de um jogo desigual.

Então, o que acontece a seguir? A Amazon pode ser destruída? Poderia desmembrar sua divisão da AWS para apaziguar tanto os reguladores quanto os varejistas concorrentes (um número crescente dos quais se recusa a dançar com o diabo)? Em nossa opinião, os prós e contras da atividade antitruste representam uma das únicas ameaças atuais ao crescimento da Amazon. Mas o seu modelo de negócio de *volante* de inércia também tem resiliência incorporada: fundado no conceito de arquitetura orientada a serviços, baseado em tecnologia, cada componente ou módulo compartilha serviços internos essenciais fornecidos pelos três pilares. Essa é uma das razões pelas quais prevemos que a receita de serviços da Amazon em breve superará a de seu negócio de varejo.

Podemos contar, por um lado, com o número de varejistas que podem realmente enfrentar a Amazon (dica: estão todos na Ásia). A Amazon é e sempre será uma empresa de tecnologia em primeiro lugar, varejista em segundo. Mas entender onde ela aplica sua experiência tecnológica para remover o atrito das experiências de compra mais funcionais pode ajudar os rivais a manter o ritmo. Acreditamos que os varejistas podem coexistir com a Amazon se respeitarem esses cinco princípios básicos:

1. Faça curadoria: não tente superar a Amazon tentando ser a Amazon.
2. Diferencie: vá (muito) além da venda.
3. Inove: pense nas suas lojas como ativos e não como passivos.
4. Não faça isso sozinho.
5. Mova-se rapidamente.

Isso não quer dizer que não haverá dor em curto prazo pelo caminho. Precisamos nos preparar para novas rodadas de encerramento de lojas, falências, redundâncias e consolidação à medida que o setor se reconfigura para a era digital. O tempo é essencial — não haverá segundas chances para os varejistas que não se adaptarem, uma vez que o clima é implacável. Em última análise, os varejistas que sobreviverem à transformação digital serão aqueles que seguirem o cliente, garantindo que permaneçam relevantes na era da Amazon.

NOTAS

CAPÍTULO 1

1. Vena, Danny (2018). Amazon dominated e-commerce sales in 2017, *The Motley Fool*, 12 jan. Disponível em: https://www.fool.com/investing/2018/01/12/amazon-dominated-e-commerce-sales-in-2017.aspx.
2. YouTube (2018) Jeff Bezos on breaking up and regulating Amazon (Online video). Disponível em: https://www.youtube.com/watch?time_continue=85&v=xVzkOWxd7uQ.
3. Nickelsburg, Monica (2017). Chart: Amazon is the most popular destination for shoppers searching for products online, *Geekwire*, 6 jul. Disponível em: https://www.geekwire.com/2017/chart-amazon-popular-destination-shoppers- searching-products-online/.
4. Thomas, Lauren (2018). Amazon's 100 million Prime members will help it become the No. 1 apparel retailer in the US, *CNBC*, 19 abr. Disponível em: https://www.cnbc.com/2018/04/19/amazon-to-be-the-no-1-apparel-retailer-in- the-us-morgan-stanley.html.
5. Pesquisa do autor; Google finance.
6. Pesquisa do autor; Amazon 10-K; 18 mercados fora dos EUA em junho de 2018, conforme confirmação de Angie Quenell na Amazon.
7. Comissão de Valores Mobiliários (Câmbio) da Amazon 10-K para o exercício findo em 31/12/17. Disponível em: https://www.sec.gov/Archives/edgar/data/1018724/000101872418000005/amzn-20171231x10k.htm.

8. Sender, Hanna, Stevens, Laura and Serkez, Yaryna (2018). Amazon: the making of a giant, *Wall Street Journal*, 14 mar. Disponível em: https://www.wsj.com/graphics/amazon-the-making-of-a-giant/.

9. Siegel, Rachel (2018). The Amazon stat long kept under wraps is revealed: Prime has over 100 million subscribers, *Washington Post*, 18 abr. Disponível em: https://www.washingtonpost.com/news/business/wp/2018/04/18/the-amazon-stat-long-kept-under--wraps-is-revealed-prime-has-over-100-million-subscribers.

10. Kowitt, Beth (2018). How Amazon is using Whole Foods in a bid for total retail domination, *Fortune*, 21 maio. Disponível em: http://fortune.com/long- form/amazon-groceries-fortune-500/.

CAPÍTULO 2

1. Amazon's website (2018). Disponível em: https://www.amazon.jobs/en/principles.
2. https://www.jimcollins.com/concepts/the-flywheel.html.
3. Stone, B (2013). *The Everything Store: Jeff Bezos and the age of Amazon*, Bantam Press, London.
4. Thompson, Scott (2018). We'll all be banking with Amazon in 10 years: agree? *Tech HQ*, 22 maio Disponível em: http://techhq.com/2018/05/well-all-be-banking-with--amazon-in-10-years-agree-or-disagree/.
5. Amazon's website (2018). Disponível em: https://www.amazon.jobs/en/principles.
6. Stone, B (2013) *The Everything Store: Jeff Bezos and the age of Amazon*, Bantam Press, Londres.
7. Tonner, Andrew (2016) 7 Sam Walton quotes you should read right now, *The Motley Fool*, 8 set. Disponível em: https://www.fool.com/ investing/2016/09/08/7-sam--walton-quotes-you-should-read-right-now.aspx.
8. Amazon 2016 letter to shareholders (2017), *Amazon.com*. Disponível em: http://phx.corporate-ir.net/phoenix.zhtml?c=97664&p=irol-reportsannual.
9. Molla, Rani (2018). Amazon spent nearly $23 billion on R&D last year – more than any other US company, *Recode*, 9 abr. Disponível em: https://www.recode.net/2018/4/9/17204004/amazon-research-development-rd.
10. Delgado, Cristina (2013) Butcher's boy who has discreetly risen to become Spain's second-richest man, *El Pais*, 11 nov. Disponível em: https:// elpais.com/elpais/2013/11/11/inenglish/1384183939_312177.html.
11. Sillitoe, Ben (2018) 10 tips from a UK retail stalwart: ASOS chairman Brian McBride, Retail Connections, 9 maio. Disponível em: http://www.retailconnections.co.uk/articles/10-tips-uk-retail-boss-brian- mcbride/.
12. Misener, Paul (13 set. 2017) Retail Innovation at Amazon presentation, Retail Week. Tech event, 2017 Agenda. Disponível em: http://rw.retail-week.com/Video/TECH/AGENDA/PDF/MAINSTAGE_AGENDA.pdf.

13. McAllister, Ian (2012). What is Amazon's approach to product development and product management? *Quora*, 18 maio. Disponível em: https://www.quora.com/What-is-Amazons-approach-to-product-development- and-product-management.

14. Gonzalez, Angel (2016). For Amazon exec Stephenie Landry, the future is Now, *Seattle Times*, 21 maio. Disponível em: https://www.seattletimes.com/business/ amazon/for-amazon-exec-stephenie-landry-the-future-is-now/.

15. https://www.goodreads.com/quotes/6071-many-of-life-s-failures-are-people-who-did-not-realize.

16. MacLean, Rob (2000). What business is Amazon.com really in? *Inc.*, 21 fev. Disponível em: https://www.inc.com/magazine/20000201/16854. html.

17. Yglesias, Matthew (2013) Amazon profits fall 45 percent, still the most amazing company in the world, *Slate*, 29 jan. Disponível em: http://www.slate.com/blogs/moneybox/2013/01/29/amazon_q4_profits_fall_45_percent.html.

18. Khan, Lina (2017). Amazon's antitrust paradox, *Yale Law Journal*. Disponível em: https://www.yalelawjournal.org/note/amazons-antitrust-paradox.

19. Pender, Kathleen (2000). Scathing report of Amazon is a must-read for stock owners, *SF Gate*, 30 jun. Disponível em: https://www.sfgate.com/business/ networth/article/Scathing-Report-of-Amazon-Is-a-Must-Read-for-2750932.php.

20. Anonymous (2000). Can Amazon survive? *Knowledge at Wharton*, 30 ago. Disponível em: http://knowledge.wharton.upenn.edu/article/can-amazon- survive/.

21. Anonymous (2000). Amazon: Ponzi scheme or Wal-Mart of the web? *Slate*, 8 fev. Disponível em: http://www.slate.com/articles/business/money- box/2000/02/amazon_ponzi_scheme_or_walmart_of_the_web.html.

22. Corkery, Michael e Nick Wingfield (2018). Amazon asked for patience. Remarkably, Wall Street complied, *New York Times*, 4 fev. Disponível em: https://www.nytimes.com/2018/02/04/technology/amazon-asked-for-patience-remarkably-wall-street-complied.html.

23. Baldwin, Caroline (2018). Sir Ian Cheshire on how to compete with Amazon, *Essential Retail*, 30 jan. Disponível em: https://www.essentialretail.com/news/sir-ian-cheshire-amazon/.

24. Lee, Nathaniel, Shana Lebowitz e Steve Kovach (2017). Scott Galloway: Amazon is using an unfair advantage to dominate its competitors, *Business Insider*, 11 out. Disponível em: http://uk.businessinsider.com/scott- galloway-why-amazon-successful-2017-10.

25. Fox, Justin (2013). How Amazon trained its investors to behave, *Harvard Business Review*, 30 jan. Disponível em: https://hbr.org/2013/01/how- amazon-trained-its-investo.

26. Hern, Alex (2013). How can Amazon pay tax on profits it doesn't make? *Guardian*, 16 maio. Disponível em: https://www.theguardian.com/commentisfree/2013/may/16/amazon-tax-avoidance-profits.

27. Nellis, Stephen and Paresh Dave (2018). Amazon, Google cut speaker prices in market share contest: analysts. Reuters, 3 jan. Disponível em: https://www.reuters.com/article/us-amazon-alphabet-speakers/amazon-google- cut-speaker-prices-in-market--share-contest-analysts-idUSKBN1ES0VV.

28. Santos, Alexis (2012). Bezos: Amazon breaks even on Kindle devices, not trying to make money on hardware, *Engadget*, 12 out. Disponível em: https://www.engadget.com/2012/10/12/amazon-kindle-fire-hd-paperwhite- hardware-no-profit/.

29. Williams, Robert (2018). Study: Amazon Echo owners are big spenders, *Mobile Marketer*, 4 jan. Disponível em: https://www.mobilemarketer.com/news/study-amazon--echo-owners-are-big-spenders/514050/.

30. Análise das autoras quanto aos relatórios 10-K e anuais da Amazon.

31. La Monica, Paul R (2018). Apple is leading the race to $1 trillion, *CNN*, 27 fev. Disponível em: http://money.cnn.com/2018/02/27/investing/ apple-google-amazon--microsoft-trillion-dollar-market-value/index.html.

32. Shephard, Alex (2018). Is Amazon too big to tax? *The New Republic*, 1 mar. Disponível em: https://newrepublic.com/article/147249/amazon-big-tax.

33. Soper, Spencer, Matthew Townsend e Lynnley Browning (2017). Trump's bruising tweet highlights Amazon's lingering tax fight, *Bloomberg*, 17 ago. Disponível em: https://www.bloomberg.com/news/articles/2017-08-17/trump-s-bruising-tweet--highlights-amazon-s-lingering-tax-fight.

34. Bowman, Jeremy (2018). Analysis: Trump is right. Amazon is a master of tax avoidance. *USA Today*, 9 abr. Disponível em: https://www.usatoday.com/ story/money/business/2018/04/09/trump-is-right-amazon-is-a-master-of-tax-avoidance/33653439/.

35. Isidore, Chris (2017). Amazon to start collecting state sales taxes everywhere, *CNN*, 29 mar. Disponível em: http://money.cnn.com/2017/03/29/technology/ amazon--sales-tax/index.html.

36. Finley, Klint (2018). Why the Supreme Court sales tax ruling may benefit Amazon, *Wired*, 21 jun. Disponível em: https://www.wired.com/story/why-the-supreme--court-sales-tax-ruling-may-benefit-amazon/.

37. https://www.supremecourt.gov/opinions/17pdf/17-494_j4el.pdf?mod=article_inline.

38. Relatório 10-K da Amazon para o ano fiscal foi encerrado em 31 de dezembro de 2017. Disponível em: https://www.sec.gov/Archives/edgar/data/1018724/000101872418000005/ amzn-20171231x10k.htm.

39. Ovide, Shira (2018). How Amazon's bottomless appetite became corporate America's nightmare, *Bloomberg*, 14 mar. Disponível em: https://www.bloomberg.com/graphics/2018-amazon-industry-displacement/.

40. Relatório 10-K da Amazon para o ano fiscal foi encerrado em 31 de dezembro de 2017. Disponível em: https://www.sec.gov/Archives/edgar/data/1018724/000101872418000005/amzn-20171231x10k.htm.

41. Amazon 2015 letter to shareholders (2016), Amazon.com, Disponível em: http://phx.corporate-ir.net/phoenix.zhtml?c=97664&p=irol-reportsannual.
42. Site da Amazon (sd). https://aws.amazon.com/about-aws/.
43. Thompson, Ben (2017). Amazon's new customer, *Stratechery*, 19 jun. Disponível em: https://stratechery.com/2017/amazons-new-customer/.
44. Miller, Ron (2016). At Amazon the Flywheel Effect drives innovation, *TechCrunch*, 10 set. Disponível em: https://techcrunch.com/2016/09/10/at-amazon-the-flywheel-effect-drives-innovation/.
45. Fedorenko, Sasha (2018). Doug Gurr of Amazon UK on four ways digital transformation is changing retail, *Internet Retailing*, 14 jun. Disponível em: https://internetretailing.net/strategy-and-innovation/doug-gurr-of-amazon-uk- on-four-ways-digital-transformation-is-changing-retail-17895.

CAPÍTULO 3

1. Comunicado de imprensa da Amazon (2005). "Amazon.com anuncia recorde de fluxo de caixa livre alimentado por preços mais baixos e frete grátis; apresenta novo programa de transporte expresso — Amazon Prime", *Amazon.com*, 2 fev. Disponível em: http://phx.corporate-ir.net/phoenix.zhtml?c=176060&p=irol- newsArticle&ID=669786.
2. Ibid.
3. Stone, Brad (2013). *The Everything Store: Jeff Bezos and the age of Amazon*, Bantam Press, Londres.
4. bid.
5. Siegel, Rachel (2018). The Amazon stat long kept under wraps is revealed: Prime has over 100 million subscribers, *Washington Post*, 18 abr. Disponível em: https://www.washingtonpost.com/news/business/wp/2018/04/18/the-amazon-stat-long-kept-under-wraps-is-revealed-prime-has-over-100- million-subscribers.
6. Amazon UK Analyst Briefing, Londres, jul. 2018.
7. Disis, Jill and Seth Fiegerman (2018). Amazon is raising the price of Prime to $119, *CNN*, 26 abr. Disponível em: http://money.cnn.com/2018/04/26/ technology/business/amazon-prime-cost-increase/index.html.
8. Stevens, Laura (2018). Amazon targets Medicaid recipients as it widens war for low-income shoppers, *Wall Street Journal*, 7 mar. Disponível em: https:// www.wsj.com/articles/amazon-widens-war-with-walmart-for-low-income-shoppers-1520431203.
9. Amazon UK Analyst Briefing, Londres, 2017.
10. McAlone, Nathan (2016). Amazon CEO Jeff Bezos said something about Prime Video that should scare Netflix, *Business Insider*, 2 jun. Disponível em: http://uk.businessinsider.com/amazon-ceo-jeff-bezos-said-something-about-prime-video-that-should-scare-netflix-2016-6.

11. Amazon press release (2018). Amazon.com announces first quarter sales up 43% to $51.0 billion, *Amazon*, 26 abr. Disponível em: http://phx.corporate-ir.net/ phoenix.zhtml?c=97664&p=irol-newsArticle&ID=2345075.

12. Kim, Eugene (2016) Bezos to shareholders: It's 'irresponsible' not to be part of Amazon Prime, *Business Insider*, 17 maio. Disponível em:http://uk.businessinsider.com/amazon-ceo-jeff-bezos-says-its-irresponsible-not-to-be-part-of-prime-2016-5.

13. Stone, Brad (2013) *The Everything Store: Jeff Bezos and the age of Amazon*, Bantam Press, Londres.

14. Ibid.

15. Vizard, Sarah (2016). Loyalty cards aren't convincing British consumers to shop, *Marketing Week*, 7 dez. Disponível em: https://www.marketing-week.com/2016/12/07/loyalty-cards-nielsen/.

16. Columbus, Louis (2018). 10 charts that will change your perspective of Amazon Prime's growth, *Forbes*, 4 mar. Disponível em: https://www. forbes.com/sites/louiscolumbus/2018/03/04/10-charts-that-will-change- your-perspective-of-amazon--primes-growth/#5d364e813fee.

17. Braverman, Beth (2017). Amazon Prime members spend a whole lot more on the site than non-members, *Business Insider*, 7 jul. Disponível em: http://www.businessinsider.com/is-amazon-prime-worth-it-2017-7?IR=T.

18. Soper, Spencer (2018). Bezos says Amazon has topped 100 million Prime members, *Bloomberg*, 18 abr. Disponível em: https://origin-www.bloomberg. com/news/articles/2018-04-18/amazon-s-bezos-says-company-has-topped-100-million--prime-members.

19. Hirsch, Lauren (2018). Amazon plans more Prime perks at Whole Foods, and it will change the industry, *CNBC*, 1 maio. Disponível em: https://www.cnbc.com/2018/05/01/prime-perks-are-coming-to-whole-foods-and-it-will-change-the--industry.html.

20. Molla, Rani (2017). For the wealthiest Americans, Amazon Prime has become the norm, *Recode*, 8 Jun. Disponível em: https://www.recode. net/2017/6/8/15759354/amazon-prime-low-income-discount-piper-jaffray- demographics.

21. Hirsch, Lauren (2018). Amazon wants to make it easier to shop its website without a credit card, *CNBC*, 5 mar. Disponível em: https://www.cnbc. com/2018/03/05/amazons-talks-with-jp-morgan-may-build-on-services-to-the- unbanked.html.

22. Anonymous (2017). Amazon to discount Prime for US families on welfare, *BBC*, 6 Jun. Disponível em: https://www.bbc.com/news/technology-40170655.

23. Estimativa das autoras.

24. Saba, Jennifer (2018). Priming the pump, *Reuters*, 19 abr. Disponível em: https://www.breakingviews.com/considered-view/amazons-10-bln-subsidy-is- prime--for-growth/.

CAPÍTULO 4

1. Kumar, Kavita (2018). Amazon's Bezos calls Best Buy turnaround 'remarkable' as unveils new TV partnership, *Star Tribune*, 19 abr. Disponível em: http:// www.startribune.com/best-buy-and-amazon-partner-up-in-exclusive-deal-to- sell-new-tvs/480059943/.

2. Wylie, Melissa (2018). No relief for retail in 2018, *Bizjournals*, 2 jan. Disponível em: https://www.bizjournals.com/bizwomen/news/latest- news/2018/01/no-relief-for--retail-in-2018.html.

3. Thomas, Lauren (2017). Bankruptcies will continue to rock retail in 2018, *CNBC*, 13 dez. Disponível em: https://www.cnbc.com/2017/12/13/ bankruptcies-will-continue--to-rock-retail-in-2018-watch-these-trends.html.

4. Isidore, Chris (2017). Malls are doomed: 25% will be gone in 5 years, *CNN*, 2 Jun. Disponível em: http://money.cnn.com/2017/06/02/news/economy/doomed-malls/index.html.

5. Armstrong, Ashley (2018). What will 2018 have in store for the retail sector?, *Telegraph*, 2 jan. Disponível em: https://www.telegraph.co.uk/ business/2018/01/02/will-2018-have-store-retail-sector/.

6. Marinova, Polina (2017). This is only the beginning for China's explosive e--commerce growth, *Fortune*, 5 dez. Disponível em: http://fortune. com/2017/12/04/china-ecommerce-growth/.

7. Bowsher, Ed (2018). Online retail sales continue to soar, *Financial Times*, 11 jan. Disponível em: https://www.ft.com/content/a8f5c780-f46d-11e7- a4c9-bbdefa4f210b.

8. BRC (2018). "Every Industrial Revolution has brought long-term benefits but always goes through short-term pain", Doug Gurr, UK Country Manager, @AmazonUK #BRCAnnualLecture [Twitter] 12 Jun. Disponível em: https:// twitter.com/the_brc/status/1006597059615608832.

9. Reynolds, Treacy (2017). Holiday Retail Sales Increased 4 percent in 2016, *National Retail Federation*, 13/1. Disponível em: https://nrf.com/blog/ holiday-retail--sales-increased-4-percent-2016.

10. Boren, Zachary Davies (2014). There are officially more mobile devices than people in the world, *Independent*, 7 out. Disponível em: https://www.independent.co.uk/life-style/gadgets-and-tech/news/there-are- officially-more-mobile-devices-than--people-in-the-world-9780518.html.

11. Anonymous (2017). Push Growth Seminar 15 maio 2017 [Blog] *The Internet Retailer* 17 maio. Disponível em: http://www.theinternetretailer.co.uk/582-push-growth--seminar-15th-may-2017-google-headquarters-st-giles- high-street-london/.

12. Andrews, Travis M (2017). Nordstrom's wild new concept: a clothing store with no clothes, *Washington Post*, 12 Set. Disponível em: https://www. washingtonpost.com/news/morning-mix/wp/2017/09/12/nordstroms-wild-new-concept-a-clothing-store--with-no-clothes/?noredirect=on&utm_term=. bed99d644159.

13. Emarketer (2018). Worldwide retail and ecommerce sales. Disponível em: https://www.emarketer.com/Report/Worldwide-Retail-Ecommerce-Sales-eMarketers--Updated-Forecast-New-Mcommerce- Estimates-20162021/2002182.

14. Ovide, Shira (2018). How Amazon's bottomless appetite became corporate America's nightmare, *Bloomberg*, 17 mar. Disponível em: https://www.bloomberg.com/graphics/2018-amazon-industry-displacement/.

15. Sullivan, Ted (2008). Borders: Interview with CEO George Jones, *Seeking Alpha*, 7 out. Disponível em: https://seekingalpha.com/article/98837- borders-interview-with--ceo-george-jones.

16. Stone, Brad (2013). *The Everything Store: Jeff Bezos and the age of Amazon*, Bantam Press, Londres.

17. PWC (2017). 10 retailer investments for an uncertain future. Disponível em: https://www.pwc.com/gx/en/industries/assets/total-retail-2017.pdf.

18. Fung Global Retail & Technology (2016). Deep dive: the mall is not dead: part 1. Disponível em: https://www.fungglobalretailtech.com/wp-content/ uploads/2016/11/Mall-Is-Not-Dead-Part-1-November-15-2016.pdf.

19. Cowen and Company (2017). Retail's disruption yields opportunities – store wars! Disponível em: https://distressions.com/wp-content/uploads/2017/04/ Retail_s_Disruption_Yields_Opportunities_-_Ahead_of_the_Curve_Series__Video_-_Cowen_and_Company.pdf.

20. Townsend, Matt et al (2017). America's 'retail apocalypse' is really just beginning, *Bloomberg*, 8 nov. Disponível em: https://www.bloomberg. com/graphics/2017--retail-debt/.

21. Thompson, Derek (2017). What in the world is causing the retail meltdown of 2017? *The Atlantic*, 10 abr. Disponível em: https://www.theatlantic.com/ business/archive/2017/04/retail-meltdown-of-2017/522384/.

22. Next PLC 2017 annual report (2018). Disponível em: http://www. nextplc.co.uk/~/media/Files/N/Next-PLC-V2/documents/reports-and-presentations/2018/Final%20website%20PDF.pdf.

23. Felsted, Andrea and Shelly Banjo (2016). Apparel Armageddon across the Atlantic, *Bloomberg*, 31 maio. Disponível em: https://www.bloomberg.com/ gadfly/articles/2016-05-31/women-curtailing-clothes-shopping-hit-uk-us-retailers-iov824k1.

24. Goldfingle, Gemma (2018). Charles Tyrwhitt founder Nick Wheeler laments the fact that no-one buys ties anymore: 'It's the only bloody product that has a decent margin', #TDC18 [Twitter] 30 jan. Disponível em: https:// twitter.com/gemmagoldfingle/status/958279318068760578.

25. Anonymous (2017). This whole 'malls are dying' thing is getting old, mall CEOs say, *Investors.com*, 12 abr. Disponível em: https://www.investors. com/news/this-whole--malls-are-dying-thing-is-getting-old-mall-ceos-say/.

26. Ibid.

27. Thompson, Derek (2017) What in the world is causing the retail meltdown of 2017? *The Atlantic*, 10 abr. Disponível em: https://www.theatlantic.com/ business/archive/2017/04/retail-meltdown-of-2017/522384/.

28. Fung Global Retail & Technology (2016) "Deep Dive: The Mall Is Not Dead: Part 1" [Online] https://www.fungglobalretailtech.com/wp-content/ uploads/2016/11/Mall-Is-Not-Dead-Part-1-November-15-2016.pdf.

29. Isidore, Chris (2017). Malls are doomed: 25% will be gone in 5 years, *CNN*, 2 jun. Disponível em: http://money.cnn.com/2017/06/02/news/economy/ doomed--malls/index.html.

30. Relatório Anual do Walmart, 1997. Disponível em: http://stock.walmart.com/investors/financial-information/annual-reports-and-proxies/default.aspx.

31. Berg, Natalie e Bryan Roberts (2012). *Walmart: Key insights and practical lessons from the world's largest retailer*, Kogan Page, Londres.

32. Walmart 10-Ks, pesquisa das autoras.

33. Office for National Statistics (2018). Retail sales, Great Britain: February 2018. Disponível em: https://www.ons.gov.uk/businessindustryandtrade/retailindus- try/bulletins/retailsales/february2018#whats-the-story-in-online-sales.

34. U.S. Census Bureau News (2018). Quarterly retail e-commerce sales 4th quarter 2017. Disponível em: https://www.census.gov/retail/mrts/www/data/pdf/ ec_current.pdf.

35. McKevitt, Fraser (2017). Lidl becomes the UK's seventh largest supermarket, *Kantar*. Disponível em: https://uk.kantar.com/consumer/shoppers/2017/ september--kantar-worldpanel-uk-grocery-share/

36. Ruddick, Graham (2014). Supermarkets are 20 years out of date, says Waitrose boss, *Telegraph*, 22 out. Disponível em: http://www.telegraph.co.uk/ finance/newsbysector/epic/tsco/11178281/Supermarkets-are-20-years-out-of- date-says--Waitrose-boss.html.

37. John Lewis Partnership (2017). The Waitrose Food & Drink Report 2017–2018. Available at: http://www.johnlewispartnership.co.uk/content/dam/cws/ pdfs/Resources/the-waitrose-food-and-drink-report-2017.pdf.

38. Ibid.

39. Fung Global Retail & Technology (2017). Deep dive: the mall is not dead: part 2. Available at: https://www.fungglobalretailtech.com/wp-content/ uploads/2017/09/The-Mall-Is-Not-Dead-Part-2%E2%80%94-The-Mall- Is-in-Need-of-Transformation--September-6-2017.pdf.

40. Garfield, Leanna (2017). 17 photos show the meteoric rise and fall of Macy's, JCPenney, and Sears, *Business Insider*, 3 set. Disponível em: http:// uk.businessinsider.com/department-store-sears-macys-jcpenney-closures- history-2017-8.

41. Hardy, Emily (2018). Alvarez says (unsurprisingly) that 'department stores are great & have a great future'. "They've been trying to kill us for centuries. We've been through hypermarkets, supermarkets, the specialists & now pure plays. It's just about

finding what makes you different." [Twitter] 19/4. Disponível em: https://twitter.com/ Emily_L_Hardy/status/986958259801198592.

42. Cowen and Company (2017). Retail's disruption yields opportunities – store wars! Disponível em: https://distressions.com/wp-content/uploads/2017/04/ Retail_s_ Disruption_Yields_Opportunities_-_Ahead_of_the_Curve_
Series Video_-_Cowen_and_Company.pdf.

43. Wahba, Phil (2017). Can America's department stores survive? *Fortune*, 21 fev. Disponível em: http://fortune.com/2017/02/21/department-stores- future-macys-sears/.

44. Ibid.

45. Bain, Marc (2017). A new generation of even faster fashion is leaving H&M and Zara in the dust, *Quartz*, 6 abr. Disponível em: https:// qz.com/951055/a-new--generation-of-even-faster-fashion-is-leaving-hm-and- zara-in-the-dust/.

46. Klepacki, Laura (2017). Why off-price retail is rising as department stores are sinking, *Retail Dive*, 1 fev. Disponível em: https://www.retaildive.com/ news/why-off--price-retail-is-rising-as-department-stores-are-sinking/434454/.

47. McKinsey (2016) "The State of Fashion 2017" [Online] https://www.mckinsey.com/~/media/mckinsey/industries/retail/our%20insights/the%20state%20of%20fashion/the-state-of-fashion-mck-bof-2017-report.ashx.

48. Andrews, Travis M (2016). It's official: Millennials have surpassed baby boomers to become America's largest living generation. *The Washington Post*, 26/4. Disponível em: https://www.washingtonpost.com/news/morning-mix/ wp/2016/04/26/its-official-millennials-have-surpassed-baby-boomers-to-become-americas-largest--living-generation/?utm_term=.84adab7ac6d2.

49. Morgan Stanley (2016). Generations change how spending is trending, 26 ago. Disponível em: https://www.morganstanley.com/ideas/millennial- boomer-spending.

50. Sarah Quinlan da Mastercard, discurso no Shoptalk Copenhagen, out. 2017 baseado no Natal de 2016.

51. Farrell, Sean (2016). We've hit peak home furnishings, says Ikea boss, *Guardian*, 18 jan. Disponível em: https://www.theguardian.com/ business/2016/jan/18/weve-hit--peak-home-furnishings-says-ikea-boss- consumerism.

52. Mastercard News (2017). Sarah Quinlan on how consumers choose experi--ences and services over goods (Online video). Disponível em: https://www. youtube.com/watch?v=hCiZqtSDumY.

53. Thompson, Derek (2017). What in the world is causing the retail meltdown of 2017? *The Atlantic*, 10 abr. Disponível em: https://www.theatlantic.com/business/archive/2017/04/retail-meltdown-of-2017/522384/.

54. Cahill, Helen (2017). Debenhams boss shuns selling stuff, *City A.M.*, 4 abr. Disponível em: http://www.cityam.com/262339/debenhams-boss-shuns- selling-stuff.

55. Barua, Akrur and Daniel Bachman (2017). The consumer rush to 'experience': Truth or fallacy? *Deloitte*, 17 ago. Disponível em: https://dupress.deloitte.com/dup-us-

-en/economy/behind-the-numbers/are-consumers-spending-more- on-experience. html#endnote-sup-5.

CAPÍTULO 5

1. Thomson, Rebecca (2014). Analysis: Sir Terry Leahy and Nick Robertson on why delivery has become so crucial, *Retail Week*, 6 fev. Disponível em: https://www.retail-week.com/topics/supply-chain/analysis-sir-terry-leahy-and-nick-robertson-on--why-delivery-has-become-so-crucial/5057200.article.
2. Fitzgerald, Melanie (2018). Will digital brands spell the death of the physical store? *ChannelSight*. Disponível em: https://www.channelsight.com/blog/ digital-brands--spell-the-death-of-the-physical-store/.
3. Kumar, Kavita (2018). Amazon's Bezos calls Best Buy turnaround 'remarkable' as unveils new TV partnership, *Star Tribune*, 19 abr. Disponível em: http://www.startribune.com/best-buy-and-amazon-partner-up-in-exclusive-deal-to-sell-new-tvs/480059943/.
4. McGregor, Kirsty (2015). Pure-play retail will cease to exist by 2020, predicts Planet Retail, *Drapers*, 22 jul. Disponível em: https://www.drapersonline. com/news/pure-play-etail-will-cease-to-exist-by-2020-predicts-planet-retail-/5077310.article.
5. MDJ2 (2015). Ten things we learned at Retail Week Live 2017. Disponível em: http://mdj2.co.uk/wp-content/uploads/2016/11/Ten-things-we-learned-at- Retail--Week-Live-2017-1.pdf.
6. Jiang, Moliang (2017). New retail in China: a growth engine for the retail industry, *China Briefing*, 15 ago. Disponível em: http://www.china-briefing. com/news/2017/08/15/new-retail-in-china-new-growth-engine-for-the-retail- industry.html.
7. Wynne-Jones, Stephen (2017). Shoptalk Europe: an eye-opening journey through the future of retail, *European Supermarket News*, 12 out. Disponível em: https://www.esmmagazine.com/shoptalk-europe-eye-opening- journey-future-retail/50514.
8. Simpson, Emma (2017). New John Lewis boss says department store needs reinventing, *BBC*, 30 mar. Disponível em: https://www.bbc.co.uk/news/ business-39441039.
9. Amazon UK Analyst Briefing, London, jul 2018.
10. Simpson, Jeff, Lokesh Ohri e Kasey M Lobaugh (2016). The new digital divide, *Deloitte*, 12 set. Disponível em: https://dupress.deloitte.com/ dup-us-en/industry/retail--distribution/digital-divide-changing-consumer- behavior.html.
11. Del Ray, Jason (2016). 55 percent of online shoppers start their product searches on Amazon, *Recode*, 27 set. Disponível em: https://www. recode.net/2016/9/27/13078526/amazon-online-shopping-product-search- engine.
12. Garcia, Krista (2018). Consumers' trust in online reviews gives Amazon an edge, *eMarketer*, 7 mar. Disponível em: https://retail. emarketer.com/article/consumers--trust-online-reviews-gives-amazon-edge/5a9f05e9ebd4000744ae415f.

13. Kowitt, Beth (2018). How Amazon is using Whole Foods in a bid for total retail domination, *Fortune*, 21 maio. Disponível em: http://fortune.com/long- form/amazon-groceries-fortune-500/.

14. Accenture/Salesforce joint report (2016). Retailing, reimagined: embracing personalization to drive customer engagement and loyalty. Disponível em: https://www.accenture.com/t20161102T060800Zw/us-en/_acnmedia/PDF-28/Accenture-Salesforce--Retail-Exploring-Loyalty-ebook.pdf.

15. Reagan, Courtney (2017). Think running retail stores is more expensive than selling online? Think again, *CNBC*, 19 abr. Disponível em: https://www.cnbc.com/2017/04/19/think-running-retail-stores-is-more-expensive-than-selling-online--think-again.html.

16. Meyersohn, Nathaniel (2018). Walmart figured out its Amazon strategy. So why's the stock down 13%? *CNN*, 17 maio. Disponível em: http://money.cnn.com/2018/05/16/news/companies/walmart-stock-jet-amazon-whole-foods/ index.html.

17. Transcript of Alexandre Bompard's speech (2018). Carrefour, 23 jan. Disponível em: http://www.carrefour.com/sites/default/files/carrefour_ 2022_-_transcript_of_the_speech_of_alexandre_bompard.pdf.

18. Bohannon, Patrick (2017). Online Returns: A Challenge for Multi-Channel Retailers. Oracle, 27/1. Disponível em: https://blogs.oracle.com/retail/online- returns:--a-challenge-for-multi-channel-retailers.

19. Cochrane, Matthew (2018). Why 2017 was a year to remember for The Home Depot, Inc, *The Motley Fool*, 28 jan. Disponível em: https://www.fool.com/investing/2018/01/28/why-2017-was-a-year-to-remember-for-the-home- depot.aspx.

20. Ellis, James (2017), Online retailers are desperate to stem a surging tide of returns, *Bloomberg*, 3 nov. Disponível em: https://www.bloomberg.com/news/articles/2017-11-03/online-retailers-are-desperate-to-stem-a-surging-tide-of-returns.

21. Ibid.

22. Ikea website. Disponível em: https://www.ikea.com/ms/en_US/this-is-ikea/ikea- highlights/Virtual-reality/index.html.

23. Stern, Matthew (2018). Boxed CEO 'definitely' sees physical stores in its future, *Forbes*, 24 jan. Disponível em: https://www.forbes.com/sites/ retailwire/2018/01/24/boxed-ceo-definitely-sees-physical-stores-in-its-future/#619ff68c7cf3.

24. Permissão recebida de Tim Yost.

25. Reagan, Courtney (2017). Think running retail stores is more expensive than selling online? Think again, *CNBC*, 19 abr. Disponível em: https://www.cnbc.com/2017/04/19/think-running-retail-stores-is-more-expensive-than- selling-online--think-again.html.

26. Ibid.

27. Carey, Nick and Nandita Bose (2015). Shippers, online retailers seek way around rising delivery costs, *Reuters*, 15 dez. Disponível em: https:// www.reuters.com/article/

us-usa-ecommerce-freeshipping/shippers-online- retailers-seek-way-around-rising--delivery-costs-idUSKBN1432ZL.

28. Sender, Hannah, Laura Stevens e Yaryna Serkez (2018) Amazon: the making of a giant, *Wall Street Journal*, 14 mar. Disponível em: https://www.wsj. com/graphics/amazon-the-making-of-a-giant/.

29. Amazon 10-K for the fiscal year ended December 31, 2017. Disponível em: https://www.sec.gov/Archives/edgar/data/1018724/000101872418000005/ amzn--20171231x10k.htm.

30. McGee, Tom (2017). Shopping for data: the truth behind online costs, *Forbes*, 10 ago. Disponível em: https://www.forbes.com/sites/ tommcgee/2017/08/10/shopping--for-data-the-truth-behind-online- costs/#53fdecdfc9d7.

31. Death of Pureplay Retail report (2016). *Gartner L2*, 12 jan. Disponível em: https://www.l2inc.com/research/death-of-pureplay-retail.

32. Walsh, Mark (2016). The future of e-commerce: bricks and mortar, *Guardian*, 30 jan. Disponível em: https://www.theguardian.com/business/2016/ jan/30/future-of--e-commerce-bricks-and-mortar.

33. Death of Pureplay Retail report (2016) *Gartner L2*, 12 jan. Disponível em: https://www.l2inc.com/research/death-of-pureplay-retail.

34. Shelton, Kelly (2017). The value of search results rankings, *Forbes*, 30 out. Disponível em: https://www.forbes.com/sites/forbesagencycouncil/2017/10/30/ the--value-of-search-results-rankings/#fab4b6b44d3a.

35. Ibid.

36. ICSC (2017). The socio-economic impact of European retail real estate. Disponível em: https://www.businessimmo.com/system/datas/112816/original/ europeanimpactstudy-2017_.pdf.

37. Khan, Humayun (2016). Why the top ecommerce brands are moving into physical retail (and what you can learn from them), *Shopify*, 10 maio. Disponível em: https://www.shopify.com/retail/why-the-top-ecommerce-brands-are-moving-into--physical-retail-and-what-you-can-learn-from-them.

38. Worldwide Business Research (2018). Putting the customer in the center of your business [Online Video]. Disponível em: https://slideslive.com/38906045/ putting--the-customer-in-the-center-of-your-business.

39. Ibid.

40. O'Keefe, Brian (2017). What's driving Walmart's digital focus? Paranoia, top exec says, *Fortune*, 7 dez. Disponível em: http://fortune.com/2017/12/07/walmart--penner-amazon-alibaba/.

41. Bhasin, Kim (2012). Bezos: Amazon would love to have physical stores, but only under one condition, *Business Insider*, 27 nov. Disponível em: http://www.businessinsider.com/amazon-jeff-bezos-stores-2012-11?IR=T.

42. Denham, Jess (2015). Amazon to sell books the old-fashioned way with first physical book shop, *Independent*, 3 nov. Disponível em: https://www. independent.co.uk/arts-entertainment/books/news/amazon-to-sell-books-the-old-fashioned-way-with-first-physical-book-shop-a6719261.html.

43. Kurtz, Dustin (2015). My 2.5-star trip to Amazon's bizarre new bookstore, *The New Republic*, 4 nov. Disponível em: https://newrepublic.com/arti-cle/123352/my-25--star-trip-to-amazons-bizarre-new-bookstore.

44. Del Ray, Jason (2017). One of the most popular mattress makers on Amazon is building an Amazon-powered store, *Recode*, 31 jul. Disponível em: https://www.recode.net/2017/7/31/16069424/tuft-needle-seattle-store-amazon-mattresses-echo--alexa-prime-delivery.

45. Ibid.

CAPÍTULO 6

1. Stone, B (2013). *The Everything Store: Jeff Bezos and the age of Amazon*, Bantam Press, Londres.

2. Anonymous (2017) The challenge of selling toys in an increasingly digital world, *eMarketer*, 19 set. Disponível em: https://retail.emarketer.com/article/ challenge-of--selling-toys-increasingly-digital-world/59c169efebd4000a7823ab1c.

3. Walmart (2017). Thomson Reuters Streetevents edited transcript: WMT – Wal--Mart Stores Inc 2017 Investment Community Meeting, 10 October. Disponível em: https://cdn.corporate.walmart.com/ea/31/4aa1027b4be6818f1a 65ed5c293a/wmt-usq--transcript-2017-10-10.pdf.

4. Kowitt, Beth (2018). How Amazon is using Whole Foods in a bid for total retail domination, *Fortune*, 21 maio. Disponível em: http://fortune.com/longform/ amazon--groceries-fortune-500/.

5. Harris, Briony (2017). Which countries buy the most groceries online? *World Economic Forum*, 6 dez. Disponível em: https://www.weforum.org/ agenda/2017/12/south-koreans-buy-the-most-groceries-online-by-far/.

6. Ibid.

7. Bowman, Jeremy (2018). Walmart thinks you'll pay $10 for grocery delivery, *The Motley Fool*, 18 mar. Disponível em: https://www.fool.com/invest- ing/2018/03/18/walmart-thinks-youll-pay-10-for-grocery-delivery.aspx.

8. NPR/Marist (2018). The Digital Economy Poll, June 2018 [Have you ever bought fresh groceries online?] The Marist College Institute for Public Opinion, Poughkeepsie, NY: NPR. Disponível em: http://marist- poll.marist.edu/wp-content/misc/usapolls/us180423_NPR/NPR_Marist%20Poll_Tables%20of%20Questions_May%202018.pdf#page=2.

9. Walmart (2017). Thomson Reuters Streetevents edited transcript WMT – Wal-Mart Stores Inc 2017 Investment Community Meeting, 10 out. Disponível em: https://cdn.corporate.walmart.com/ea/31/4aa1027b4be6818f1 a65ed5c293a/wmt-usq-transcript-2017-10-10.pdf.

10. Ibid.

11. Kowitt, Beth (2018). How Amazon is using Whole Foods in a bid for total retail domination, *Fortune*, 21 maio. Disponível em: http://fortune.com/long- form/amazon-groceries-fortune-500/.

12. Ibid.

13. Millerberg, Spencer (2018). Amazon Grocery Year in Review, Clavis Insight, 16 jan. Disponível em: https://www.clavisinsight.com/blog/amazon- grocery-year-review.

14. Chambers, Sam (2018). Britain's robot grocer is coming to the U.S., *Bloomberg*, 15 jun. Disponível em: https://www.bloomberg.com/news/ articles/2018-06-15/britain-s-robot-grocer-ocado-is-coming-to-the-u-s.

15. Wilkinson, Sue (2017). How my weekly grocery shopping habits relate to U.S. grocery shopper trends, *Food Marketing Institute*, 25 jul. Disponível em: https://www.fmi.org/blog/view/fmi-blog/2017/07/25/how-my-weekly-grocery-shopping-habits-relate-to-u.s.-grocery-shopper-trends.

16. Kowitt, Beth (2018). How Amazon is using Whole Foods in a bid for total retail domination, *Fortune*, 21 maio. Disponível em: http://fortune.com/long- form/amazon-groceries-fortune-500/.

17. Ibid.

18. Ibid.

19. O'Brien, Mike (2018). Google, Amazon and the relationship between paid search and ecommerce, *Clickz*, 29 mar. Disponível em: https://www.clickz. com/google-amazon-paid-search-ecommerce/213753/.

20. Kowitt, Beth (2018). How Amazon is using Whole Foods in a bid for total retail domination, *Fortune*, 21 maio. Disponível em: http://fortune.com/long- form/amazon-groceries-fortune-500/.

21. Bensinger, Greg (2015). Rebuilding history's biggest dot-com bust, *Wall Street Journal*, 12 jan. Disponível em: https://www.wsj.com/articles/rebuilding- historys-biggest-dot-come-bust-1421111794.

22. Anonymous (2001). What Webvan could have learned from Tesco, *Knowledge at Wharton*, 10 out. Disponível em: http://knowledge.wharton.upenn. edu/article/what-webvan-could-have-learned-from-tesco/.

23. Ibid.

24. Bluestein, Adam (2013). Beyond Webvan: MyWebGrocer turns supermarkets virtual, *Bloomberg*, 17 jan. Disponível em: https://www.bloomberg.com/news/articles/2013-01-17/beyond-webvan-mywebgrocer-turns-supermarkets- virtual.

25. Anonymous (2001). What Webvan could have learned from Tesco, *Knowledge at Wharton*, 10 out. Disponível em: http://knowledge.wharton.upenn. edu/article/what-webvan-could-have-learned-from-tesco/.

26. Barr, Alistair (2013). From the ashes of Webvan, Amazon builds a grocery business, *Reuters*, 16 jun. Disponível em: https://www.reuters.com/article/ amazon-webvan-idUSL2N0EO1FS20130616.

27. Site da Ocado. Disponível em: http://www.ocadogroup.com/who-we-are/our-story-so-far.aspx.

28. Barr, Alistair (2013). From the ashes of Webvan, Amazon builds a grocery business, *Reuters*, 16 jun. Disponível em: https://www.reuters.com/article/ amazon-webvan-idUSL2N0EO1FS20130616.

29. Amazon press release (1999). Amazon.com announces minority investment in HomeGrocer.com, *Amazon*, 18 maio. Disponível em: http://phx.corporate-ir. net/phoenix.zhtml?c=176060&p=irol-newsArticle&ID=502934.

30. Barr, Alistair (2013). From the ashes of Webvan, Amazon builds a grocery business, *Reuters*, 16 jun. Disponível em: https://www.reuters.com/article/ amazon-webvan-idUSL2N0EO1FS20130616.

31. Kowitt, Beth (2018). How Amazon is using Whole Foods in a bid for total retail domination. *Fortune*, 21/5. Disponível em: http://fortune.com/longform/ amazon-groceries-fortune-500/.

32. Anonymous (2016). AmazonFresh expands to Chicago, Dallas, *Progressive Grocer*, 26 out. Disponível em: https://progressivegrocer.com/ amazonfresh-expands-chicago-dallas.

33. Amazon press release (2007). Amazon.com's grocery store launches new Subscribe & Save feature allowing automatic fulfillment of most popular items, *Amazon*, 15 maio. Disponível em: http://phx.corporate-ir.net/phoenix. zhtml?c=176060&p=irol-newsArticle&ID=1000549.

34. Sheehan, Brian (2018). The key to a winning Amazon ad strategy? Go big everywhere else, *Ad Week*, 2 fev. Disponível em: https://www.adweek. com/brand-marketing/the-key-to-a-winning-amazon-ad-strategy-go-big-everywhere-else/.

35. Paul Clarke, CTO da Ocado, palestrando no evento Salesforce em Londres, 2016.

36. Kowitt, Beth (2018). How Amazon is using Whole Foods in a bid for total retail domination. *Fortune*, 21 maio. Disponível em: http://fortune.com/long- form/amazon-groceries-fortune-500/.

37. Amazon UK Analyst Briefing, London, jul 2018.

38. Macadam, Dan (2018). Can supermarkets really deliver in a day? BBC,4 fev. Disponível em: https://www.bbc.co.uk/news/business-42777284.

CAPÍTULO 7

1. McGregor, Jena (2017). Five telling things the Whole Foods CEO said about the Amazon deal in an employee town hall, *Washington Post*, 20 jun. Disponível em: https://www.washingtonpost.com/news/on-leadership/wp/2017/06/20/five-telling-things-the-whole-foods-ceo-said-about-the-amazon-deal-in-an-employee-town-hall/?utm_term=.1e861128178f.

2. (2017). Thomson Reuters Streetevents edited transcript WMT – Wal-Mart Stores Inc 2017 Investment Community Meeting, 10 out. Disponível em: https:// cdn.corporate.walmart.com/ea/31/4aa1027b4be6818f1a65ed5c293a/wmt-usq-transcript-2017-10-10.pdf.

3. Meyer, Robinson (2018). How to fight Amazon (before you turn 29), *The Atlantic*, jul./ago. Disponível em: https://www.theatlantic.com/ magazine/archive/2018/07/lina-khan-antitrust/561743/.

4. McGregor, Jena (2017). Five telling things the Whole Foods CEO said about the Amazon deal in an employee town hall, *Washington Post*, 20 jun. Disponível em: https://www.washingtonpost.com/news/on-leadership/wp/2017/06/20/five-telling-things-the-whole-foods-ceo-said-about-the-amazon-deal-in-an-employee-town-hall/?utm_term=.1e861128178f.

5. Lovelace, Berkeley Jr. (2018). Amazon could double Whole Foods' customer base with Prime perks: analyst. CNBC, 25/6. Disponível em: https://www. cnbc.com/2018/06/25/mark-mahaney-amazon-could-double-whole-foods-customer-base-with-prime.html.

6. Levy, Nat (2017). How Amazon's $13.7B purchase of Whole Foods is a 'blessing in disguise' for Instacart, *Geekwire*, 10 out. Disponível em: https:// www.geekwire.com/2017/amazons-13-7b-purchase-whole-foods-blessing- disguise-instacart/.

7. Rovnick, Naomi (2017). Ocado dismisses fears of increased competition from Amazon, *Financial Times*, 5 jul. Disponível em: https://www.ft.com/content/f48fecac-6151-11e7-8814-0ac7eb84e5f1.

8. Levy, Nat (2017) How Amazon's $13.7B purchase of Whole Foods is a 'blessing in disguise' for Instacart, *Geekwire*, 10 out. Disponível em: https:// www.geekwire.com/2017/amazons-13-7b-purchase-whole-foods-blessing-disguise-instacart/.

9. Comentários de convidados.

10. Dawkins, David (2018). Marks and Spencer told to team up with Amazon to save retailer as stores close, *Express*, 20 jun. Disponível em: https://www. express.co.uk/finance/city/977070/amazon-uk-marks-and-spencer-m-and-s-high-street-online.

11. Key, Alys (2018). Iceland Food rules out deal with Amazon as Food Warehouse attracts new customers, *City AM*, 15 jun. Disponível em: http://www.cityam.com/287618/iceland-sales-heat-up-food-warehouse-attracts-new-customers.

12. Berg, Natalie (2017). 3 Predictions: Amazon and Wholefoods, *LinkedIn*, 21 jun. https://www.linkedin.com/pulse/3-predictions-amazon-whole-foods-natalie-berg.

13. Ovide, Shira (2018). Amazon is still sorting out its grocery strategy, *Bloomberg*, 12 jun. Disponível em: https://www.bloomberg.com/view/ articles/2018-06-12/amazon-whole-foods-anniversary-sorting-the-groceries.

CAPÍTULO 8

1. Creswell, Julie (2018). How Amazon steers shoppers to its own products, *New York Times*, 23 jun. Disponível em: https://mobile.nytimes.com/2018/06/23/ business/amazon-the-brand-buster.html.
2. Housel, Morgan (2013). The 20 smartest things Jeff Bezos has ever said, *The Motley Fool*, 9 set. Disponível em: https://www.fool.com/investing/ general/2013/09/09/the-25-smartest-things-jeff-bezos-has-ever-said.aspx.
3. Franck, Thomas (2018). Amazon's flourishing private label business to help stock rally another 20%, analyst says, *CNBC*, 4 set. Disponível em: https://www.cnbc.com/2018/06/04/suntrust-amazons-private-label-business-to-help-stock-rally-20-percent.html.
4. Lebow, Victor (1955). Price competition in 1955, *Journal of Retailing*, primavera. Disponível em: http://www.gcafh.org/edlab/Lebow.pdf.
5. Creswell, Julie (2018). How Amazon steers shoppers to its own products, *New York Times*, 23 jun. Disponível em: https://mobile.nytimes.com/2018/06/23/ business/amazon-the-brand-buster.html.
6. Ibid.
7. Anderson, Keith (2016). Amazon's move into private label consumables, *Profitero* (blog) 28 jul. Disponível em: https://www.profitero.com/2016/07/amazons-move-into-private-label-consumables/.
8. Ibid.
9. Ibid.
10. Anonymous (2018). Amazon worth a trillion? Advertising may hold the key to growth, *Ad Age*, 13 mar. Disponível em: http://adage.com/article/digital/ amazon-worth-a-trillion-advertising-hold-key-growth/312716/.
11. Spitz, David (2018). Wow, RBC's @markmahaney out with report forecasting Amazon AMS to hit $26 billion in revenue by 2022 – most aggressive projec- tion I've seen (and I tend to agree). $AMZN [Twitter] 22 jun. Disponível em: https://twitter.com/davidspitz/status/1010278559213084673.
12. Sparks, Daniel (2018). Amazon.com, Inc. talks advertising, Prime's price increase, and more, *The Motley Fool*, 29 abr. Disponível em: https:// www.fool.com/investing/2018/04/29/amazoncom-inc-talks-advertising-primes-price-incre.aspx.
13. Creswell, Julie (2018). How Amazon steers shoppers to its own products, *New York Times*, 23 jun. Disponível em: https://mobile.nytimes.com/2018/06/23/ business/amazon-the-brand-buster.html.

14. Franck, Thomas (2018). Amazon's flourishing private label business to help stock rally another 20%, analyst says, *CNBC*, 4 jun. Disponível em: https://www.cnbc.com/2018/06/04/suntrust-amazons-private-label-business-to-help-stock-rally-20--percent.html.

15. Smith, Cooper (2018). We've been doing a lot of analyses on amazon's private label marketing strategy and one of the starkest findings is the # of ads they run on other brands' product listings... ex) 80% of product listing pages in the paper products (ie toilet paper) category have an ad for Presto! [Twitter] 25 jun. Disponível em: https://twitter.com/CooperASmith/ status/1011314597213634560.

16. Burdick, Melissa (2016). Should CPGs be worried about Amazon Private Label? *LinkedIn*, 27 jun. Disponível em: https://www.linkedin.com/pulse/ should-cpgs-worried--amazon-private-label-melissa-burdick/.

17. Chaudhuri, Saabira and Sharon Terlep (2018). The next big threat to consumer brands (yes, Amazon's behind it), *Wall Street Journal*, 27 fev. Disponível em: https://www.wsj.com/articles/big-consumer-brands-dont-have-an-answer- for-alexa-1519727401.

18. Ibid.

19. Thomas, Lauren (2018). Amazon's 100 million Prime members will help it become the No. 1 apparel retailer in the US, *CNBC*, 19 abr. Disponível em: https://www.cnbc.com/2018/04/19/amazon-to-be-the-no-1-apparel-retailer-in-the-us-morgan-stanley.html.

20. Chazan, Guy (2017). Zalando updates its look as it prepares for a new push by Amazon, *Financial Times,* 28 maio. Disponível em: https://www.ft.com/content/2e9d7e80-3bc0-11e7-821a-6027b8a20f23.

21. Business of Fashion and McKinsey (2017). The State of Fashion 2018 report. Disponível em: https://cdn.businessoffashion.com/reports/The_State_of_Fashion_2018_v2.pdf.

22. Ibid.

CAPÍTULO 9

1. Amazon Investor Relations (2017). 2016 Letter to Shareholders, 12 abr. Disponível em: http://phx.corporate-ir.net/phoenix.zhtml?c=97664&p=irol- reportsannual.

2. Amazon Netflix case study (2016). Amazon AWS. Disponível em: https://aws.amazon.com/solutions/case-studies/netflix/.

3. Breeden II, J (2013). The tech behind NASA's Martian chronicles, *GCN*, 4 jan. Disponível em: https://gcn.com/articles/2013/01/04/tech- behind-nasa-martian--chronicles.aspx.

4. Amazon retail case studies (2018). Amazon AWS. Disponível em: https://aws.amazon.com/retail/case-studies/.

5. Wang, Helen (2017). Alibaba's Singles' Day by the numbers: a record $25 billion haul, *Forbes*, 12 nov. Disponível em: https://www.forbes.com/ sites/helenwang/2017/11/12/alibabas-singles-day-by-the-numbers-a-record-25-billion--haul/#4677e8b81db1.

6. GSMA Intelligence (2018). The Mobile Economy 2018, 26 fev. Disponível em: https://www.gsmaintelligence.com/research/?file=061ad2d2417d6ed1ab0 02da0dbc9ce22&download.

7. Dvorak, John (1984). The Mac meets the press, *San Francisco Examiner*, 2 fev, quoted in Owen Linzmayer, *Apple Confidential 2.0*, p115. Disponível em: https://books.google.co.uk/books?id=mXnw5tM8QRwC&lpg=PA119&pg=PA119#v=onepage&q&f=false.

8. Molen, Brad (2014). Amazon Fire phone review: a unique device, but you're better off waiting for the sequel, *Endgadget*, 22 jun. Disponível em: https://www.engadget.com/2014/07/22/amazon-fire-phone-review/.

9. Limer, Eric (2014). Amazon Fire Phone review: a shaky first step, *Gizmodo*, 22 jun. Disponível em: https://gizmodo.com/amazon-fire-phone-review-a-shaky- first--step-1608853105.

10. Wohlsen, Marcus (2015). The Amazon Fire Phone was always going to fail, *Wired*, 1 jun. Disponível em: https://www.wired.com/2015/01/amazon-fire- phone--always-going-fail/.

11. Staff researcher (2017). 37 cart abandonment rate statistics, *Baymard Institute*, 9 jan. Disponível em: https://baymard.com/lists/cart-abandonment-rate.

12. Pathak, Shareen (2017). End of an era: Amazon's 1-click buying patent finally expires, *Digiday*, 13 set. Disponível em: https://digiday.com/market- ing/end-era--amazons-one click-buying-patent-finally-expires/.

13. Brooke, Eliza (2014). Amazon touts reduced shopping cart abandonment with newly expanded 'login and pay' service, *Fashionista*, 16 set. Disponível em: https://fashionista.com/2014/09/amazon-login-and-pay.

14. Molla, Rani (2018). Amazon Prime has 100 million-plus Prime memberships – here's how HBO, Netflix and Tinder compare, *Recode*, 19 abr. Disponível em: https://www.recode.net/2018/4/19/17257942/amazon-prime-100- million-subscribers-hulu--hbo-tinder-members.

15. Rao, Leena (2017). Two years after launching, Amazon Dash shows promise, *Fortune*, 25 abr. Disponível em: http://fortune.com/2017/04/25/amazon- dash-button--growth/.

16. Lipsman, Andrew (2017). 5 interesting facts About Millennials' mobile app usage from 'The 2017 U.S. Mobile App Report', *comScore*, Insights, 24 ago. Disponível em: https://www.comscore.com/Insights/Blog/5-Interesting-Facts- About-Millennials--Mobile-App-Usage-from-The-2017-US-Mobile-App-Report.

CAPÍTULO 10

1. Pemberton Levy, Heather (2016). Gartner predicts a virtual world of exponential change, *Gartner*, 18 out Disponível em: https://www.gartner.com/smarter- withgartner/gartner-predicts-a-virtual-world-of-exponential-change/.
2. Staff researchers (2018). Artificial intelligence in retail market 2025 – global analysis and forecasts by deployment type, retail type, technology and application [Report] *The Insight Partners*, fev 2018, Disponível em: http://www.theinsightpartners.com/reports/artificial-intelligence-in-retail-market.
3. Mackenzie, Ian, Meyer, Chris e Noble, Steve (2013). How retailers can keep up with consumers, *McKinsey & Company*, out. Disponível em: https://www.mckinsey.com/industries/retail/our-insights/how-retailers-can-keep- up-with-consumers.
4. Erickson, Jim e Wang, Susan (2017). At Alibaba, artificial intelligence is changing how people shop online, *Alizila*, 5 jun. Disponível em: https://www.alizila.com/at-alibaba-artificial-intelligence-is-changing-how- people-shop-online/.
5. Buzek, Greg (2015). REPORT: Retailers and the ghost economy: $1.75 trillion reasons to be afraid, *IHL Group*, 30 jun. Disponível em: http://engage.dynamicaction.com/WS-2015-05-IHL-Retailers-Ghost-Economy-AR_LP.html.
6. Staff writer (2018). In algorithms we trust: how AI is spreading throughout the supply chain, *Economist* Special Report, 31 mar. Disponível em: https://www.economist.com/news/special-report/21739428-ai-making-companies-swifter-cleverer-and-leaner--how-ai-spreading-throughout.
7. Kopalle, Praveen Prof (2014). Why Amazon's anticipatory shipping is pure genius, *Forbes*, 28 jan. Disponível em: https://www.forbes.com/sites/ onmarketing/2014/01/28/why-amazons-anticipatory-shipping-is-pure-genius/#4011e6ba4605.
8. Knight, Will (2015). Intelligent machines: inside Amazon, *MIT Technology Review*, 23 jul. Disponível em: https://www.technologyreview.com/s/539511/ inside--amazon/.
9. Amazon (2018). Amazon Prime Air, *Amazon.com*. Disponível em: https://www.amazon.com/Amazon-Prime-Air/b?ie=UTF8&node=8037720011.
10. Harris, Mark (2017). Amazon's latest Alexa devices ready to extend company's reach into your home, *Guardian*, 27 set. Disponível em: https://www.theguardian.com/technology/2017/sep/27/amazon-alexa-echo- plus-launch.
11. OC&C News (2018). Alexa, I need... everything. Voice shopping sales could reach $40 billion by 2022, *occstrategy*, 28 fev. Disponível em: https://www.occstrategy.com/en-us/news-and-media/2018/02/voice-shopping- sales-could-reach-40-billion-by-2022.
12. Ovide, Shira (2018). Amazon won by losing the smartphone war, *Bloomberg*, 28 set. Disponível em: https://www.bloomberg.com/gadfly/ articles/2017-09-28/amazon--leaped-ahead-on-gadgets-by-losing-the- smartphone-war.
13. Ibid.

14. Marchick, Adam (2018). Strong signals that the Amazon Echo is changing purchase behaviour, 30 maio. Disponível em: https://alpine.ai/amazon-echo- changing--purchase-behavior/.

15. Peapod (2017). Ask Peapod Alexa Skill, *Amazon.com*, 25 jun. Disponível em: https://www.amazon.com/Peapod-LLC-Ask/dp/B072N8GFZ3.

16. Blog (2018). Help shoppers take action, wherever and however they choose to shop, *Google Inside Adwords*, 19 mar. Disponível em: https://adwords.googleblog.com/2018/03/shopping-actions.html.

17. Clavis Insight (2018). One Click Retail: the double click episode (video podcast), 15 mar. Disponível em: https://www.youtube.com/ watch?v=218LelVkGDQ&t=11s.

18. Ibid.

19. Blue Yonder (2018). Media alert: 'Amazon effect' will grow as retail challenges increase, say Blue Yonder, 16 abr. Disponível em: https://www.blueyonder.ai/sites/default/files/media-alert-amazon-effect-will- grow-as-retail-challenges-increase.pdf.

20. Chokshi, Niraj (2018). Is Alexa listening? Amazon Echo sent out recording of couple's conversation, *New York Times*, 25 maio. Disponível em: https://www.nytimes.com/2018/05/25/business/amazon-alexa-conversation-shared-echo.html.

CAPÍTULO 11

1 Greene, Jay (2015). Amazon opening its first real bookstore – at U-Village, *Seattle Times*, 2 nov. Disponível em: https://www.seattletimes.com/ business/amazon/amazon--opens-first-bricks-and-mortar-bookstore-at-u-village/.

2. Press Release (2017). The shopping habits of today's consumers: ecommerce vs. in--store, *Imprint Plus*, 16 out. Disponível em: https://www.prnewswire. com/news-releases/the-shopping-habits-of-todays-consumers-ecommerce-vs-in- store-300535550.html.

3. Lipsman, Andrew (2017). 5 interesting Millennials' mobile app usage from the '2017 mobile app usage report', *comScore*, 24 ago. Disponível em: https://www.comscore.com/Insights/Blog/5-Interesting-Facts-About- Millennials-Mobile-App-Usage-from--The-2017-US-Mobile-App-Report.

4. White Paper (2017). Amazon: the big e-commerce marketing opportunity for brands, *Kenshoo*, 13 aset. Disponível em: https://kenshoo.com/e-commerce-survey/.

5. Bazaarvoice (2018). The ROBO Economy: how smart marketers use consumer-generated content to influence omnichannel shoppers. [E-book] jan. Disponível em: http://media2.bazaarvoice.com/documents/robo-economy- ebook.pdf.

6. Cullinan, Emily (2017). How to use customer testimonials to generate 62% more revenue from every customer, every visit, *Big Commerce*, 2 abr. Disponível em: https://www.bigcommerce.com/blog/customer-testimonials/.

7. Kurst, Dustin (2015). My 2.5 star trip to Amazon's bizarre new bookstore, *New Republic*, 4 nov. Disponível em: https://newrepublic.com/arti- cle/123352/my-25-star--trip-to-amazons-bizarre-new-bookstore.

8. Gobry, Pascal-Emmanuel (2015). Why Amazon built a bookstore, *The Week*, 4 nov. Disponível em: http://theweek.com/articles/586793/why-amazon- built-bookstore.

9. Kim, Eugene (2017). Amazon is getting almost no revenue from its bookstores, *CNBC*, 26 out. Disponível em: https://www.cnbc.com/2017/10/26/ amazon-is-getting--almost-no-revenue-from-its-bookstores.html.

10. Lecinski, Jim (2011). Winning the zero moment of truth ebook, *Google*, jun. Disponível em: https://www.thinkwithgoogle.com/marketing-resources/micro-moments/2011-winning-zmot-ebook/.

11. Gevelber, Lisa (2018). How 'Near Me' helps us find what we need, not just where to go, *Think with Google*, maio. Disponível em: https://www.thinkwith- google. com/consumer-insights/near-me-searches/.

12. Peterson, Haylet (2018). Google now lets you see what's on shelves at stores near you, and it's a powerful new weapon against Amazon, *Business Insider UK*, 12 jun. Disponível em: http://uk.businessinsider.com/google-see-whats- in-store-vs-amazon-2018-6.

13. Murga, Guillermo (2017). Amazon takes 49 percent of consumers' first product search, but search engines rebound, *Survata*, 20 dez. Disponível em: https://www.survata.com/blog/amazon-takes-49-percent-of-consumers-first- product-search-but--search-engines-rebound/.

14. Ibid.

15. Press release (2016). Three, Two, One...Holiday! Amazon.com launches Black Friday deals store and curated holiday gift guides, *Amazon*, 1 nov. Disponível em: http://phx.corporate-ir.net/phoenix.zhtml?c=176060&p=irol- newsArticle&ID=2217692.

16. Mason, Rodney (2014). Dynamic pricing in a smartphone world: A shopper showrooming study, *Parago*, 4 jan. Disponível em: https://www.slideshare. net/Parago/dynamic-pricing-30010764.

17. Amazon Technologies, Inc. (2017). Physical store online shopping control, US Patent No. 9665881, 30 maio. Disponível em: http://patft.uspto.gov/netacgi/nph-Parser?Sect2=PTO1&Sect2=HITOFF&p=1&u=/netahtml/PTO/search-bool.html&r=1&f=G&l=50&d=PALL&RefSrch=yes&Query=PN/9665881.

18. Displaydata commissioned report (2018). Analogue to automated: retail in the connected age, *PlanetRetail RNG*, maio. Disponível em: https://info.display- data.com/planet-retail.

19. Official Journal of the European Communities (1998). Directive 98/6/EC of the European Parliament and of the Council on consumer protection in the indication of the prices of products offered to consumers, *EUR-Lex*, 16 fev. Disponível em: https://eur-lex.europa.eu/legal-content/EN/ TXT/?uri=celex%3A31998L0006.

20. Official Journal of the European Communities (2011). Regulation (EU) No 1169/2011 of the European Parliament and of the Council of 25 October 2011 on the provision of food information to consumers, *EUR-Lex*, 25 out. Disponível em: https://eur-lex.europa.eu/eli/reg/2011/1169/oj.

21. Profitero (2013). Profitero Price Intelligence: Amazon makes more than 2.5 million daily price changes, *Profitero*, 10 dez. Disponível em: https://www.profitero.com/2013/12/profitero-reveals-that-amazon-com-makes- more-than-2-5-million--price-changes-every-day/.

22. Dastin, Jeffrey (2018). Amazon tracks repeat shoppers for line-free Seattle store – and there are many, *Reuters*, 19 mar. Disponível em: https:// ca.reuters.com/article/technologyNews/idCAKBN1GV0DK-OCATC.

23. Liu, Richard (2018). Interview conducted by broadcaster and Plenary session moderator of World Retail Congress, Munchetty, N, Madrid, 17 abr.

CAPÍTULO 12

1. Kestenbaum, Richard (2017). HBC's Richard out on WeWork-Lord & Taylor deal: 'This is a moment of transition', *Forbes*, 24 out. Disponível em: https://www.forbes.com/sites/richardkestenbaum/2017/10/24/richard-baker-of-hudsons-bay-talks-about--we-work-lord-taylor-deal/#2ca653d23487.

2. Microsoft Office 365 (2017). Introducing Microsoft To-Do, now in Preview (online video). Disponível em: https://www.youtube.com/watch?v=6k3_ T84z5Ds.

3. Thomas, Lauren (2017). Malls ditch the 'M word' as they spend big bucks on renovations, *CNBC*, 24 out. Disponível em: https://www.cnbc. com/2017/10/24/malls--ditch-the-m-word-as-they-spend-big-bucks-on-renovations.html.

4. Selfridges (sd) Selfridges loves: the secrets behind our house. Disponível em: http://www.selfridges.com/US/en/features/articles/selfridges-loves/selfridges- love-sourhousesecrets.

5. Abrams, Melanie (2017). Come for the shopping, stay for the food, *New York Times*, 26 out. Disponível em: https://www.nytimes.com/2017/10/26/travel/ shopping--in-store-restaurants.html.

6. Ringen, Jonathan (2017). Ikea's big bet on meatballs, *Fast Company*. Disponível em: https://www.fastcompany.com/40400784/Ikeas-big-bet-on-meatballs.

7. Henninger, Danya (2015). Vetri to sell restaurants to Urban Outfitters, *Philly*, 16 nov. Disponível em: http://www.philly.com/philly/food/Vetri_to_ sell_restaurants_to_Urban_Outfitters.html.

8. Prynn, Jonathan (2015). Burberry invites customers to check out its all-day cafe in the flagship Regent Street store, *Evening Standard*, 12 jun. Disponível em: https://

www.standard.co.uk/fashion-0/burberry-invites-customers-to-check-out-its-all-day-
-cafe-in-the-flagship-regent-street-store-10315921.html.

9. Abrams, Melanie (2017). Come for the shopping, stay for the food, *New York Times*, 26 out. Disponível em: https://www.nytimes.com/2017/10/26/ travel/shopping-
-in-store-restaurants.html.

10. Ryan, John (2018). In pictures: how China's ecommerce giants Alibaba and JD.com have reinvented stores, *Retail Week*, 5 jun. Disponível em: https:// www.retail-
-week.com/stores/in-pictures-chinas-alibaba-and-jdcom-reinvent- stores/7029203.
article?authent=1.

11. Alton, Larry (2018). Why more millennials are flocking to shared office spaces, *Forbes*, 9 maio. Disponível em: https://www.forbes.com/sites/ larryalton/2017/05/09/
why-more-millennials-are-flocking-to-shared-office- spaces/#3ec317ee69e8.

12. Casino Group e L'Oreal (2018). The Casino Group and L'Oréal France unveil '...le drugstore parisien', 22 jun. Disponível em: https://www.groupe-casino.fr/en/
wp-content/uploads/sites/2/2018/06/2018-06-22-The-Casino-Group-and-LOreal-
-France-unveil-le-drugstore-parisien.pdf.

13. Traduzido originalmente do francês.

14. Anonymous (2018). Two-thirds of world population will live in cities by 2050, says UN, *Guardian*, 17 maio. Disponível em: https://www.theguardian.com/ world/2018/
may/17/two-thirds-of-world-population-will-live-in-cities-by-2050-says-un.

15. Sharf, Samantha (2017). WeWork's acquisition of flagship Lord & Taylor is a sign of the changing real estate times, *Forbes*, 24 out. Disponível em: https://www.forbes.
com/sites/samanthasharf/2017/10/24/in-a-sign-of-the-time- wework-acquiring-lord--
-taylors-manhattan-flagship/#16255ee326ad.

16. JLL (2017). bracing for the flexible space revolution. Disponível em: http://
www.jll.com/Documents/research/pdf/Flexible-Space-2017.pdf.

17. Kestenbaum, Richard (2017). HBC's Richard Baker on WeWork-Lord & Taylor deal: 'this is a moment of transition', *Forbes*, 24 out. Disponível em: https://www.forbes.
com/sites/richardkestenbaum/2017/10/24/richard-baker-of-hudsons-bay-talks-about-
-we-work-lord-taylor-deal/#2ca653d23487.

18. Taylor, Kate (2018). Tesla may have just picked a spot for Elon Musk's dream 'roller skates & rock restaurant' – here's everything we know about the old-school drive in, *Business Insider*, 13 mar. Disponível em: http://uk.businessinsider.com/elon-musk-
-tesla-restaurant-los-angeles-2018-3.

19. Anonymous (2018). Mothercare confirms 50 store closures, *BBC*, 17 maio. Disponível em: http://www.bbc.co.uk/news/business-44148937.

20. La Monica, Paul (2018). The death of the big toy store, *CNN*, 13 mar. Dispo-nível em: http://money.cnn.com/2018/03/15/investing/toys-r-us-toy-retailers-dead/
index.html.

21. GlobalData Retail (2017). Press release: 46.2% of toys & games will be sold online by 2022, *GlobalData*, 17 out. Disponível em: https://www.globaldata.com/46-2-of-toys-games-will-be-sold-online-by-2022/.

22. Anonymous (2017). The challenge of selling toys in an increasingly digital world, *eMarketer*, 19 set. Disponível em: https://retail. emarketer.com/article/challenge-of-selling-toys-increasingly-digital- world/59c169efebd4000a7823ab1c.

23. Hoand, Limei (2016). 7 Lessons for retail in the age of e-commerce, *Business of Fashion*, 13 set. Disponível em: https://www.businessoffashion.com/articles/intelligence/concept-store-story-rachel-shechtman-seven-retail-lessons.

24. Ahrendts, Angela (2017). Another exciting chapter, *LinkedIn*, 27 dez. Disponível em: https://www.linkedin.com/pulse/another-exciting-chapter-angela-ahrendts/?trk=mp-reader-card&irgwc=1.

25. Casino Group e L'Oreal (2018). The Casino Group and L'Oréal France unveil '…le drugstore parisien', 22 jun. Disponível em: https://www. groupe-casino.fr/en/wp-content/uploads/sites/2/2018/06/2018-06-22-The-Casino-Group-and-LOreal-France-unveil-le-drugstore-parisien.pdf.

26. Parker, Ceri (2016). 8 predictions for the world in 2030, *World Economic Forum*, 12 nov. Disponível em: https://www.weforum.org/ agenda/2016/11/8-predictions-for-the-world-in-2030/

27. Taylor, Colleen (2011). Airbnb CEO: The future is about access, not ownership, *Gigaom*, 10 nov. Disponível em https://gigaom.com/2011/11/10/airbnb- roadmap-2011/.

28. Westfield (2017). Press release: Westfield launches style trial pop-up – rent this season's looks, nov. Disponível em: https://uk.westfield.com/content/ dam/westfield-corp/uk/Style-Trial-Press-Release.pdf.

29. Balch, Oliver (2016). Is the Library of Things an answer to our peak stuff problem? *Guardian*, 23 August. Disponível em: https://www.theguardian.com/sustainable-business/2016/aug/23/library-of-things-peak-stuff-sharing-economy-consumerism-uber.

CAPÍTULO 13

1. Video (2017). 'You do not want to give Jeff Bezos a seven-year head start,' *CNBC*, 8 maio. Disponível em: https://www.cnbc.com/video/2017/05/08/ buffett-you-do-not-want-to-give-jeff-bezos-a-seven-year-head-start.html.

2. Lexis Nexis (2014). Annual Report: True cost of fraud study: post-recession revenue growth hampered by fraud as all merchants face higher costs, *LexisNexis*, ago. Disponível em: https://www.lexisnexis.com/risk/downloads/assets/true-cost-fraud-2014.pdf.

3. Wells, Jeff (2017). Report: France's drive is a growth model for U.S. grocery e-commerce, *RetailDive*, 20 jul. Disponível em: https://www.fooddive.com/news/grocery-report-frances-drive-is-a-growth-model-for-us-grocery-e-com-merce/447522/.

4. Global Data (2017). Click & Collect in the UK, 2017–2022, *GlobalData*, dez. Disponível em: https://www.globaldata.com/store/report/ vr0104ch–click-collect-in-the-uk-2017-2022/.

5. IMRG (2016) IMRG Collect+ UK Click & Collect Review, *IMRG*, 14 jun. Disponível em: https://www.imrg.org/data-and-reports/imrg-reports/imrg- collect-plus-uk-click-and-connect-review-2016/.

6. Gov.uk (2016). Case study: Amazon lockers in libraries, *Gov.uk*, 5 jan. Disponível em: https://www.gov.uk/government/case-studies/amazon-lockers- in-libraries.

7. Schlosser, Kurt (2017). Amazon's new 'Hub' delivery locker system is already a hit in San Francisco apartment building, *GeekWire*, 25 ago. Disponível em: https://www.geekwire.com/2017/amazons-new-hub-delivery-locker-system-already-hit-san-francisco-apartment-building/.

8. Lang, Cady (2017). How you can use Amazon Prime to help people in need this holiday season, *Time*, 12 dez. Disponível em: http://time.com/5061792/ amazon-prime-charity/.

9. Facebook (2018). Facebook Quarterly Earnings Slides Q1 2018, page 4, *Facebook Investor Relations*, 25abr. Disponível em: https://investor.fb.com/ investor-events/event-details/2018/Facebook-Q1-2018-Earnings/default.aspx.

10. Whistl (2018). Press release: Brits spending over £2bn on average a year on delivery subscriptions, *Whistl*, 25 maio. Disponível em: http://www.whistl. co.uk/news/subscription-services-a-whistl-survey/.

11. Primack, Dan (2017). Unilever buys Dollar Shave Club for $1 Billion, *Fortune*, 20 jul. Disponível em: http://fortune.com/2016/07/19/unilever-buys-dollar- shave-club-for-1-billion/.

12. Morrell, Liz (2018). British consumers spending more than £2 billion a year on delivery subscriptions, edelivery, 14 maio. Disponível em: https://edelivery. net/2018/05/british-consumers-spending-2-billion-year-delivery-subscriptions/.

13. Staff writer (2014). Instant gratification: Amazon launches 1-hour shipping in Manhattan, *CNBC*, 18 dez. Disponível em: https://www.cbsnews. com/news/amazon-launches-1-hour-shipping-in-manhattan/.

14. Wienbren, Emma (2017). Two-hour deliveries will be normal, says Amazon Prime Now VP, *The Grocer*, 20 mar. Disponível em: https://www.thegrocer. co.uk/channels/online/two-hour-deliveries-will-be-normal-says-amazon-prime- now-vp/550248.article?rtnurl=/#.

15. Galloway, Scott (2015). The future of retail looks Like Macy's, not Amazon, *Gartner L2*, 1 maio. Disponível em: https://www.l2inc.com/daily-insights/the- future-of-retail-looks-like-macys-not-amazon.

16. Ladd, Brittain (2018). The Trojan Horse: Instacart's covert operation against grocery retailers, *LinkedIn*, 18 mar. Disponível em: https://www.linkedin.com/pulse/trojan-horse-instacarts-covert-operation-grocery-retailing-ladd/.

CAPÍTULO 14

1. Harkaway, Nick (2012). Amazon aren't destroying publishing, they're reshap- ing it, *Guardian*, 26 abr. Disponível em: https://www.theguardian.com/books/2012/apr/26/amazon-publishing-destroying.
2. Sisson, Patrick (2017). How Amazon's 'invisible' hand can shape your city, *Curbed*, 2 maio. Disponível em: https://www.curbed.com/2017/5/2/15509316/amazon-prime--retail-urban-planning.
3. Holmes, Thomas J (2005). The diffusion of Wal-Mart and economies of density, *Semantic Scholar*, nov. Disponível em: https://pdfs.semantic- scholar.org/947c/d95a-37c55eefb84ccab56896b4037f5c2acd.pdf.
4. Machkovech, Sam (2015). Amazon Flex will pay you '$18-25 per hour' to deliver Prime Now packages, *Arstechnica*, 29 set. Disponível em: https://arstechnica.com/information-technology/2015/09/amazon-flex-will-pay- you-18-25-per-hour-to--deliver-prime-now-packages/.
5. Consumerist (2016). Amazon Flex Drivers are kind of freaking customers out, *ConsumerReports*, 7 out. Disponível em: https://www.consumerreports.org/consumerist/amazon-flex-drivers-are-kind-of-freaking-customers-out/.
6. Bhattacharya, Ananya (2015). Amazon sued by delivery drivers, *CNN Tech*, 29 out. Disponível em: http://money.cnn.com/2015/10/29/technology/amazon-sued--prime-now-delivery-drivers/.
7. Lore, Marc (2017). Serving customers in new ways: Walmart begins testing associate delivery, *Walmart Today* (Blog), 1 jun. Disponível em: https://blog.walmart.com/innovation/20170601/serving-customers-in-new-ways-walmart- begins-testing--associate-delivery.
8. Trump, Donald (2018). Amazon US Postal Service tweet, @realDonaldTrump, 31 mar. Disponível em: https://twitter.com/realDonaldTrump/status/980063581592047617.
9. Gold, Michael e Rogers, Katie (2018). The facts behind Trump's tweets on Amazon, taxes and the postal service, *New York Times*, 29 mar. Disponível em: https://www.nytimes.com/2018/03/29/us/politics/trump-amazon-post-office-fact-check.html.
10. US Postal Accountability and Enhancement Act 2006.
11. Jaillet, James (2017). Walmart pressures its carriers against doing business with Amazon, *ccjdigital*, 17 jul. Disponível em: https://www.ccjdigital.com/wal- mart--pressures-its-carriers-against-doing-business-with-amazon/.

12. Target (2017). Here's how acquiring Shipt will bring same-day delivery to about half of Target stores in early 2018, a bullseye view (Blog), 13 dez. Disponível em: https://corporate.target.com/article/2017/12/target-acquires- shipt.

13. Waldron, J (2016). Bullseye! The Power of Target's Fulfilment Strategy, *eTail*, 20 jun. Disponível em: https://etaileast.wbresearch.com/bullseye-the-power- of-targets--fulfillment-strategy.

14. Deepfield Networks (2012). How big is Amazon's Cloud? *DeepField Networks*, 18 abr. Disponível em: https://blogdeepfield.wordpress.com/2012/04/18/ how-big-is--amazons-cloud/.

15. Wulfraat, Marc (2018). Amazon Global Fulfilment Centre Network, *MWPVL International Inc.*, June. Disponível em: http://www.mwpvl.com/html/amazon_ com.html.

16. Finley, Klint (2013). Christmas delivery fiasco shows why Amazon wants its own UPS, *Wired*, 30 dez. Disponível em: https://www.wired. com/2013/12/amazon-ups/.

17. Sisson, Patrick (2017). 9 facts about Amazon's unprecedented warehouse empire, *Curbed*, 21 nov. Disponível em: https://www.curbed. com/2017/11/21/16686150/amazons-warehouse-fulfillment-black-friday.

18. Edwards, Jim (2013). Brutal conditions in Amazon's warehouses threaten to ruin the company's image, *Business Insider UK*, 5 ago. Disponível em: http://www.businessinsider.com/brutal-conditions-in-amazons-warehouses- 2013-8?IR=T.

19. Wikiquote (sd). Warren Bennis. Disponível em: https://en.wikiquote.org/wiki/ Warren_Benni.

20. Smith, Cooper (2016). The Future of Shipping Report: Why big ecommerce companies are going after the legacy shipping industry, *Morgan Stanley*, jun. Disponível em: https://read.bi/2JxXJMc.

21. Greene, Jay e Gates, Dominic (2015). Amazon in talks to lease Boeing jets to launch its own air-cargo business, *Seattle Times*, 17 dez. Disponível em: https://www.seattletimes.com/business/amazon/amazon-in-talks-to-lease-20- jets-to-launch-air--cargo-business/.

22. Kim, Eugene (2017). Amazon quietly launched an app called Relay to go after truck drivers, *CNBC*, 16 nv. Disponível em: https://www.cnbc. com/2017/11/16/amazon--quietly-launched-an-app-called-relay-to-go-after- truck-drivers.html.

23. Amazon Technologies, Inc. US Patent Application (2013). Providing services related to item delivery via 3D manufacturing on demand, US Patent & Trademark Office, 8 nov. Disponível em: https://bit.ly/1aQfBvU.

24. Amazon Technologies, Inc. US Patent Application (2018). Vendor inter- face for item delivery via 3D manufacturing on demand, US Patent & Trademark Office, 2 jan. Disponível em: http://pdfpiw.uspto.gov/. piw?Docid=09858604.

25. A Amazon também lançou o mesmo serviço na Whole Foods para clientes da Amazon.com desde sua aquisição.

26. Gurdus, Elizabeth (2018). Kohl's CEO says 'big idea' behind Amazon partnership is driving traffic, *CNBC.com*, 27 mar. Disponível em: https://www.cnbc.com/2018/03/27/kohls-ceo-big-idea-behind-amazon-partnership-is-driving-traffic.html.

27. Brooks, Cristy (2017). Why smarter inventory means better customer service, *Walmart Today*, 16 ago. Disponível em: https://blog.walmart.com/business/20170816/why-smarter-inventory-means-better-customer-service.

28. Walmart (2017). Walmart reinvents the returns process (blog post), *Walmart*, 9 out. Disponível em: https://news.walmart.com/2017/10/09/walmart-reinvents-the-returns-process.

29. Nusca, Andrew (2017). 5 moves Walmart is making to compete with Amazon and Target, *Fortune*, 27 set. Disponível em: http://fortune.com/2017/09/27/5-moves-walmart-is-making-to-compete-with-amazon-and-target/.

30. Amazon (2018). Press release: Buckle up, Prime members: Amazon launches in-car delivery, *Amazon*, 24 abr. Disponível em: http://phx.corporate-ir.net/phoenix.zhtml?c=176060&p=irol-newsArticle&ID=2344122.

31. Amazon (2016). First Prime Air delivery (video). Disponível em: https://www.amazon.com/Amazon-Prime-Air/b?ie=UTF8&node=8037720011.

CAPÍTULO 15

1. Kumar, Kavita (2018). Amazon's Bezos calls Best Buy turnaround 'remarkable' as unveils new TV partnership, *Star Tribune*, 19 abr. Disponível em: http://www.startribune.com/best-buy-and-amazon-partner-up-in-exclusive-deal-to-sell-new-tvs/480059943/.

2. Khan, Lina (2017). Amazon's antitrust paradox, *Yale Law Journal*, jan. Disponível em: http://digitalcommons.law.yale.edu/cgi/viewcontent.cgi?article=5785&context=ylj.

3. CNN (2018). Sen. Bernie Sanders: Amazon has gotten too big, *YouTube*, 1 abr. Disponível em: https://www.youtube.com/watch?v=-AxDWoR_zaQ&feature=share.

Ouça este e milhares de outros livros no Ubook.
Conheça o app com o **voucher promocional de 30 dias**.

Para resgatar:
1. Acesse **ubook.com** e clique em **Planos** no menu superior.
2. Insira o código #UBK no campo **Voucher Promocional**.
3. Conclua o processo de assinatura.

Dúvidas? Envie um e-mail para contato@ubook.com

*

Acompanhe o Ubook nas redes sociais!
ubookapp ubookapp ubookapp